大国小镇

中国特色小镇顶层设计与行动路径

陈光义　主编

中国财富出版社

图书在版编目（CIP）数据

大国小镇：中国特色小镇顶层设计与行动路径／陈光义主编 . —北京：中国财富出版社，2017.11

ISBN 978－7－5047－6587－1

Ⅰ.①大⋯　Ⅱ.①陈⋯　Ⅲ.①城镇—发展—研究—中国　Ⅳ.①F299. 21

中国版本图书馆 CIP 数据核字（2017）第 219580 号

策划编辑	刘　晗	责任编辑	张冬梅　郑晓雯		
责任印制	石　雷	责任校对	胡世勋　卓闪闪	责任发行	董　倩

出版发行	中国财富出版社	
社　　址	北京市丰台区南四环西路 188 号 5 区 20 楼	邮政编码　100070
电　　话	010－52227588 转 2048/2028（发行部）010－52227588 转 307（总编室）	
	010－68589540（读者服务部）　　　　010－52227588 转 305（质检部）	
网　　址	http://www. cfpress. com. cn	
经　　销	新华书店	
印　　刷	北京京都六环印刷厂	
书　　号	ISBN 978－7－5047－6587－1/F·2827	
开　　本	710mm×1000mm　1/16	版　　次　2018 年 1 月第 1 版
印　　张	17	印　　次　2018 年 1 月第 1 次印刷
字　　数	261 千字	定　　价　48. 00 元

编委会名单

顾　　　问：郑新立　刘志峰　仇保兴　焦小平　宋洪远
　　　　　　周久才　李国斌　穆荣平　张鸿雁　刘士林
　　　　　　翁建荣　李　迅　冯　奎　杨子健　姜明明
主　　　编：陈光义
副　主　编：徐曼曼
编委会成员：胡　雯　李天真　姜铁英　宋怡青　赵沁珩
　　　　　　李留申　张泽凡　张晓欢　王泽萌　韩腾千
　　　　　　武　君

以城市群为主体构建大中小城市和小城镇协调发展的城镇格局，加快农业转移人口市民化。

——习近平在中国共产党第十九次全国代表大会上的报告

代序一
特色小镇的生命力在于"特色"

听闻瞭望智库的《大国小镇——中国特色小镇顶层设计与行动路径》即将结集付梓，邀我代作序言，心中倍感荣幸。在此，我想谈谈我对特色小镇发展的一些浅见。

国内的特色小镇缘起于浙江省，浙江省把建设特色小镇作为推进供给侧结构性改革的新路径，为新型城镇化提供了新样板，树立了新标杆。自2015年年底以来，随着中央领导对特色小镇建设的系列批示、指示，以及国家各部委顶层设计的推进，特色小镇与小城镇建设得到了全面发展，并从浙江省走向全国。

我对浙江省有很深厚的感情，我曾担任过浙江省乐清县县委书记、金华市市委书记等职务，1999年至2001年间还曾担任过杭州市市长。特色小镇就是在那一段时期发端的。而且，浙江省六百多个原来的建制镇（行政区划）演变成为特色小镇，没有一个是正式规划出来的，将来也不可规划。

特色小镇相当于过去邓小平同志所说的，搞一个特区，把老体制绕开。或者说，特色小镇就是搞一个简化的版本，把繁复的旧体制绕开，所以简政不能专权。

我认为，特色小镇的发展经历了四个版本。从"小镇+'一村一品'"的1.0版，升级到"小镇+企业集群"的2.0版，再到"小镇+旅游休闲"的3.0版，目前已经进入到"小镇+新经济体（并进入城市）"的4.0版。

具体来说，特色小镇的 1.0 版就是小镇服务于周边的农村、农民、农业，服务于农业的产前、产中、产后，这种小镇模式跟农耕文明紧密相连。改革开放以来，浙江省积极投入经济发展的浪潮，克服重重困难和条件的限制，其特色小镇应运而生，并升级为 2.0 版，乡镇企业"家家点火、村村冒烟"，小镇里所有的人都进行了专业化的分工与合作，相互之间构成一个高效率的生产体系，形成"块状经济"。"块状经济"的所在地就是一个特色小镇。到 20 世纪 80 年代末，没有被"块状经济"所覆盖的小镇，保留了明清时代独一无二的建筑风貌，其独特的文化、建筑和地形和谐相融，就成了旅游资源，由此发展成为 3.0 版的特色小镇。

当前，城市建设出现了一些弊端，例如大学城、产业城的建设反而割裂了与城市的联系，而浙江省的特色小镇 4.0 版，在发展特色经济的同时，主动进入城市，发挥城市修补、生态修复、产业修缮的功能，极大增强了城市活力。

作为新型城镇化的产物，特色小镇的核心问题是如何具备当地的特色，如何发展其特色的深度和广度，但特色到底是什么呢？可能是当地的建筑形态，可能是文化旅游的特色景观，也可能是当地原有的特色产业。如果在某个地区，这些都是全省唯一或是全国唯一的，那就可以称得上是特色，所以，特色小镇的建设不一定只拘泥于产业。而且，这么大的一个经济体是没有人能规划出来的，更没有人能作一个长期的明确的规划。要知道，城市的规划是部分可预测的，但是小镇的产业是不可预测的。

不过，通常来讲，有了产业的支撑，经济发展就会有非常强大的内在动力，但并不是小镇发展一定要以产业为主。例如，某小镇有一个很好的古建筑群，这不是产业，而是一种文化，靠着这些古香古色的建筑，这个小镇快速地发展旅游业，到现在已发展成文化古镇，很好地拉动了当地经济。所以，特色小镇的建设关键就是要找到其具有唯一性、特色性的资源或者产业。如果具有这种唯一性，那就是深度的特色；有多少种唯一性，那就是广度的特色。可以说，特色小镇建设的生命力不在于是否与产业挂钩，而在于"特色"二字。有特色的广度和深度，哪怕没有产业，也一样具有生命力。

这就对政府的管理方式提出了新的要求，要跟管理一般的产业和新区完全不一样，其基本策略可概括为：激励不取代、简政不专权、护航不包办、评估不刮风。

政府在特色小镇的建设过程中应当起到引导性的作用，不能代替市场成为建设的主体。政府要激励企业去创立小镇，而不是取代或包办。政府对小镇应该简政放权，不能繁政专权。特色小镇与众不同的地方就在于要自下而上地自觉运用市场规律，以企业家、技术人员和创业者等人为核心力量去发展，而政府只要帮着去保护和引导就可以了。

政府管理小镇，最重要的工作是要防止一哄而上。我现在最担心的就是，不管是什么小镇，都想要打造成特色小镇，最后泥沙俱下，把名声毁了。例如，有一些小镇变成了房地产开发项目，特色小镇变成了"房产小镇"，违背了特色小镇的初衷，也就预示着这些"房产小镇"最终还会泡沫化，成为一座座空城，这是严重的资源浪费。另外，有一些地区的基础设施和生态环境根本达不到建设特色小镇的要求，但是为了"戴帽子"，这些地区便一股脑儿地申请特色小镇。比如在某省，同类型的基金小镇居然申报了三个，这是完全不可能的，因为基金小镇只有在民营经济非常发达的省份才会被需要，像浙江省最多也不超过两个。那些经济总量比浙江省低、民营经济的发展不如浙江省的，如果申报三四个基金小镇，那是很成问题的。

另外，针对不同的小镇建设，在突出特色的前提下政府参与的比例也要调整，参与的力度要有弹性，不能不管，但也不要完全管。例如有一些小镇拥有很多古建筑，具有深厚的历史文化底蕴，政府干预的力度就可以稍大一些，因为这些古建筑需要持续不断地维护和修缮，急需政府提供保障措施、发挥监督功能。如果把这些建筑完全交给市场，那对于小镇来说，就会产生一些诸如急功近利、大拆大建等问题。

2017 年 3 月，我在《财经国家周刊》与瞭望智库主办的特色小镇高峰论坛上发表的题为《复杂适应理论（CAS）视角的"特色小镇"》的演讲，得到了广泛传播。几个月过后，瞭望智库将部分会议成果以及他们的调研成果和一些思考结集出版，这既证明了他们工作的严谨，也体现出他们对如何推进特色小镇健康、持续发展这一问题的关注和思索。在这里，谨向瞭望智库表示祝贺。

国务院参事
住房和城乡建设部原副部长　仇保兴　2017 年 10 月
中国城市科学研究会理事长

代序二
特色小镇可补足城市群发展短板

忽如一夜春风来，全国上下都掀起了建设特色小镇的热潮。那么，为什么特色小镇会突然"火"了起来？如何解读特色小镇的概念？如何避免"千镇一面"现象的出现，让特色小镇更加突出特色，形成竞争优势？这些问题都有待分析解决。

一、解决"城市病"可依靠特色小镇

当前，我国正处在工业化、城市化快速推进的过程中，城镇化是带动经济增长的重要动力。改革开放以来，随着工业的迅猛发展，城镇化水平大幅提高。2016 年，我国城镇化率达到 57.35%，迅速兴起的大大小小的城市在集聚生产要素，在形成现代生产力方面发挥了重要作用，成为拉动经济增长的重要动力。

但是，城镇化很大程度上是在各地经济发展的过程中自然形成的，缺乏明晰的战略规划的引导，因此出现了一些新的矛盾和问题，突出表现为城市可持续发展难、常住人口与户籍人口二元结构以及城市结构布局不合理三个方面的难题。

发展特色小镇，可以有效地解决当前城市化过程中出现的各种弊端。与大城市相比，特色小镇的优势主要在于以下几点。

第一，有利于带动城乡一体化发展。特色小镇位于城乡接合部，建设特色小镇能够带动周边农村基础设施和公共服务的发展，吸纳农村劳动力就业，实现城乡产业融合，使城市文明迅速扩展到农村，缩小城乡发展差

距，实现城乡的协调发展。

第二，有利于提高市民的生活质量。特色小镇将打造精致、优美、舒适的生活环境，完善配套的医疗、教育等服务设施，使人们可以呼吸到清新的空气，远离噪音的困扰。大部分人可以就地就近上班，住宅的价格也不高，其居住的生活质量将会优于大中城市。

第三，有利于形成完整、高效的产业链。特色小镇围绕产品和服务，形成包括研发、生产、物流、营销等完整的产业链，通过高度的专业化分工降低成本，提高效率，增强国际竞争力。还可以依托企业、大学、医院、科研单位、银行等构建完善的服务体系，形成有利的发展环境。

第四，有利于增强城市群的整体竞争力。在中心城市的周围一小时生活圈形成大中小城市协调配套的组团式发展的格局，其中每个城市各有特色，功能互补，这样能够提高城市群的整体竞争能力和发展活力，从而形成带动全国，乃至影响全球科技文化进步的经济增长极。

第五，有利于释放经济增长的新动能。吸引一批企业、事业单位从中心城区转移到特色小镇发展，不仅可以为这些单位的发展扩大空间，而且可以拉动基础设施、公共服务、厂房设备等投资需求，这将释放巨大的经济增长的潜能，成为当前稳增长的强大动力。

二、建设特色小镇的条件已经成熟

从发达国家的经验来看，特色小镇已经成为城市化的一种重要的模式，居住在特色小镇已经成为许多人的追求。德国的城镇化率已经达到90%以上，但是70%的人都居住在小城镇。

美国的城市化先是经历了一个人口、产业向城市集中的过程，然后又经历了一个郊区化的过程。在纽约等大城市的郊区，分布着许多各具特色的小镇，如格林威治小镇、旧金山斯坦福大学旁边的风险投资小镇等，这些小镇虽然人口不多，但是能量很大。

在法国、瑞士等城市化非常成熟的国家，特色小镇也成为靓丽的风景线。比如法国的格拉斯小镇、戛纳小镇和瑞士的沃韦小镇等。

特色小镇在我国也不乏佼佼者。改革开放以来，我国的纺织业逐步从大城市转移到小城镇，形成了三大名镇：以化纤纺织为特色的浙江绍兴柯桥镇，以毛纺织为特色的江苏江阴新桥镇，以棉纺织为特色的山东邹平魏桥镇。纺织业在这些小镇上获得了充分的发展空间，形成了无与伦比的竞争力。

还有一批旅游小镇、科技小镇、金融小镇、商业小镇、工业小镇、文化小镇等纷纷涌现，蓬勃发展。在这些小镇上，各种生产要素高度集聚，形成全国乃至全球的竞争力。浙江省在改革开放以来形成的各类"块状经济"的基础上，正全力建设特色小镇，诸如梦想小镇、基金小镇、网店小镇、丝绸小镇、风情小镇等，都在进一步提升浙江经济发展水平和国际竞争力。

在这些发展利好背景下，经过多年的努力，我国已经建成了全球最大的高速公路网、高铁网和通信网，为人员和物资的流动创造了良好的条件，长三角、珠三角和京津冀地区已经崛起的现代化都市群，在全球经济中也都有着举足轻重的地位。我国已形成的强大的制造业的生产能力，亟待找到新的需求，"大众创业、万众创新"需要找到新的发展空间，为城镇化结构和布局调整提供了物质保证。纵观全局，加快发展特色小镇的条件已经成熟。

未来，城市化的发展方向要由重点发展大城市向重点发展特色小（城）镇转变。通过在小城镇上发展专业化协作，降低成本，形成更高的竞争力，这将改变中国城镇化的走向。通过发展一批特色小（城）镇，创造新的就业机会，吸引城市人口和农村转移人口向小城镇聚集，从而改变中国城市化的走向。

三、特色小镇建设的五个原则

通过总结国内外经验，建设好特色小镇应该遵循以下原则：

（一）精心布局、整体规划

特色小镇的布点应优先选择在大城市、特大城市周边一小时生活圈内，接受城市第二、三产业的扩散、辐射和带动，以利于形成大中小城市和小城镇合理布局的城市群。依托资源优势和远离中心城市建设的小城镇，必须首先改善其交通等基础设施条件。对特色小镇建设要做好可行性研究和总体规划，规划方案应经有关专家论证和第三方评估，以避免盲目性地开发。

（二）突出特色、创造优势

小城镇建设要围绕一个核心产业或产品，吸引相关企业进入，通过高度发达的专业化分工，提高效率、降低成本，努力做到全国第一、世界领先。要避免千镇一面，东施效颦。要选择具有一定优势的产业、产品和企业，通过特色小镇建设，赋予其更好的配套协作条件和更大的发展空间，从而创造出新的竞争优势。

（三）城乡一体、搞活土地

贯彻落实中央关于城乡一体化改革发展的各项政策，使进入小城镇的居民平等享受各项基本权益和公共服务。全面实施城镇建设用地增加与农村建设用地减少相挂钩的政策，落实十八届三中全会关于农村土地制度改革的各项部署，使进城落户的农民分享到通过土地使用权转让所获得的财产性收入。通过发挥市场对土地资源配置的决定性作用，实现土地资源的集约、节约利用。

（四）财政引导、金融支持

要运用 PPP 模式，通过财政资金的引导，吸引民间资金进入小城镇建设。鼓励政策性金融、商业贷款和各种基金、债券等，支持特色小镇建设。要允许以农村土地的法人财产权为抵押，撬动银行贷款和社会资金投入特色小镇建设。

（五）千企千镇、搞好示范

中国城镇化促进会正在政府有关部门的指导下，推行"千企千镇"计划，即鼓励 1000 家企业自愿到 1000 个小镇落户，建立研发、生产、营销、物流基地。目前报名的企业和小城镇都很踊跃。通过这种办法，鼓励城市的企业、事业单位包括大学、医院、银行、科研机构等迁出地价昂贵、拥

挤不堪的市区，到特色小镇获得新的发展空间，享受清新的空气和宁静的
环境，并带动小镇及其周边的发展。

　　当前和今后一个时期，是推进特色小镇和特色小城镇建设的关键时
期。瞭望智库出版的这本《大国小镇——中国特色小镇顶层设计与实践路
径》可谓恰逢其时，不但能为特色小城镇建设提供思路，还体现了中国智
库层面的思考与担当。

　　　　中国国际经济交流中心副理事长
　　　　　中共中央政策研究室原副主任　郑新立　2017 年 10 月
　　　　　中国城镇化促进会常务副主席

前　言

特色小镇、小城镇是经济转型升级、新型城镇化建设的重要载体，在推进供给侧结构性改革、生态文明建设、城乡协调发展、乡村振兴战略等方面发挥着重要作用。国家发展和改革委员会、住房和城乡建设部等部委已经出台了相关文件，各地也纷纷出台推进特色小镇建设的具体政策。多点布局、别具特色、产城融合的特色小镇受到不少资本的青睐，全国掀起建设特色小镇的热潮。如今，特色小镇被冠以多重使命，正成为新型城镇化的"风口"。

到底什么才是特色小镇？国家发展和改革委员会在《关于加快美丽特色小（城）镇建设的指导意见》（以下简称《意见》）中，明确提出了非建制镇的特色小镇和建制镇的特色小城镇两种形态。"特色小镇主要指聚焦特色产业和新兴产业，集聚发展要素，不同于行政建制镇和产业园区的创新创业平台。特色小城镇是指以传统行政区划为单元，特色产业鲜明、具有一定人口和经济规模的建制镇。"中央财经领导小组办公室在对特色小镇的调研报告中指出，"特色小镇是集产业链、投资链、创新链、人才链、服务链于一体的创业创新生态系统，是新型工业化、城镇化、信息化和绿色化融合发展的新形式"。在较早推动特色小镇建设的浙江省，特色小镇的形态更多的是"非镇非区"，既不是行政区划单元上的一个镇，也不是产业园区的一个区，而是按照五大发展理念，聚焦浙江七大新兴产业，融合产业、文化、旅游、社区功能的创新创业发展平台。此外，全国还有一些地方根据当地实际情况，强调特色小镇指的是位于城市周边、相对独立于市区，具有明确产业定位、文化内涵、旅游和一定社区功能的发展空间平台。特色小镇、特色小城镇的概念已基本廓清。

在我国，特色小镇毕竟是个新事物，在探索和推进的过程中，发展理念、规划路径、政策协调、体制机制转变等方面都存在一些盲区和难点，亟待关注和破解。

特色小镇的规划、建设、运营是一个长期的过程，不可操之过急、一哄而上。建设特色小镇要充分考虑地区差异、产业差异、文化差异以及发展阶段差异，本着实事求是的原则，切不可照抄硬搬、盲目扩张。《意见》中强调，建设特色小镇应建立在以产业为依托的基础上，从各地实际出发，防止照搬照抄。

《意见》也对培育建设特色小镇的预期做了框定，要求立足产业"特而强"、功能"聚而合"、形态"小而美"、机制"新而活"，将创新性供给与个性化需求有效对接，打造创新创业发展平台和新型城镇化有效载体。

从 2016 年 2 月国务院印发的《关于深入推进新型城镇化建设的若干意见》中强调要"加快培育中小城市和特色小城镇"，到同年 7 月起，住房和城乡建设部、国家发展和改革委员会、财政部等部委相继出台相关通知和指导意见，再到第一批、第二批全国特色小镇名单的公布，可见特色小镇建设热潮不减。

瞭望智库充分发挥公共政策研究和舆论传播优势，参与特色小镇的政策建言以及舆论氛围的营造过程中。2016 年 10 月，国务院办公厅政府信息与政务公开办公室和瞭望智库联合主办的第 31 次"文津圆桌论坛"在北京召开，论坛对特色小镇建设培育中的问题给出了相关对策。2017 年 3月，瞭望智库在"中国特色小镇高峰论坛"上率先发起成立特色小镇培育发展联盟的倡议，通过聚焦特色领域和新兴产业、集聚发展要素、链接专业资源、整合传播渠道等方式，构建"政府 + 企业 + 产业 + 资本 + 智库 + 传播"的特色小镇运维生态系统。

一年来，瞭望智库集合多次研讨会及论坛成果，携手特色小镇参与主体，在全国范围展开实地走访，深入总结各地特色小镇的建设实践经验，编著成《大国小镇——中国特色小镇的顶层设计与行动路径》一书。希望此书能为参与特色小镇建设培育的工作者提供帮助。

在此，要特别感谢中国国际经济交流中心常务副理事长郑新立，国务院参事、中国城市科学研究会理事长仇保兴，农业部农村经济研究中心主任宋洪远，财政部政府和社会资本合作（PPP）中心副主任韩斌，南京大学教授张鸿雁，中国城市和小城镇改革发展中心学术委秘书长冯奎等人对本书提供的一些帮助和支持。感谢特色小镇编写组，感谢中国财富出版社刘晗女士的鼎力相助。

本书是瞭望智库特色小镇研究的第一本专著，比较偏向理论；第二本专著《小镇花开——中国特色小镇实践案例解析》目前已经在编著过程中，让我们期待它的问世。

作　者

2017 年 7 月

目录
contents

宏观篇

特色小镇
风云起

引言： 特色小镇， 新型城镇化建设的下一站

进入到 21 世纪以来，中国经济实现高速增长，城镇化加速推进，城镇化率从 2000 年的 36.2%，以平均每年 1.3% 的速度，稳步提升到了 2016 年的 57.4%。这意味着我国每年约有 1750 万人涌入城市。然而，各种大城市病也相继产生。在发达国家，特色小镇已成为城市化的一种重要模式，居住在特色小镇已成为许多人的追求。德国的城市化率已达 90% 以上，但是 70% 的人口居住在小城镇。在美国、法国等城市化同样非常成熟的国家，都有大批各具特色的小城镇，成为亮丽的风景线。随着我国一线城市房价不断上涨、人口逐渐饱和，政府越来越重视打造中小城镇，带动新型城镇化发展，通过发挥各自资源、产业优势，形成区域中心，辐射带动周边地区经济发展，减轻特大城市人口流入压力。特色小镇的概念在这样的宏观背景中被提出，已经成为中国经济发展新常态下发展模式的有益探索，并将成为中国新型城镇化战略实践的主战场之一。

一、特色小镇的概念内涵

什么是特色？建筑大师吴良镛指出："特色是生活的反映，特色有地域的分野，特色是历史的构成，特色是文化的积淀，特色是民族的凝结，特色是一定时间、地点条件下典型事物的最集中、最典型的表现。因为它能引起人们不同的感受，心灵上的共鸣，感情上的陶醉。"他也指出："特色就是'个性'。'独具一格'就是说，小到一人一物，大到一个地区、一个城市、一个时代，在个性或风格方面已经较为成熟了，被人认识，被人承认了。"小镇的特色就是在一定时空范围内某小镇作为人们的审美对象

相对于其他城镇所体现出的不同审美特征。

为什么是"小"镇？过去，大城镇的现象比较普遍。或许是对历史与传统小尺度空间的不满；或许是受以"大"为"尊""富""贵""威"思想的影响；或许是境外考察的"收获"；或许是审美素质和审美标准的差异……总之，大广场、大绿地、大马路、大转盘、大雕塑、大房子比比皆是。这种"比大"现象值得我们深思。是不是城镇的空间和环境要素越大城镇就越美？是不是这些要素越大城镇就越有特色？

城镇公共空间的尺度并非越大越好。这并不是说大就一定不好，有时也需要大，只是说不能一味求大或者盲目求大。"好（质量）"才是我们应该追求的目标。

城镇公共空间尺度问题不是一个小问题，它关系到土地资源的保护与合理利用。它也不是一个随心所欲的问题，它与城镇公共空间的功能性质、使用者以及空间的划分与组织设计等因素有关。

从节省土地资源的角度来看，空间尺度太大是不利的。从人对城镇空间的需求来看，空间尺度太大也未必是好事。因为人对城镇空间的需求是多方位的。有时需要开阔的大空间，有时需要亲切的小空间；从城镇空间的功能性质来看，并非一概都需要大空间，有的需要大，有的却不需要太大；从空间设计的技巧来看，我们可以让空间"以小见大"，并非一定需要实际的大空间。

城镇空间的大小是人对空间的一种视觉与心理体验和感应。人对空间的感觉并不完全是由实际空间尺度所决定的。人的空间尺度感是一种感应尺度效应。为什么中国私家园林的方寸之地能使人感受到江河山川之博大？为什么仅有1.28公顷的美国纽约蓓蕾广场让人有置身于大自然的感受？这无不得益于空间设计的美学效应。这就说明，深受欢迎的"好"空间不一定就是大空间。

我国特色小镇的灵感起源于国外的特色小镇，如瑞士的达沃斯温泉/会展/运动小镇、美国的布兰森音乐小镇、法国的格拉斯香水小镇等。这些小镇都极具产业特色，业态新颖、有趣，且以其独特的魅力吸引了世界各地慕名拜访的游客，带来了可观的经济收益和社会影响，改变了人们传统观念上对小镇的认识。

2014 年 10 月，时任浙江省长的李强在参观完云栖小镇的梦想大道后感慨道："让杭州多一个美丽的特色小镇，天上多飘几朵创新'彩云'。"

这是李强首次提出特色小镇的概念，特色小镇也由此诞生。2015 年 4 月 22 日，浙江省政府出台《关于加快特色小镇规划建设的指导意见》，明确浙江版特色小镇规划建设的总体要求、创建程序、政策措施、组织领导等内容。2015 年年底，中央财经工作领导小组办公室提交的《浙江特色小镇调研报告》获得中共中央总书记习近平的批示。此后，特色小镇培育得到多个层面的重视和推广。2016 年 7 月，住房和城乡建设部、国家发展和改革委员会、财政部联合发文："到 2020 年，培育 1000 个左右各具特色、富有活力的休闲旅游、商贸物流、现代制造、教育科技、传统文化、美丽宜居等特色小镇，引领带动全国小城镇建设，不断提高建设水平和发展质量。"在政策红利的助推下，特色小镇的概念迅速向全国渗透。

特色小镇是按创新、协调、绿色、开放、共享五大发展理念，结合自身特质，找准产业定位，科学进行规划，挖掘产业特色、人文底蕴和生态禀赋，形成"产、城、人、文"四位一体有机结合的重要功能平台。特色小镇概念有四个方面的重要内涵。

（一）产业定位"一镇一业"，突出"特而强"

特色小镇产业定位要"一镇一业"，突出"特而强"。产业是特色小镇建设的核心内容。

"特"，是指每个特色小镇都要锁定信息经济、环保、健康、旅游、时尚、金融、高端装备七大新产业，以及茶叶、丝绸、黄酒、中药、木雕、根雕、石刻、文房、青瓷、宝剑等历史经典产业中的一个产业，主攻最有基础、最有优势的特色产业来建设，而不是"百镇一面"、同质竞争。即便是主攻同一产业，也要差异定位、细分领域、错位发展，不能丧失独特性。

"强"，是指每个小镇要紧扣产业升级趋势，瞄准高端产业和产业高端，3 年投入 30 亿元到 50 亿元，引进行业领军型团队、成长型企业，以及高校毕业生、大企业高管、科技人员、留学归国创业者为主的人员到小镇来创业创新，培育行业"单打冠军"，构筑产业创新高地，成为新经济的增长点。

（二）功能集成"紧贴产业"，力求"聚而合"

特色小镇功能集成要"紧贴产业"，力求"聚而合"。产业、文化、旅游和社区四大功能融合，是特色小镇区别于工业园区和景区的显著特征。

"聚"，就是所有特色小镇都要聚集产业、文化、旅游和社区功能。"合"，就是四大功能都要紧贴产业定位融合发展。尤其是旅游、文化和社区功能，要从产业发展中衍生、从产业内涵中挖掘，也就是要从产业转型升级中延伸出旅游和文化功能，并完善好功能，而不能是简单相加、牵强附会、生搬硬套。

（三）形态打造"突出精致"，展现"小而美"

特色小镇形态打造要"突出精致"，展现"小而美"。特色小镇的建设形态很重要，尤其是现代社会，美好的事物、美丽的环境都能转化为很强的生产力。

首先，骨架小。特色小镇的物理空间要集中连片，有清晰的界定规划范围和建设用地范围。规划面积要控制在 3 平方千米左右，建设面积控制在 1 平方千米左右，建设面积原则上不能超出规划面积的 50%。

其次，颜值高。所有特色小镇要建成 3A 级景区，其中旅游产业特色小镇要按 5A 级景区标准建设。

最后，气质独特。特色小镇要根据地形地貌，结合产业发展特点，做好整体规划和形象设计，保护好自然生态环境，确定好小镇风格，展现出小镇的独特味道，原则上不新建高楼大厦。

（四）运作机制"破旧去僵"，做到"活而新"

特色小镇运作机制要"破旧去僵"，做到"活而新"。市场化机制是特色小镇的活力因子。

"活"，就是建设机制活。用创建制代替审批制，实施动态调整制，彻底改变"争个帽子睡大觉"的旧风气；建设上采用政府引导、企业主体、市场化运作的机制，摒弃政府大包大揽，体制机制非常活。

"新"，就是制度供给新。扶持政策有奖有罚，运用期权激励制和追惩制双管齐下的办法，对如期完成年度规划目标任务的特色小镇，要给予建设用地和财政收入奖励；对3年内未达到规划目标任务的，加倍倒扣用地奖励指标；对于国家的改革试点、地方先行先试的改革试点、符合法律要求的改革试点，允许特色小镇优先上报、优先实施、先行突破。

二、特色小镇的功能定位

（一）产业功能

产业是城市形成和发展的动力，城市是产业发展的载体。特色小镇，首先是产业之镇，是一个产业的空间载体。特色小镇的打造，必须与产业规划统筹考虑。小镇的繁荣，也必须要有产业支撑。特色小镇的根本动力来源于内生式产业发展。内生式产业发展就是以提高产业的国际竞争力为目标，以提升产业自主创新能力为突破，摆脱产业发展非意愿恶性循环的"路径依赖"，实现产业价值链从低端环节向高端环节的攀升。

产业为主导的特色小镇，与现有的产业集聚区、产业园区不能混同：从产业本身来看，特色小镇所承载的产业，如云计算、基金、互联网创业等，更具创新性，而且需要以新理念、新机制和新技术、新模式来推进产业集聚、产业创新和产业升级。这与产业园区的一般性集聚是有所区别的，产业为主导的特色小镇将体现更强的集聚效应和产业叠加效应。另外，特色小镇还承载了除却产业以外的文化、旅游等其他功能。

（二）文化功能

特色小镇，不仅仅是产业的集聚、融合，其地方文化、休闲文化的魅力，也将是特色小镇的重要元素。任何一种共同体都需要赖以维系的共同精神纽带，即作为共同体生命得以延续发展的精神基础的文化凝聚力。奥斯特罗姆等人在《制度分析与发展的反思》一书中写道："共同体是由赞同建立的。"一方面是共同体文化对个体的统摄、范导、吸引和关怀；另一方面是个体对共同体文化的自觉皈依、奉行和遵守。特色小镇作为一种新型共同体，当然更需要建立赖以维系的共同精神纽带，更需要重构和强化将"镇民"聚合、联结在一起的文化凝聚力。正如豪格·阿布拉姆斯所说，"一个对群体行为有着可靠影响的因素是群体凝聚力（group cohesiveness）。通常来说，群体凝聚力会提升群体生产力和群体的表现，促进对群体规范的遵从，改善成员的精神状态和工作满意度，促进群内沟通，降低群内敌意，并引导敌意指向外群，提升安全感和自我价值感。"

特色小镇的文化特色，要注重结合地域文化特色，挖掘文化内涵，形成小镇个性文化，并将这种小镇文化植入小镇建设的各个层面和领域，从而增强企业与居民的文化认同感。

（三）旅游功能

游憩活动作为人类的基本活动之一，其大众性和日常性决定了特色小镇游憩功能具有公共属性。特色小镇应建立不同级别的游憩单元以形成完整的游憩系统，从而满足人的基本游憩需要。

旅游功能既阐明了特色小镇发展的主要产业支撑和文化特点，也展示了小镇发展的主体方向。发展旅游的最终目的还是推动当地经济的发展，而经济发展依靠的就是游客在当地的消费。不论是古镇游，还是生态小镇游，都鼓励人们慢下来、住下来、轻松下来。在这个过程中，吃、住、行、游、购、娱六要素所起到的都是引导消费的作用，吸引人们通过消费去释放、去体会一种和平时不同的生活方式。

（四）社区功能

社区是城市社会的基本单元，是人们社会生活的共同体和基本平台。社区和谐是城市社会和谐的基础。自滕尼斯于 1887 年提出社区概念后，其内涵随着经济发展和制度变迁而逐渐丰富。在滕尼斯看来，社区即"共同体"，是由传统的血缘、地缘和文化等自然意志占支配地位的共同体，是有着相同价值取向、人际关系亲密无间、人口同质性较强的共同体。

特色小镇的建设，应是高标准规划、高起点打造。无论是环境设计、建筑外观、功能布局、能源利用，还是生活设施、现代服务，都应从现代化、人性化的角度着手建设。改善居民生活环境，提高生活品位，既能吸引和满足小镇居民工作和创业的需要，也能使其感觉小镇生活的舒适和自在，增加对小镇社区的心理归宿感。

综合来看，特色小镇上述四个功能的叠加融合，才是特色小镇的应有内涵。这四个功能不是简单地相加，而是融为一体。优质的产业是小镇的立镇之本，文化是小镇之魂，旅游是小镇之美，社区是小镇之命。只有这四位一体，才是真正意义上的特色小镇。

三、特色小镇与相关概念

（一）特色小镇与特色小城镇

2016 年 10 月，国家发展和改革委员会发布《关于加快美丽特色小（城）镇建设的指导意见》，首次指出特色小镇主要指聚焦特色产业和新兴产业，集聚发展要素，不同于行政建制镇和产业园区的创新创业平台。特色小城镇是指以传统行政区划为单元，特色产业鲜明，具有一定人口和经济规模的建制镇。特色小镇和小城镇相得益彰、互为支撑。

（二）特色小镇与重点镇

以前，很多地方都会把乡镇划分为重点镇和非重点镇。重点镇一般都负有产业发展的职能，非重点镇就主要定位为为农村地区提供生产生活服务，最多是发展休闲旅游，不负有其他产业发展职能。非重点镇一般经济发展条件不太好，不是太偏就是地形受限制，一般都会选择做旅游类特色小城镇。而重点镇则位于交通区位比较好的地方，具有较强的产业基础。这些重点镇就可以抓住特色小镇的建设机遇，大力发展成为产业特色小镇。

（三）特色小镇与新农村

全面推进新农村建设，是构建和谐社会的一项基础工作。而充分挖掘产业特色、人文底蕴和生态禀赋，用新理念、新机制、新载体来推进特色小镇建设，打造起农村新经济发展的平台，是实现创新、协调、绿色、开放、共享发展理念的题中之义。因此，加快建设一批产业特色鲜明、人文气息浓厚、生态环境优美、兼具旅游与社区功能的特色小镇，必将有力推动新农村建设。

（四）特色小镇与工业园区

特色小镇不是单纯以工业制造业为主的园区开发。与工业园区只承担工业发展的功能不同，特色小镇还承载了除工业以外的文化、旅游等其他功能。特色小镇的特色不只限于工业，城镇格局、建设风貌、自然景观、历史人文、生态环境、生活方式等都可能形成特色。传统工业园区应该利用特色小镇建设的机会，对园区产业进行梳理，明晰产业发展思路，清退一批低端、散乱、不符合园区定位的企业。有的园区如果比较大，可以划出来一块 1 平方千米左右的空间来，仿照现在产业特色小镇的开发模式进行集中规划建设，将园区生态予以重建，对园区生活配套加以完善，实现从园区向社区的转变。

（五）特色小镇与产业新城

产业新城是以城乡一体、产城融合、生态宜居为一体的新型城镇化模式。产业发展和城市发展相结合，通过发展地方特色产业带动城市发展，然后城市的发展又促进产业化同时发展。这种模式主要是先形成以工业发展为主导的如工业园区、经济开发区等特定地域，这些特定区域在发展的过程中通过转型升级，形成以产业发展为主的集工作、生产、生活、休闲娱乐等为一体的城市功能进一步完善的新城。通过"以产兴城、以城带产"，进而实现"产城共融、城乡统筹、共同发展"。

特色小镇是新型精品镇，是按创新、协调、绿色、开放、共享五大发展理念，结合自身资源优势，找准产业定位，进行科学规划，挖掘产业特色、人文底蕴和生态禀赋，实行产城融合、服务配套、管理健全的发展模式。

四、特色小镇的发展历程

特色小镇的发展是伴随工业化、全球化和市场化而进行的，是城镇化进程的重要组成部分。事实上，从 20 世纪 80 年代起，我国浙江、江苏、广州就已经有了一批特色小镇，例如温州柳市镇（中国电器之都）、浙江绍兴县柯桥镇纺织市场、台州市路桥区旧轮胎市场等。这些大大小小的市场逐渐形成了规模经济，有的产业甚至在发展中取得了一定的领先地位。这些小镇的发展历史为后来的特色小镇发展积累了经验。这也是中国农村小城镇发展进程中一个非常具有创意性的过程。

进入新阶段以来，特色小镇的发展大概经历了两个阶段。一是与新型城镇化有关的特色小镇的发起阶段。党的十八大深入推进新农村建设，将新型城镇化作为重大战略举措。若干政策文件开始相继出台，内容包括：建设美丽宜居乡村、魅力村庄；加快培育中小城市和特色小城镇，发展具有特色优势的魅力小镇等。这些系列文件拉开了发展特色小镇的序幕。

二是特色小镇建设的快速推进阶段。2016 年 7 月，三部委联合发布《关于开展特色小镇培育工作的通知》，提出到 2020 年，培育 1000 个左右特色小镇，随后各种政策性文件陆续出台，特色小镇的建设开始如火如荼地展开。

（一）与新型城镇化有关的特色小镇的发起阶段

党的十八大提出把推进新型城镇化作为今后十年经济发展的重大战略举措。2014 年 3 月 16 日，中共中央、国务院印发《国家新型城镇化规划（2014—2020 年）的通知》（中发〔2014〕9 号），要求各级党委和政府要进一步提高对新型城镇化的认识，全面把握推进新型城镇化的重大意义、指导思想和目标原则，切实加强对城镇化工作的指导，着重解决好农业转移人口落户城镇、城镇棚户区和城中村改造、中西部地区城镇化等问题，推进城镇化沿着正确方向发展。

2015 年 11 月 23 日，国务院发布《关于积极发挥新消费引领作用加快培育形成新供给新动力的指导意见》（国发〔2015〕66 号），提出支持各类社会资本参与涉农电商平台建设，促进线下产业发展平台和线上电商交易平台结合。发挥小城镇连接城乡、辐射农村的作用，提升产业、文化、旅游和社区服务功能，增强商品和要素集散能力。鼓励有条件的地区规划建设特色小镇。

2015 年 12 月底，习近平总书记对浙江"特色小镇"建设作出重要批示："抓特色小镇、小城镇建设大有可为，对经济转型升级、新型城镇化建设，都具有重要意义。浙江着眼供给侧培育小镇经济的思路，对做好新常态下的经济工作也有启发。"

2016 年 1 月 27 日，中共中央、国务院发布《关于落实发展新理念加快农业现代化实现全面小康目标的若干意见》，提出引导和支持社会资本开发农民参与度高、受益面广的休闲旅游项目。加强乡村生态环境和文化遗存保护，发展具有历史记忆、地域特点、民族风情的特色小镇，建设一村一品、一村一景、一村一韵的魅力村庄和宜游宜养的森林景区。依据各地具体条件，有规划地开发休闲农庄、乡村酒店、特色民宿、自驾露营、户外运动等乡村休闲度假产品。实施休闲农业和乡村旅游提升工程、振兴中国传统手工艺计划。开展农业文化遗产普查与保护。支持有条件的地方通过盘活农村闲置房屋、集体建设用地、"四荒地"、可用林场和水面等资产资源发展休闲农业和乡村旅游。

2016 年 2 月 2 日，国务院发布《关于深入推进新型城镇化建设的若干意见》（国发〔2016〕8 号），提出加大对传统村落民居和历史文化名村名镇的保护力度，建设美丽宜居乡村。加快培育中小城市和特色小城镇，发展具有特色优势的休闲旅游、商贸物流、信息产业、先进制造、民俗文化传承、科技教育等魅力小镇，带动农业现代化和农民就近城镇化。

2016 年 3 月 16 日，《中华人民共和国国民经济和社会发展第十三个五年规划纲要》提到，开展生态文明示范村镇建设行动，加大传统村落和民居、民族特色村镇保护力度，加快建设和谐幸福的美丽宜居乡村。

（二）特色小镇建设的快速推进阶段

2016 年 4 月 12 日，国土资源部发布《国土资源"十三五"规划纲要》（国土资发〔2016〕38 号），提出用地计划向中小城市和特色小城镇倾斜，向发展潜力大、吸纳人口多的县城和重点镇倾斜，保障设施农业、休闲农业、乡村旅游和农村一、二、三产业融合发展用地需求，推动现代农业产业体系形成。全面实施城镇建设用地增加与农村建设用地减少挂钩政策，完善收益形成和返还机制，将挂钩收益全部返还农村，支持农村人居环境改善和美丽宜居乡村建设。

2016 年 7 月 1 日，住房和城乡建设部、国家发展和改革委员会、财政部联合发布《关于开展特色小镇培育工作的通知》（建村〔2016〕147 号），提出到 2020 年，培育 1000 个左右各具特色、富有活力的休闲旅游、商贸物流、现代制造、教育科技、传统文化、美丽宜居等特色小镇，引领带动全国小城镇建设，不断提高建设水平和发展质量。

2016 年 8 月 3 日，国家住房和城乡建设部发布了《关于做好 2016 年特色小镇推荐工作的通知》，要求各省（区、市）候选近 5 年无重大安全生产事故、无重大环境污染、重大生态破坏、重大群体性社会事件、无历史文化遗存破坏现象的优秀特色小镇。国家住房和城乡建设部村镇建设司会同国家发展和改革委员会规划司、财政部农业司组织专家对各地推荐上报的候选小镇进行复核，并现场抽查，认定公布特色小镇名单。

2016 年 9 月 7 日，住房和城乡建设部办公厅发布《关于开展 2016 年美丽宜居小镇、美丽宜居村庄示范工作的通知》（建办村函〔2016〕827 号），提出各地要按照美丽宜居村镇示范指导性要求，选择自然景观和田园风光美丽宜人、村镇风貌和基本格局特色鲜明、居住环境和公共设施配套完善、传统文化和乡村要素保护良好、经济发展水平较高且当地居民（村民）安居乐业的村庄和镇作为示范候选对象，并积极探索符合本地实际的美丽宜居村镇建设目标、模式和管理制度，科学有序推进美丽宜居村镇建设。

2016 年 10 月 8 日，国家发展和改革委员会发布《关于加快美丽特色小（城）镇建设的指导意见》，第一次明确了特色小（城）镇包括特色小镇、小城镇两种形态，提出了五条总体要求：坚持创新探索、坚持因地制宜、坚持产业建镇、坚持以人为本和坚持市场主导。同时提出了九条具体措施：分类施策，探索城镇发展新路径；突出特色，打造产业发展新平台；创业创新，培育经济发展新动能；完善功能，强化基础设施新支撑；提升质量，增加公共服务新供给；绿色引领，建设美丽宜居新城镇；主体多元，打造共建共享新模式；城乡联动，拓展要素配置新通道；创新机制，激发城镇发展新活力。

2016 年 10 月 10 日，住房和城乡建设部和中国农业发展银行联合发布《关于推进政策性金融支持小城镇建设的通知》，明确指出："支持以转移农业人口、提升小城镇公共服务水平和提高承载能力为目的的基础设施和公共服务设施建设。"文件还指出："小城镇是新型城镇化的重要载体，是促进城乡协调发展最直接最有效的途径。各地要充分认识培育特色小镇和推动小城镇建设工作的重要意义，发挥政策性信贷资金对小城镇建设发展的重要作用。"

2016年10月11日，住房和城乡建设部发布《关于公布第一批中国特色小镇名单的通知》，在各地推荐的基础上，经专家复核，会同国家发展和改革委员会、财政部，认定北京市房山区长沟镇等127个镇为第一批中国特色小镇。

1. 第一批特色小镇数量及地区分布

从各区域的特色小镇数量来看，华东区域和西南区域的数量是最多的。

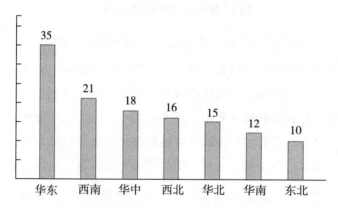

图1　第一批中国特色小镇数量及地区分布图

2. 第一批特色小镇类型结构

根据住房和城乡建设部发布的第一批中国特色小镇名单，结合住房和城乡建设部推荐工作的通知，特色小镇的类型主要有工业发展型、历史文化型、旅游发展型、民族聚居型、农业服务型和商贸流通型（见图1）。经过整理分析，旅游发展型的特色小镇最多，共有64个小镇上榜，占比达50.39%；其次是历史文化型的特色小镇，共有23个小镇上榜，占比达18.11%。

2016年10月27日，国家发展和改革委员会发布《关于印发〈全国农

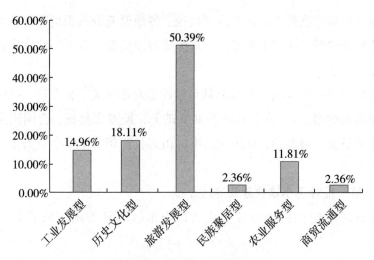

图 2　第一批特色小镇类型结构

村经济发展"十三五"规划〉的通知》（发改农经〔2016〕2257 号），提出坚持走中国特色新型城镇化道路，加快发展中小城市，有重点、有特色地发展小城镇，积极培育一批特色鲜明、产业发展、绿色生态、美丽宜居的特色小镇。依托农村绿水青山、田园风光、乡土文化等资源，大力发展都市农业、休闲农业和乡村旅游，因地制宜发展庭院经济，围绕特色产业打造一村一品、一村一景、一村一韵的美丽村庄，有序发展以农业和森林为主题的公园。

2016 年 10 月 31 日，国家发展和改革委员会公布《关于加快美丽特色小（城）镇建设的指导意见》，提出绿色引领，建设美丽宜居新城镇，鼓励有条件的小城镇按照不低于 3A 级景区的标准规划建设特色旅游景区，将美丽资源转化为"美丽经济"。

2016 年 11 月 1 日，国务院发布《关于深入推进实施新一轮东北振兴战略加快推动东北地区经济企稳向好若干重要举措的意见》（国发〔2016〕62 号），提到支持资源枯竭、产业衰退地区转型；支持林区发展林下经济，结合林场布局优化调整，建设一批特色宜居小镇。

2016 年 12 月 12 日，国家发展和改革委员会、国家开发银行、中国光大银行、中国企业联合会、中国企业家协会、中国城镇化促进会等机构联合下发《关于实施"千企千镇工程"推进美丽特色小（城）镇建设的通知》（发改规划〔2016〕2604 号），提出要发挥优质企业与特色小（城）镇的双重资源优势，培育供给侧小镇经济。

2016 年 12 月 26 日，国务院印发《"十三五"旅游业发展规划》（国发〔2016〕70 号），提出开发连接旅游景区、运动基地、特色小镇的低空旅游线路。

2017 年 1 月 24 日，住房和城乡建设部、国家开发银行联合发布《关于推进开发性金融支持小城镇建设的通知》，要对小城镇予以资金支持，在融资规划、信贷、融资模式等方面提供便利条件。

2017 年 2 月 8 日，国家发展和改革委员会、国家开发银行联合发布《关于开发性金融支持特色小（城）镇建设促进脱贫攻坚的意见》（发改规划〔2017〕102 号），在明确特色小城镇发展规划的基础上，配合资金支持。

2017 年 3 月，《2017 年政府工作报告》提出要支持中小城市和特色小城镇发展。

2017 年 4 月，住房和城乡建设部与中国建设银行联合发布了《关于推进商业金融支持小城镇建设的通知》（建村〔2017〕81 号），实施项目储备制度，提供配套融资。

五、特色小镇的发展动力探析

（一）基于国情的政策意见推动

当前，我国正处在城镇化快速推进的过程中。城镇化是现阶段经济增长的最大动力源泉。迅速兴起的大大小小的城市，在集聚生产要素、带动经济发展、提升国际竞争力等方面发挥了重要作用。但是，由于城镇化很大程度上是在各地经济发展的过程中自然形成的，缺乏明晰的战略规划引导，也存在一些新的矛盾和问题。

分析起来，突出的问题有三点：一是不少发展较快的大城市、特大型城市交通拥堵、空气污染、房价畸高，制约了城市的可持续发展；二是常住人口和户籍人口形成二元格局，不利于培育稳定的高素质的产业工人队伍；三是城市结构、布局不合理，城市总量明显偏少，大城市、特大型城市由于吸引要素的能力强、就业机会多而迅速膨胀，中小城市特别是小城镇由于吸纳就业的能力弱而发展缓慢、数量偏少，中西部地区尤为明显。

针对这些问题，中央从 2016 年开始将特色小镇创建列为农村重点工作之一，各部委、各地方政府也陆续出台相应政策，支持特色小镇的创建工作。特色小镇进入国家层面推广的新阶段，建设特色小镇将成为推进城乡一体化的突破口，成为走新型城镇化道路的带动力量，成为释放巨大需求潜力的重要改革举措，为我国经济持续健康发展注入强大新动能。一方面，特色小镇让农村更多的优质资源就近集中，形成特色化产业集群；另一方面，有利于缓解过多人口和资源进入大城市的现象，减少和避免"城市病"，进而实现大中小城市协调发展。

（二）基于实效的财政土地支持

改革开放以来，中央相关部门虽然出台了一系列小城镇方面的政策文件，但除了"十二五"期间财政部与住房和城乡建设部资金上支持过一批绿色低碳小城镇外，很少有资金支持。

因此，当下政策性资金的支持对于特色小镇的建设无疑具有很重要的引导作用，三部委的文件和各省、自治区、直辖市出台的特色小镇指导意见都有关于资金支持政策的内容。

住房和城乡建设部、国家发展和改革委员会、财政部联合下发《关于开展特色小镇培育工作的通知》（建村〔2016〕147号），在组织领导和支持政策中提出两条支持渠道：一是国家发展改革委等有关部门支持符合条件的特色小镇建设项目申请专项建设基金；二是中央财政对工作开展较好的特色小镇给予适当奖励。应当说这是中央财政资金第一次比较系统地对特色小镇建设给予支持，具有十分强烈的导向意义，说明中央相关部门确实把特色小镇放到了新型城镇化工作的重要地位上。

省市方面，以浙江为例。第一批特色小镇考核验收后，这些小镇将获得土地和财政方面的支持。土地要素方面，对如期完成年度规划目标任务的，省里按实际使用指标的 50% 或 60% 给予配套奖励，对 3 年内未达到规划目标任务的，加倍倒扣省奖励的用地指标。财政方面，特色小镇在创建期间及验收命名后，其规划空间范围内的新增财政收入上交省财政部分，前 3 年全额返还，后 2 年返还一半给当地财政。另外，还将特色小镇定位为综合改革试验区，拥有优先上报、优先实施、先行突破权，在行政上给予充分支持。

由于浙江特色小镇建设相对起步较早，制度措施较为完善，其他各省市旅游小镇建设刚刚启动，奖励制度与措施暂未成熟，但已初现端倪。

（三）基于浙江的成功示范效应

中央财经领导小组办公室主任刘鹤曾在调研浙江特色小镇建设时表示，浙江在特色小镇建设中高度重视学习国际惯例，善于研究经济规律；高度重视各地不同的资源禀赋和市场需求，形成了不同的比较优势；高度重视处理好政府和市场的关系；高度尊重和重视发挥企业家在创新中的核心作用；高度重视以人为本，特别是新一代年轻人的能力。

按照浙江省的规划，3 年内，每个特色小镇要完成固定资产投资 50 亿元左右，所有特色小镇要建成 3A 级以上景区，坚持产业、文化、旅游"三位一体"和生产、生活、生态融合发展。

同时，在浙江省的设计中，特色小镇建设是该省利用自身的信息经济、块状经济、山水资源、历史人文等优势，突破空间资源瓶颈、有效供给不足、高端要素聚合度不够和城乡二元结构，解开经济结构转化和增长动力转换难题的战略选择。

可以说，正是因为基于省情、尊重规律、立足产业，杜绝运动式地凭空规划和打造"政绩小镇"，浙江的特色小镇才慢慢地从"一枝独秀"走向"百花齐放"，成为承载传统产业转型和培育新兴产业、推进供给侧结构性改革的崭新平台。

目前，浙江省已经公布了两批 79 个特色小镇省级创建对象，51 个省级特色小镇培育对象。特别是首批 37 个特色小镇，取得了四方面的成效。一是特色小镇正成为加快产业转型升级的新载体。各个特色小镇都成为了创新创业人才的首选地，成为转型发展、创新发展的主战场。每个小镇都集聚了大量的人才。二是特色小镇正成为推进项目建设、拉动有效投资的新引擎。首批 37 个特色小镇吸引了 3300 多家企业，完成投资 480 亿元，有 5 个小镇投资已经超过 20 亿元。三是特色小镇正成为推进供给侧结构性改革的新实践。特色小镇为现代创业群体提供了个性化的创业需求供给，为不同的客户提供了有效的需求供给，在高质量产品供给上也有了新的作为。四是特色小镇正成为各级干部积极主动作为的新舞台。特色小镇为浙江干部主动了解新经济、发展新经济、做实新经济提供了有效抓手。

（四）基于特色的文化传承需求

特色小镇是厚植城市底蕴与历史文化的传承器。一段时间以来，我国城镇化是一种"摊大饼"式的粗放型城镇化模式，造成了不少"贪大求洋"的城市在大拆大建中割裂了历史、摧残了文化，造成一些城市"有城市无历史""有城市无文明"的现象。而特色小镇在产业发展中高度重视小镇发展的文化积淀与历史传承，融历史文化于产业发展、社区建设之中。对于以文化旅游为特色的特色小镇而言，历史文化的积淀与传承和文化产业、旅游产业的打造更要求有机统一与完美结合。特色小镇生产力配置一定要找到功能的集聚与扩散之间、城市化与逆城市化之间的最佳平衡点，找到生产、生活、生态之间的最佳平衡点。

（五）基于现实的创业选择要求

创业选择成本洼地是特色小镇形成的一个重要基础。城市中心区、主城区的建设需要考虑各方面因素：既要保持城市的包容，又要加大城市的税收，还要增强城市的管理力度，造成巨大的管理成本。而特色小镇是推进创新创业的重要载体。"大众创业万众创新"是我们对冲经济下行、主动适应经济新常态的重要举措。但是，大城市资源的稀缺性，往往会导致人们创新创业的成本太高，空间不大。特色小镇多分布在大都市周边，相对远离大城市中心，生产生活成本相对较低，是吸引科技含量高、资金相对不足的年轻创业者的理想栖息之地。可以说，特色小镇能够以较为低廉的成本、灵活的机制、优质的服务为"创客"们提供起航的港湾与梦想的翅膀。

六、建设特色小镇的现实意义

（一）集中各类政策的"黄金结合点"

城市的发展要求我们从一、二产业中逐渐脱离出来，既能让百姓看到青山绿水，呼吸新鲜空气，又能汇集资本、技术，打造特色产业，促进经济发展，增加就业，缩小城乡之间的贫富差距，于是特色小镇便成为一个极佳的途径。特色小镇与新型城镇化、供给侧改革、经济转型升级、脱贫攻坚等方面都有密切关系，因而成为各类政策集中支持的一个"黄金结合点"。特色小镇发展有利于优化城镇体系结构；有助于扭转各类资源过度地向行政等级高的城市中心区集中的局面；有利于改进政府管理，动员社会资本参与新型城镇发展空间的建设与发展；有利于促进投资与消费，带动经济增长。

（二）推进供给侧结构性改革的新路径

产能过剩、有效供给不足是当前我国经济面临的困境之一。而浙江省作为经济改革的前沿阵地，正是中国经济发展的一个缩影。

经过改革开放三十多年来的发展，浙江省的经济遇到很多问题。例如产业同质化、产能过剩、有效供给不足等。义乌的衰退就是一个例子。改革开放初期，义乌制定了"兴商建县"的政策，大力发展露天批发市场，义乌人靠着廉价、低利润的小商品走在全国人均收入水平的前列，义乌也一度有着"全球最大的小商品批发市场"的称号。但近些年来，义乌的小商品市场开始衰落，大量商户倒闭，财政收入下降，其根源在于低端、廉价的贸易模式。一方面，随着劳动力和原材料成本的上升，"薄利多销"不能再产生丰厚的利润；另一方面，国内消费需求逐渐趋于高质量的产品，低端商品大量过剩。

"义乌模式"的衰退使人们意识到经济增长中的问题，而特色小镇为解决这些问题提供了思路：将过剩产能和积压的大量厂房、土地、设备和劳动力等生产要素，从过剩领域流到有市场需求的领域，从低效率领域流到高效率领域，提升资源配置效率。特色小镇通过对传统资源和高端要素进行配置重组，从供给侧和需求侧双向发力，既激活了本土特色产业和文化内涵，同时提供了高端要素资源配置的空间产品，满足了人们多角度、多层次的差异性消费需求，搭建了有效供给和有效需求对接的平台，为我国经济社会转型增添了新的动力。

（三）推动新型城镇化建设的突破口

特色小镇位于城、乡之间，是城、乡之间的纽带。建设特色小镇将成为推进新型城镇化发展的突破口，成为走新型城镇化道路的带动力量。我国新型城镇化重点要突出实现人的城镇化，强调以人为本的可持续发展。特色小镇建设将通过产业聚集，以生态文明理念推动农村户籍人口城镇化、非户籍常住人口市民化，科学、合理地引导有能力在城镇稳定就业和生活的农村人口向城镇转移，有序推动人口流动，增强城镇人口吸纳能力，形成常住居民。常住居民的各种需求，又将促进地产、金融、公共基础服务等配套设施产业的发展。因此，特色小镇是促进就近就地城镇化的重要载体，进而推动新型城镇化架构的形成。

（四）破解城乡二元结构的重要抓手

党的十八届三中全会指出："城乡二元结构是制约城乡发展一体化的

主要障碍。"因而优化城乡二元结构始终成为我国城镇化发展的基础问题。

特色小镇因地制宜，重点培育特色产业，汇集周边区域劳动力，是搭建城乡发展一体化平台的有效举措，是破解城乡二元结构的重要抓手，也是满足群众过上美好生活新期待的迫切需要。特色小镇可有效依托乡村文化和环境，促进城乡要素互动，加速实现农业现代化，缩小城乡差距，全面提升城乡统筹发展水平，加快推进全域公共服务均等化进程，实现区域联动融合发展，形成设施互通、产业互融、功能互补的城乡一体化发展格局。

（五）提高小城镇经济活力的重要内容

我国小城镇建设普遍存在发展相对滞后、发展动力不足、产业发展薄弱、人才流失严重等问题，但小城镇对我国推进新型城镇化建设和经济社会发展具有十分重要且不可替代的作用。特色小镇发展通过与疏解大城市中心城区功能相结合、与特色产业发展相结合、与服务"三农"相结合，将有效提升本土经济活力，发挥自身特色产业优势、文化优势、绿色优势，促进小城镇发展理念和发展模式的创新，引入充满活力的体制机制，推进现代服务经济、智慧经济、体验经济在本土生根发芽，激发内生动力，吸纳更多农村剩余劳动力在小镇就业，让小镇居民享受到更好的公共服务和良好的居住环境。

（六）改善村镇人居环境的重要推手

魅力宜居的人居环境是特色小镇的根基。特色小镇建设有助于"坚持绿水青山就是金山银山"的发展理念，突出与村镇绿色生态环境之间的协调统一，注重对生态人文环境的合理开发和保护利用；特色小镇建设有助于彻底整改过去遗留的环境问题，提升全区域环保意识，加强饮用水源保护、河流治理、污染防治、污水垃圾处理等工作力度，实现对农村生态环境综合整治；特色小镇建设有助于加快推进村镇配套基础公共服务设施的建设，软硬结合改善村镇人居环境，"留得住乡愁"的同时为创业置业营造良好氛围。

七、从国外小镇发展看特色小镇的内核

许多发达国家和地区在经历了城市化带来的种种挑战后，纷纷将目光转向了大都市周边星罗棋布的小城镇。他山之石，可以攻玉。国外的小城镇发展有哪些特点？它们的发展经验能为我国小城镇建设带来哪些启示？

（一）国外小城镇发展的路径

根据政府和市场扮演的不同角色，可将国外小城镇发展的路径分为两种。

第一种是以政府为主导力量，引领小城镇的规划建设。最典型的例子是英国在第二次世界大战结束后发起的"新城运动"。英国政府分别于1946年、1965年和1981年颁布了《新城法案》（New Towns Act），主要目的是通过对小城镇的开发建设，疏解伦敦、伯明翰、利物浦等大城市的过剩人口。

在初期阶段，英国政府将开发重点放在那些距大城市较近的小城镇，如距伦敦50千米内的斯蒂夫尼奇、克劳利、哈洛等。在开发后期，随着私家车保有量的上升和交通运输条件的改善，新城运动逐渐向更远的地区扩展。

第二种是在经济社会发展规律的支配下，小城镇因逐渐获得了企业或居民的青睐而兴起和壮大，政府只承担辅助支持作用。例如，美国许多小城镇的繁荣就是人口和企业的自然选择和聚集的结果。

从20世纪中叶开始，美国便出现了人口向郊区转移的趋势，一些大城市周边的小城镇由于地价便宜、环境宜居，成为居住首选地。此外，部分老城区犯罪率飙升，也导致许多企业将总部迁到小城镇。

（二）国外小城镇发展的主要类型

总体看来，国外小城镇发展至今，主要包括以下三种类型。

1. 企业总部基地

环境宜人、地价低廉、基础设施完善是这类小城镇的基本特征。美国企业从 20 世纪 60 年代开始便热衷于将总部从市中心搬往小城镇。例如，沃尔玛总部位于阿肯色州北部的小镇本顿维尔，全镇人口只有 2.5 万；美孚石油的总部设在德克萨斯州达拉斯县的欧文小城。

在欧洲，雀巢公司总部位于瑞士日内瓦湖东岸、人口只有 1.8 万的小城沃韦；奥迪总部设在德国巴伐利亚州的小城英戈尔斯塔特。

2. 特色产业城镇

这类小城镇凭借自身的特色资源或地理区位优势，以某一类主导产业为支撑，带动当地的经济社会发展。例如，美国康涅狄格州西南部的格林尼治镇被誉为"对冲基金之都"。该小镇凭借沿海的地理区位，距海底电缆非常近，拥有网速优势，再加上靠近纽约这一金融中心，如今已聚集了超过 500 家对冲基金公司。

3. 宜居城镇

一般来说，这类城镇的兴起源于"大城市病"的蔓延：人口膨胀、交通堵塞、环境污染等一系列问题促使人们将居所迁移至大城市周边的卫星城镇。20 世纪 70 年代后期，美国一度出现"逆城市化"浪潮，大量人口从大都市中心地区向周边城镇扩散。

2007 年，英国政府宣布要在全国启动生态城镇建设项目，旨在为居民提供高水平、可持续的居住条件和环境，缓解都市住宅面积紧张、购房机会紧缺的局面，并以此为契机，探索"零排放"环保住宅的可行性。同时，每个城镇中还有 30% ~ 40% 的居民用房，要预留给那些在购房等待名单中的居民。

（三）对我国特色小镇发展的启示

综观国外小城镇的建设历程和经验，可以为我国带来三点启示。

1. 注意与周边地区统筹发展

小城镇在环境、资源、文化积淀等方面具备一定的开发潜力，但往往受限于发展空间狭小。通过与周边地区，特别是大都市保持良性互动关系，小城镇可以在资源整合和协同发展中受益良多。布鲁金斯学会的研究员布鲁斯·凯兹（Bruce Katz）和欧文·沃什伯恩（Owen Washburn）在2011年发表的一篇名为《美国小镇与大都市》的文章中提出，那些发展势头良好的小镇，大多都是大都市区经济活动的一部分，而不是自给自足的"孤岛"。

各国政府也意识到了这一点。20世纪初，美国行政管理与预算局就提出了"都市统计区"（Metropolitan Statistical Area）的概念，将具有一定规模的大都市与周边辐射范围内的多个小城镇视为一个有机整体。日本在20世纪50年代颁布了《首都圈整备法》，确立了东京与周边地区共生发展的理念，将首都周边的108个农村小城镇纳入到东京都市圈的规划范围，让这些小城镇既可享受到首都圈的政策红利，又能充分开发周边地区的广阔市场。

不过，此举也可能会带来风险。小城镇在承接产业梯次转移、疏解大城市功能的过程中，反而会进一步拉大与大城市经济水平的差距。《经济学人》近期在《奔往城市》一文中称，近年来美国一些总部型小镇正面临大城市的"分羹"，部分企业正在将高管和数字类精英搬往大都市，留下中层人员镇守城镇总部，这无疑会拉大社会裂痕。

2. 确保政府与市场各司其职

在小城镇建设过程中，政府与市场在不同国家和地区扮演的角色各异，但总的来看，二者都不曾缺位。

小城镇政府的主要职责就是完善基础设施。即使是像美国这样以市场为主导的城镇发展模式，地方政府也要牵头负责完善交通、通信、排污等公共设施建设，以创造良好的居住环境和投资环境。对于上级政府而言，维持公平的市场秩序至关重要。在澳大利亚，为防止城镇之间因招商引资而引发恶性竞争，一些州政府出台了一系列协调措施，帮助各个城镇实现信息互通和利益共享。

3. 突出地方特色

小城镇应充分挖掘当地特色，如若照搬其他地区的发展路径，只会造成同质化现象泛滥，不利于经济的可持续发展。尤其是对于以发展文化旅游业为主导的小城镇，在对当地文化资源进行商业化开发的同时，还应注意保留当地特有的历史文化风貌，避免出现"千街一面""千楼一面"的现象。

实际上，日本九州东北部的大分县在 20 世纪 80 年代初发起的"一村一品"运动，就取得了巨大成功。该运动旨在鼓励各地发现和利用地方特色资源，包括文化遗迹、农产品等，并将其打造成为支持当地经济发展的支柱产业或产品。而在中国，"特色小镇"这一理念的提出也为探索差异化和特色化的小城镇建设提供了良好契机。

八、特色小镇的"浙江样本"

（一）做法与特点

从浙江的做法来看，特色小镇立足于市场化方式，突出政府的宏观引导与服务，发挥市场的主导作用，广泛吸引社会资本参与，带动大众创业创新行为，成为推动经济增长的新动力。特色小镇打破了传统的行政区划单元，不是行政区，也不是简单的产业园区和单一功能区，而是聚焦特色产业，融合文化、旅游、社区功能的创新创业发展平台。

1. "特"

依托浙江省"块状经济"的基础和经验，明确每一个特色小镇产业发展的主攻方向。浙江省将特色小镇产业定位于信息经济、环保、健康、旅游、时尚、金融、高端装备制造七大具有"万亿"市场规模的产业以及浙江的茶叶、丝绸、黄酒等历史经典产业中的一个产业，避免雷同发展、同质竞争。明确每个特色小镇的产业发展方向，推动特色产业集聚发展。在发挥集聚经济优势的同时，突出做强产业发展目标，延伸拉长产业链条，推动产业从低端化向高端化升级过渡，争做行业领头羊。

2. "新"

依托于浙江省信息产业发展优势，强调新技术应用和创新发展思路，推动"互联网＋"等新技术手段与传统产业的结合，积极培育新业态，体现供给侧改革的内容，提升价值链，成为产业转型升级的新载体，大唐袜业、嵊州领带、海宁皮革等一批传统产业重新焕发生机。特色小镇创新发展理念将小镇发展概括为产业、文化、旅游和社区四大功能的聚集，将文化因素渗透到产业和社区发展中，赋予产品文化基因，提升产品附加值；以文化为纽带，增强人口与小镇社区之间的文化黏性，增强小镇的社会文化吸引力，提升小镇整体发展活力。

3. "小"

不过分追求大尺度建设和发展，突出生态生活环境的美化。特色小镇规划面积一般控制在 3 平方千米左右，建设面积一般控制在 1 平方千米左右。特色小镇建设中不贪大求洋，不追求高楼大厦，注重产业和城镇的融合；同时政府不设专门管理机构，降低了行政成本。综合下来，特色小镇的建设和行政管理成本就大大降低，增强了小镇竞争力。在外部环境塑造方面，要求所有的特色小镇都要建成 3A 级以上景区，其中旅游类特色小镇要按照 5A 级景区标准建设，建设中特别注重历史文化的传承和挖掘，形成自然风光、空间布局与历史文化因素的有机结合。

4. "活"

将改革作为发展的原动力。特色小镇的定位是综合改革试验区，在改革方面进行了大量的探索实践。目前改革最多的突破是在创业环节。放宽商事主体核定条件，实行集群化住所登记，把准入门槛降到最低，削减审批环节和审批项目，提供全程代办。创新验收制度，把审批流程改到最便捷，推动了创新创业。放活特色小镇运作机制，突出企业的主体地位，民企、央企、省属国企等都积极参与特色小镇建设，仅首批 37 个特色小镇就吸引了 3300 多家企业参与。

（二）目的和意义

在经济新常态下，浙江创建特色小镇，有利于破解经济结构转化和动力转换的现实难题，是浙江供给侧结构性改革的一项探索，是推进经济转型升级的重大战略选择。

1. 特色小镇是破解浙江空间资源瓶颈的重要抓手，符合生产力布局优化规律

浙江只有 10 万平方千米陆域面积，而且是"七山一水两分田"，长期以来一直致力在非常有限的空间里优化生产力的布局。从块状经济、县域经济，到工业区、开发区、高新区，再到集聚区、科技城，无不是试图用最小的空间资源达到生产力的最优化布局。瑞士的达沃斯小镇、美国的格林威治对冲基金小镇、法国的普罗旺斯小镇、希腊的圣托里尼小镇等，虽然体量都不太大，但十分精致独特，建筑密度低，产业富有特色，文化独具韵味，生态充满魅力，对浙江优化生产力布局颇有启迪。它既非简单地以业兴城，也非以城兴业；既非行政概念，也非工业园区概念。从生产力布局优化规律看，生产力配置一定要在功能的集聚与扩散之间找到最佳平衡点，在城市化与逆城市化之间找到最佳平衡点，在生产、生活、生态之间找到最佳平衡点。浙江之所以在城乡结合部建"小而精"的特色小镇，就是要在有限的空间里充分融合特色小镇的产业功能、旅游功能、文化功能、社区功能，在构筑产业生态圈的同时，形成令人向往的优美风景、宜居环境和创业氛围。

2. 特色小镇是破解浙江有效供给不足的重要抓手，符合产业结构演化规律

绍兴纺织、大唐袜业、嵊州领带、海宁皮革等块状经济，是浙江从资源小省迈向制造大省、市场大省、经济大省的功臣。然而，步入新常态的浙江制造，并没有从"微笑曲线"底端走出来，产业转型升级滞后于市场升级和消费升级，导致有效供给不足和消费需求外溢。产业结构演进的一条基本规律是，趋向高度加工化、技术集约化、知识化和服务化，特别是在经济发展水平达到一定阶段以后，主导产业逐渐从以纺织业为主的轻纺工业向以信息产业为主的高新技术产业转换。为此，特色小镇必须定位最有基础、最有特色、最具潜力的主导产业，也就是聚焦支撑浙江长远发展的信息经济、环保、健康、旅游、时尚、金融、高端装备七大产业，以及茶叶、丝绸、黄酒、中药、木雕、根雕、石刻、文房、青瓷、宝剑等历史经典产业。通过产业结构的高端化，推动浙江制造供给能力的提升；通过发展载体的升级，推动历史经典产业焕发青春，再创优势。

3. 特色小镇是破解浙江高端要素聚合度不够的重要抓手，符合创业生态进化规律

在"大众创业、万众创新"到来的时代，竞争的关键是生态竞争。良好的生态不仅使内在的发展动力得以充分释放，对外在的高端要素资源也形成强大的吸附力。硅谷之所以源源不断地诞生诸如苹果、谷歌、甲骨文这样的世界级企业，越来越多怀揣梦想的年轻人之所以愿意到杭州的梦想小镇创业，秘诀就在于这些地方形成了富有吸引力的创业创新生态。浙江建设特色小镇，聚焦七大产业和历史经典产业打造产业生态，瞄准建成 3A 级以上景区打造自然生态，通过"创建制""期权激励制"以及"追惩制"打造政务生态，强化社区功能打造社会生态，集聚创业者、风投资本、孵化器等高端要素，促进产业链、创新链、人才链等相互促进，为特色小镇注入无限生机。梦想小镇启用仅半年，就吸引了 400 多个互联网创业团队、4400 多名年轻创业者落户，300 多亿元风投基金蜂拥而至，形成了完整的互联网创业生态圈。如今在全球互联网领域已声名鹊起。这就是创业生态的独特魅力。

特色小镇是浙江特色产业、新型城市化与"两美浙江"建设碰撞在一起的产物，是破解浙江城乡二元结构、改善人居环境的重要抓手，符合人的城市化规律。浙江的城市化进程走到今天，交通拥堵等"大城市病"已经出现，公共服务向农村延伸的能力已经大大增强。在城市与乡村之间建设特色小镇，实现生产、生活、生态融合，既云集市场主体，又强化生活功能配套与自然环境美化，符合现代都市人的生产生活追求。梦想小镇是"产、城、人、文"四位一体的新型空间、新型社区。在互联网时代和大交通时代，这种新型社区会对人的生活方式、生产方式带来一系列的综合性改变。这种改变，就是破解城乡二元结构的有效抓手，符合现代人既要在市场大潮中激情创新，又想在优美环境中诗意生活的追求。不久的将来，在特色小镇工作与生活，会是让人最羡慕的一种生存状态，也会成为浙江新型城市化的一道新风景。

（三）启示和借鉴

浙江特色小镇发展不仅解决了产业发展有效供给不足的问题，而且在产业领域推行供给侧改革，更是城市发展供给侧改革的典范，推动了城市发展方式的根本转变。这也是特色小镇可复制推广的重要经验。

从专业化需求出发，增强城市创业创新能力。特色小镇在发展中，注重发挥市场的作用，把专业的事交给专业的人来做。比如，云栖小镇依托阿里巴巴集团首席技术官（CTO），坚持发展以云计算为代表的信息经济产业，着力打造云生态，大力发展智能硬件产业。政府与阿里云合作共同搭建平台。阿里从产业发展角度提供专业化的方向把控，并从市场角度提出需求导向，更加准确地把握创业者的实际需求，可以从产业发展趋势的角度为创业者提供服务，构建产业生态圈。

降低开发尺度，实现小镇、人口和环境的有机融合。我国传统以新城新区为主的城市空间扩张模式，使城市居民缺乏归属感和体验感。特色小镇以"小"取胜，更加注重居民和企业的实际需求，拉近了小镇与居民的距离。只有做"小"，才能更便捷地为企业和居民提供各类服务，做精做强，最终达到提高综合竞争力的效果。比如，嘉善巧克力小镇建立了"小镇客厅"，提供公共服务 APP，推进数字化管理全覆盖，实现"公共服务不出小镇"。特色小镇的小尺度建设模式，可以很好地保留自然风貌，延续历史文脉，实现小镇与环境的和谐发展。

创新运营模式，提高城市、产业与人口的紧密度。特色小镇注重发挥当地企业、居民、村（社区）的主动性和积极性，引导各方社会力量参与小镇的规划建设，使各类市场主体和当地居民成为特色小镇开发建设的主体，实现小镇发展主体多元化。当居民和企业能够从小镇发展中获益后，又可以激发居民和企业参与小镇规划建设的积极性，开启民众智慧，真正发挥主人翁精神，形成小镇、产业和居民之间的良性互动。在这个过程中，小镇与企业、居民结合成为紧密的利益共同体，达到共生共荣的效果，强化内生发展动力，激发潜在发展活力。

尊重城市发展规律，增强发展的可持续性。经济发展规律表明，成本是城市竞争力的重要内容，发展成本越低，则竞争力越强。随着经济增长乏力的延续，在城市空间快速扩张以后，一些地方对维护城市运营的投入压力在增加。特色小镇不以面积扩张为目标，把初期规划建设面积控制在较小水平，降低了小镇建设维护成本。在特色小镇的区位选择上，浙江坚持在城乡结合部进行布局，这既可以较低成本将城区的基础设施进行延伸，又可以降低土地等要素价格，并且可以更好地和城区融合，使特色小镇保持相对较低的产业发展成本。

（四）思考和建议

浙江特色小镇做法的本质是对转变城市发展模式的积极探索，实现了城市发展从"做大城市"以竞争空间规模为主向"以小取胜"以竞争内在品质为主的转变，从政府主导到多元参与的转变，从以经济发展为中心吸引企业参与到以文化内涵为导向吸引人口参与的转变。特色小镇是城市供给侧结构改革的有益实践，要借鉴特色小镇发展理念，推动城市发展转型，提高城市发展质量。为此，我们建议城市发展中要注重以下四个方面。

1. 以小取胜

未来城市发展要在"小"上做文章，避免完全不顾忌群众需求，动辄几十上百平方千米的新城新区建设发展规划，老城改造也要在"小"上下功夫，通过做"小"来获得更加贴近百姓和企业实际需求的效果，提供城市发展所必需的基础设施条件，出台相关政策措施。"以小取胜"并不是不要做大做强城市，而是从满足企业和居民需求的角度出发，增强城市吸引力，最终实现做强城市的目标。

2. 多元参与

要为当地居民和社区参与城市发展创造机会，减少政府大包大揽的行为，要把小镇发展的主动权交给居民、社区和企业，让广大中小企业与城镇发展结成利益共同体，增强城市对中小企业吸引的黏性。要创新融资方式，探索产业基金、股权众筹、PPP 等融资方式参与城市发展的渠道，加大引入社会资本的力度，以市场化机制推动小镇建设。

3. 降低成本

要通过转变城市建设方式，改变城镇土地利用方式，降低发展成本。将土地从之前的大规模出让，转变成一小块一小块进行出让。对于土地的需求者，可以根据需求的实际情况，一亩不嫌多，一分不嫌少。政府对出让之后的用途有一个大致要求，把土地使用的主动权交给业主，让业主可以将土地的生产和生活用途结合在一起，切实降低居民和企业的创业、居住成本。

4. 专业导向

这主要强调两个方面，一是城市发展，包括城市内部的功能区要在专业化特色方面下功夫，做出自己的特色，而不是同质竞争，要有协同发展的意识。要以特色吸引人，把特色发挥到极致，发挥要素集聚的效果。二是政府要意识到自己不是万能的，要充分利用市场力量，引进各类专业机构参与到城市发展中。

理论篇

多方探索及其
多维解读

一、特色小镇需要跨学科、多维度的研究

现下中国特色小镇的快速发展形成了一股热潮，甚至可以用风起云涌来描述。亦如以往新型城镇化、服务外包、智慧城市等一样，几乎是全国各行各业都在参与。在特色小镇的规划设计中，不同领域的人可以基于各自的学科领域知识及应用背景去审视分析，如经济社会学、经济地理学等，从而提供有关特色小镇不同层次、不同角度的参考信息。但由于特色小镇本身的复杂性，要形成有关特色小镇全面、形象、准确、具体的认识，必然要进行多种信息资料的整合，首先面临的就是如何在多个学科框架中去思考、认识、分析并把握特色小镇，使庞大的信息在跨学科的领域分析中得到更大的发挥。本篇将对特色小镇进行跨学科、多角度的观察，以求得到一个尽可能全面的解释。

二、特色小镇：参与全球分工的一种方式

特色小镇是全球化的网络节点，应该纳入到全球的产业分工体系当中，在某一方面凸显特色，甚至还可以具有一定的全球影响力。长期以来，人们对全球化与信息化存在的一个重大误解是认为要素的自由流动会消除地点的重要性，全球生产网络将取代地点竞争优势。事实证明，全球化与信息化并没有改变地点的重要性，尽管企业的原料、资金和技术等要素可以自由地流动，但地点在竞争优势上仍持续扮演重要的角色。南京大学城市科学研究院院长张鸿雁认为，以特色小镇的方式参与全球分工是一种发展的新路径，他在下文中基于对全球范围特色小镇的观察，对特色小镇的形成和行动逻辑进行了解析。

不同科学科技发展水平的民族和国家会选择不同的城市化模式与发展道路。传统农业社会城乡对立，因整个国家和社会以农业立国，城市人口一般在10%左右。从中世纪以来，工业化肇启，不同发展水平的国家城乡分野和城市化水平成为社会现代化尺度。城市化过程有一个比较明显的规律就是"S型曲线"。

法国学者布罗代尔通过研究历史得出结论："城市的跌宕起伏显现着世界的命运。"

美国学者塞缪尔·亨廷顿也曾说过："在很大程度上，城市的发展是衡量现代化的尺度。城市成为新型经济活动、新兴阶级、新式文化和教育的场所，这一切使城市和锁在传统桎梏里的乡村有本质的区别。"

事实上，无论是以大城市发展为主体的国家，还是以中小城镇为发展方式的国家，小城镇和特色小城镇一直与之共同发展着。如美国的水码头（Waterford）小镇，其历史可以追溯到1753年华盛顿在此的一些活动。以美国为例，小镇生活方式和小镇文化成为美国日常生活的主体。美国travel&leisure网站曾邀请读者海选最喜爱的美国小镇，然后在55类744个小镇中投票，候选者所属类别包括农贸市场、博物馆、冒险旅行和家庭旅馆等。最终桂冠被科罗拉多州阿斯彭小镇摘得。阿斯彭以其诱人的乡村风情、啤酒和维多利亚时代的街道而获得高分。

从上述案例中可见，美国特色小镇已经成为社会发展方式的一种表达，仅一个投票活动就已经把小镇分解到55个类别，显见小镇特色"被分类化"对生活和生产有着特殊的创造性意义。从学理上讲，分类的作用是使我们掌握能与那些本身不能提供分类标准的观察联系起来的标准。但是这样一来，分类就不能按照所有个体的全部特征进行，而必须根据从中仔细选择出来的少数特征进行。在这样的情况下，分类就不仅使我们能把已有的全部知识初步条理化，而且还有助于我们形成新的知识。它将给观察者以指导，使其在观察事物时省去许多步骤。分类表达为一种特色，特色本身的另类表达就是"分离""突出""显性""差异"和"创新"。特色本身就是蕴含着某种创新！

在美国，很多类型化的特色小镇，一方面体现的是一种居住方式，另一方面也显现着一种工作方式，同时也隐含着一种消费方式，将小镇的日常生活、交通方式、交往方式及社会关系结构呈现出来，进而也清楚地表达了特色小镇是一种空间要素的再生产与集聚方式。并且，在历史与文化、家庭与个体的文化传承中，形成了典型的、独有的"小镇生活方式""小镇生活价值观"和"小镇经济体系"。如佛罗里达州斯普鲁斯溪航空小镇，镇上有居民 5000 人，1500 座住宅，700 个飞机库存。

而在全美国，像斯普鲁斯溪（Spruce Creek）这样航空小镇目前大概有几百个。由此可以以管窥豹，见其一斑了。西方发达国家特色小镇多种多样，其中以高端产业为主体的小镇也是特色鲜明。如沃韦（Vevey）雀巢总部所在地，人口不到 2 万。梅尔斯堡（Meersburg）小镇只有 5500 人。全新的特色小镇类型，还包括底特律城市中的以社区为表现的"技术小镇"等。美国很多世界 500 强企业总部就设在小镇上，甚至本身就创造了一个特色小镇。如 IBM 总部在阿蒙克市的"一个小村庄上"，2000 年人口普查有 3461 人。沃尔玛总部所在地本顿维（Bentonville），有 19730 人。很显然，特色小镇的形成是与社会整体的经济发展水平呈正相关的，是一种以社会现代化和后现代社会为背景的社会发展方式，也是城市生活方式和"城市文明普及率"的一种结晶。大家熟悉的达沃斯，只有一万多人口，小木屋式家庭旅馆为其特色之一。

一年一度的"世界经济论坛"创造了一个小镇的特色产业链。这个小镇的特色博物馆独树一帜，有基尔西纳美术馆（Kirchner Museum）、玩偶和玩具博物馆（Spielzeug Museum）、冬季体育运动博物馆（Wintersport - Museum）及有地方记忆的乡土博物馆（Heimat Museum Davos），还有一个小型的博彩中心（Casino Davos）。达沃斯论坛以及瑞士滑雪胜地的价值赢得了世界的关注。

当然，中国在这方面也有成功的经验。博鳌在 2001 年之前只是一个海滨小镇，2002 年 4 月 12 日博鳌亚洲论坛首届年会在此举行，从此，"博鳌"成为"亚洲论坛"的代名词。博鳌会议经济的发展，带动了房地产、餐饮业、交通业、商贸业、休闲业等相关产业的发展，促进了博鳌经济的腾飞。事实上，早在20世纪20年代以来，发达国家的特色小镇就已经发挥了产业集聚、高新技术集聚和高端人才集聚的功能。而我们应该理解的是：在不同地区应该选择不同的特色小镇建设发展方式。中国人口众多，需要走大城市和中小城市及小城镇多元并举的发展道路。但是，特别应该注意的是：在中国不是所有的地区都适合特色小镇的发展模式，而是应该因地制宜，走分类指导、多元化、多类型、多层次发展的道路。

近代工业化以来，"工业中心主义"曾是所有国家经历的祛魅和发展阶段。中国改革开放的经济发展也没有摆脱这一窠臼，工业化长期主导着中国的城镇化建设，因此而衍生出城镇资源枯竭、产业同质、土地浪费、人口膨胀、交通拥挤、空气雾霾和就业不充分等一系列社会问题。如何精准地治理和破解当前存在的社会问题，突破城镇化建设"只见数字不见质量"的旧制，寻求中国城镇化和城市现代化的健康发展，一直是各界努力的方向。

事实上，特色小镇的建设在全球城市化的发展中，相关理论不仅很成熟，而且很早就形成一整套建设方案，其功能与意义已经远远超出了传统行政意义上"镇"和"区"的概念。如在美国硅谷和芝加哥，在英、法、德等国家的一些城市，其相关经验是：特色小城镇更像是一个新的地域生产力结构创新空间，在有限的空间内优化生产力布局，破解高端要素聚集不充分的结构性局限，探索创业创新生态进化规律，具有产城融合、区域发展均好性、福民富民、产业结构优化、传承历史和推动社会可持续发展以及经济社会转型升级的深刻意义和价值。但是，从本质上说，特色小镇的成长是需要特定的空间和文化土壤的。

一提到硅谷，人们自然会想到美国加州最早以硅芯片的设计与制造而得名的那一段25公里长的山谷。美国硅谷，因为高新产业的蓬勃发展和高科技先锋聚集而被人们所熟知。很多人称它是创业者的摇篮，是崇尚创新的智慧经济的"孵化器"。从地图上看，你是找不到"硅谷"这个地方的，因为它不是一个地名。"硅谷"主要是指加州北部旧金山湾以南的圣克拉

图 3　美国硅谷

拉（Santa Clara）山谷及其周边的部分区域。20 世纪 70 年代，当地的产业主要是与由高纯度的硅制造的半导体及电脑相关的，所以它就有了一个亲切的昵称"硅谷"。

硅谷作为美国的高科技之都，获得了举世认可。20 世纪 90 年代以来，硅谷更成为信息产业的发动机，在为美国带来巨大财富的同时，也深刻地影响了全人类的社会文明进程与生活方式。前瞻性的教育，开放的人才流动，宽松的移民制度，活跃多元的思想文化，加上完善的法律、财务、人力资源、市场等辅助服务系统，这些共同构成了硅谷飞速发展的基石。风险投资毫无疑问为创业、创新提供了最为重要的动力。

随着全球城市化的展开和信息网络经济的高速发展，资本和劳动力形成了全球性流动的增值效应，网络和智能技术为全球产业分工和竞争提供了新的竞争场域，使得各种经济要素可以不依赖传统区位空间而形成全球意义上的"特色文化中心"，这也是特色文化城市和特色小镇广泛崛起的现实理论基础和土壤。

有关资料显示，全球城市面积占地球面积的比例不到 1%，人口却占了世界总人口的 50% 以上。这个"城市时代"的核心意义是全球全景式的"世界城市图景"，包括小镇作为城市的一种类型。有资料统计，全世界大约有 50 万个不同类型的小镇，发达国家有特色小镇的占 60% 左右，而中国尚不足 20%。从这一点看，特色小镇的建设在发达国家不仅有成功的历史经验，而且在发展上仍然处在不断创新当中，并成为现代化和后现代社会建构的生长基础和创新平台。创造"特色小镇"在本质上是创造可持续"文化动力因"，而不以城市规模、人口数量和综合竞争力排名为主要标准。这既表现了一个区域发展的现代化结构优化的价值，也表现为城市性普及的现代性价值。同时，也说明在全球城市化的前提下，以特色小镇的方式参与全球分工是一种发展的新路径。

另外，文化历史、建筑风格、特色产品、风土人情等都可以作为特色小镇成长的"文化动力因"，有很多地方都是以建筑风格所形成的特有空间形式来表现特色小镇的经济与文化价值。

事实上，特色小镇建设是适合人类可持续发展的一种选择，并能够在较合理的空间内，体现后现代主义的人文志向。特色小镇的发展也符合"循环社会型城市"的发展理念。"循环社会型城市"是以人为核心的整体社会进化的过程，既是人类在经历农业革命、工业革命和知识经济革命后，对地球与人的关系的一种新的认识，也是社会良性化运行的一种新模式。

三、不同理论视野下的特色小镇

由于特色小镇发展起步较晚，尚不完善，系统理论的研究仍较少，但社会实际迫切需要我们加强这方面的理论研究。目前已有的研究特色小镇的理论和方法主要有以下几种。

（一）"田园城市理论"下的特色小镇

1. 理论概述

早在 1898 年，霍华德提出的"花园城市理论"已经明确说明了类似特色小镇的结构与空间模式。"田园城市"（Garden cities）也称花园城市、田园都市，是埃比尼泽·霍华德爵士于 1898 年在《明日的田园城市》书中提出的。1899 年"花园城市协会"成立，并分别建立了两个试验性质的花园城市，即列曲沃斯花园城市和威尔温花园城市。

这两个城市虽然没有完全体现霍华德最初的设计思想，但直到今天都是健康和保持持续发展的社区。在霍华德的描述中，田园城市规模"不宜过大，能够为人们提供丰富的社会生活就足够，由委员会受托掌管"。小镇城区占地 4.05 平方千米，居住 3.2 万人，其中 3 万人在城市，2000 人在乡间。

这种规划理念虽然具有典型的理想主义色彩，但是却被越来越多的学者所接受。总结起来，"花园城市"的特征是：一是小规模、小尺度、小城镇；二是自给自足的城市功能和慢节奏生活；三是可持续的生态环境、田园式组团布局、便捷的交通网络、公平的社会服务、城乡一体化发展。

芒福德曾这样评价霍华德的田园城市理论："20 世纪我们见到了人类社会的两大成就，一是人类得以离开地面展翅翱翔于天空；二是当人们返回地面以后，得以居住在最为美好的地方（田园城市）。"

2. 理论应用

经历了近 30 年举世瞩目的高速发展，中国的城市化进程开始进入瓶颈期。以高房价为代表的"城市病"问题开始集中凸显，长期单向城市化造成的乡村经济凋敝和社会崩溃已然走到了悬崖边上。大城市的功能疏散和乡镇复兴，必将成为下个阶段城镇化要解决的核心问题。此时，强调城乡协调发展的田园城市解决方案，无疑是一剂十分对症的良药。

无独有偶，兴起于浙江的特色小镇实践，提出"产、城、人、文"融合的创新发展模式，在很大程度上契合了田园城市的理论精髓。如果浙江的特色小镇实践能够在全国得到推广落实，是否意味着田园城市这一百年理想将在遥远的东方大地上遍地开花？

（1）当田园城市遇上特色小镇

霍华德的田园城市的理论精髓，是吸取城市和乡村的各自特点，加以融合并形成一种具有新的特点的生活方式。在《明日的田园城市》中，霍华德提出田园城市解决方案主要包括以下内容：一是疏散过分拥挤的城市人口，使居民返回乡村。他认为此举是一把万能钥匙，可以解决城市的各种社会问题；二是建设新型城市，即建设一种把城市生活的便利同乡村的美好环境和谐地结合起来的田园城市；三是改革土地制度，使地价的增值归开发者集体所有。总而言之，田园城市是为健康、生活以及产业而设计的城市。它的规模足以提供丰富的社会生活，但不应超过这一程度；四周要有永久性农业地带围绕，城市的土地归公众所有，并由专业委员会受托掌管。

浙江乃至全国的特色小镇的建设思路，契合了田园城市这一西方百年理想。从体系构成上，特色小镇与田园城市比较一致。特色小镇强调打造"特色鲜明的产业形态、和谐宜居的美丽环境、彰显特色的传统文化、提供便捷完善的设施服务、建设充满活力的体制机制"，形成产业"特而强"、功能"聚而合"、形态"小而美"、机制"活而新"的新型城镇。这与霍华德田园城市的基本构成体系不谋而合。从内容主张上，田园城市秉承"绿色健康的环境氛围、高附加值的产业集群、浪漫温馨的品质社区"三大基本主张；与之相应，特色小镇强调"独特文化氛围、特色新兴产业、魅力人居环境"三大内容支撑。其中，独特文化氛围是特色小镇的"内核"，基于小镇自身特质塑造独特的文化，形成居民的认同感和归属感；特色新兴产业是特色小镇的"依托"，通过培育适合某种产业发展的"水土"，聚得了人、拢得住气；魅力人居环境是特色小镇的"根基"，软硬结合改善人居环境，营造居民舒心创业、休憩和居住的环境。

（2）田园城市理论的现代演绎

从广义上讲，霍华德的田园城市理论并不单纯是一种形式上的或是图面上的城市规划，实质上是一种对社会的改革，即对构成社会并对社会发展起着关键作用的城市风貌、城市有机体的总体构思。不仅包括合理设计城市形态与功能关系，同时很大一部分是针对影响城市发展的各有机体方面的规划及安排。而特色小镇作为中国新型城镇化框架下的一大拓荒壮举，如何秉承田园城市规划及改革构思，解决当前工业化和城镇化双重困境，是一个值得深刻探讨的话题。那么，田园城市规制下的特色小镇该是什么样的呢？

特色小镇要构建"山—水—田—城"的空间大格局。彼得·霍尔在他的《City of Tomorrow》里公开批判20世纪诸多田园城市实践对霍华德思想的误解：花园城市（霍尔对该类城市实践的称呼）对霍华德的"Garden Of City"采取了一种片面的翻译方式，浅显地认为是美丽如花园的城市，只强调了工程技术或是细节方面的问题，把注意力放在了空间形态的表现手法上。同时，霍尔也认为，花园城市作为田园城市的空间表征，是前提基础，必不可少。由此，特色小镇的建设，首先是要打造"山—水—田—城"的空间大格局。结合区域山水条件，处理好城镇轮廓线、城镇高度、城镇视线与自然山水的相互影响和作用的关系。通过将城镇区域高度与天际轮廓线的协调、地形的自然起伏与建筑的起伏变化结合、河流的穿插及生态板块之间的衔接，创造山、水、田、城共生的优秀城镇空间形态，营造"青山环城、绿水绕城、园在城中、城在园中、园城交融、田园交织"的城镇图景和现代山水田园风貌。

特色小镇要打造"乡村综合体"式的功能组团。田园城市由"一个中心+多个卫星组团"构成，这一模型对于特色小镇的规划建设具有积极的借鉴意义。田园城市主张城市中心布局市政厅、音乐厅、剧场、图书馆等公共设施；城市四周要有永久性农业地带围绕，并作为绿带保留下来，且在其中规划集约土地建设卫星城。由此可设计出特色小镇的空间模型："一个中心镇区+多个功能综合体+公园群落"构成。其中，中心镇区以公共服务、居住功能为主；产业综合体、文化综合体、旅游综合体等则分别承担产业发展、文化展示、旅居游览等功能；以镇区的核心地带为圆心，外围各大功能区与邻近绿带分别组合成产业公园、文化公园、旅游公园等特色鲜明、环境宜人的公园群落。

特色小镇要践行"产城融合、产旅联动"的发展路径。田园城市强调通过城乡一体化构建现代城市与乡村的和谐相融、历史文化与现代文明交相辉映的新型城乡关系，实现"城乡一体、产业互动、节约集约"。以特色小镇为统领，以特色产业的规模化、新型化、科技化为支撑，以休闲旅游方式经济模式为内涵，构建一、二、三产融合发展的产业体系；以"农"促"产"、以"旅"带"农"、以"产"兴"旅"，积极构建"新业态""新模式""新方式"。

特色小镇要倡导"服务均等＋品质独特"的生活方式。按田园城市精神打造的社会城市，是要让身处其中的人不仅能获得在城市的各种便利，还能享受到乡村的田园美景以及淳朴安逸的生活方式。因此，特色小镇的建设，要高标准规划，高起点打造，无论是环境设计、建筑外观、功能布局、能源利用，还是生活设施、现代服务，都必须从现代化、人性化角度着手，致力于改善居民生活环境，提高生活品位。新产业、新居民、新小城，决定了特色小镇的居民生活，会出现许多新色彩。

特色小镇要重视对乡土人文精神的传承和保护。在田园城市中，霍华德设想了一个城乡和谐发展、充满人文主义的结构模式，并以此构筑建成环境与自然环境有机结合的美好生存环境。我国在以往发展过程中为加快建成现代化城市，过分关注物质空间，片面强调经济功能，却无视邻里空间的营造，忽视地方传统文化与人文精神的传承，使得村镇环境空间普遍缺乏人文品质、地域特色，缺乏时间尺度及其可识别性，进而导致既有的情感、价值与伦理失去空间依存，传统的文化共同体面临瓦解与消失。因此，特色小镇建设需要承载人文复兴的基本内涵：尊重人性；尊重人与社会的和谐关系；尊重人与自然的生态关系，引导重构文化情感、价值与伦理的共同体；尊重不同个体的情感与生活实践，关注不同时空的个体生存权利及人与社会、人与自然的生态关系，积极构建诗意栖居的理想家园，实现"看得见山、望得见水、记得住乡愁"的小镇人文复兴。

特色小镇进行机制创新，形成"小镇增长联盟"。田园城市提出：城市的土地归公众集体所有，由专业委员会委托掌管，在土地上进行建设、聚居而获得的增值仍归集体所有；组建"田园城市有限公司"，既不完全由政府管理也不完全靠市场运作，是一种"半市营企业"。该运作机制放到今天看来依然具有其超前性。建设特色小镇，关键是正确处理政府与市场的关系，形成"政府、主导企业、金融机构、合作社、镇民五位一体"的股份合作机制，该机制又可称为"小镇增长联盟"。在这一增长联盟中，各方各司其职、各尽其责：政府要做好政策监督，成为协调者和"守夜人"；让主导企业负责开发及经营，实现产业企业化；让金融机构作为融资平台，实现土地资本化；让镇民以资产、资金、土地、劳务入股，实现镇民股民化；让合作社以股权合作的方式，流转土地、参与经营，实现股权社会化。

（3）特色小镇建设的"田园评价"

按照田园城市的建设标准，特色小镇建设要实现四大目标：成为生态环境优美、景色秀丽幽雅的生态之城；成为历史传承良好、文化底蕴深厚的文化之城；成为交通网络发达、产业集约高效的高效之城；成为人居环境优越、社会和谐包容的宜居之城。

由此在特色小镇建设路径上，必须严格把关以下六大内容：是否基于区域城乡统筹、县镇发展总体定位层面，明确发展方向；是否对农业农村进行统筹规划，在产业路径和运营模式上，形成城乡一体化的发展新格局，促进产业互补融合、良好衔接；是否明确规划总体定位，合理对城乡发展、生态环境保护等进行统筹规划；是否具有可持续、可实施性的产业发展支撑体系，产品业态融合特色、运营路径保障等层面进行统筹规划；是否确定合理的规划实施重点，明确重点项目带动；产业生态与环境生态的实施路径，并结合区域发展的重点，针对不同地区的特色乡村风貌、文化遗产、地理人文等进行统筹衔接保护规划，提出产业功能延伸与业态融合方式及运营路径。

城乡一体化是典型的中国命题，田园城市建设则是世界性的命题。建设田园城市的目的是让城市与田园相互滋养，文化与田园融合发展，田园与产业交相辉映。而特色小镇则是基于这一目的，通过叠加生态、生产、生活功能，融合文化、产业、旅居要素，形成"产、城、人、文"一体的新型空间，从而为破解城乡二元机构提供范例。

（二）特色小镇与"复杂适应理论"

1. 理论概述

复杂适应理论（Complex Adaptive System，CAS）是美国霍兰（John Holland）教授于1994年提出的。CAS理论包括微观和宏观两个方面。在微观方面，CAS理论的最基本的概念是具有适应能力的、主动的个体，简称主体。这种主体在与环境的交互作用中遵循一般的刺激——反应模型，所谓适应能力表现在它能够根据行为的效果修改自己的行为规则，以便更好地在客观环境中生存。在宏观方面，由主体组成的系统，将在主体之间以及主体与环境的相互作用中发展，表现出宏观系统中的分化、涌现等种种复杂的演化过程。

CAS理论为什么适合新的城市现象？国务院参事、住房和城乡建设部原副部长仇保兴认为，关键就在于CAS理论能够把系统的主体能动性、积极性和对环境的适应性描述出来，从而可以解释我们现在所遇到的复杂的城镇现象。

仇保兴根据复杂适应理论，总结出特色小镇的四条理论原则。

第一，特色小镇作为一种复杂的系统，是动态变化的。

第二，承认现阶段经济环境的"新奇多变"。

第三，强调社会经济系统的复杂性。

第四，特色小镇的经济组织所呈现复杂的结构是由主体变异性、主动适应性和相互作用"涌现"产生的。

2. 理论应用

按照仇保兴的研究，根据复杂适应理论，可以形成评估特色小镇的十条原则，进而可以分辨出来什么样的小镇是好的小镇，什么是差的小镇。

（1）自组织

特色小镇是企业家、农民、创业者、工程技术人员等共同从下而上打造出来的。因此，好的特色小镇是由下而上生成的空间和产业组织，差的特色小镇往往是人为规划的、政府指定的，政府花大力气进行财政补贴，赶工期建设而成的。

最典型的就是金华市下面的横店小镇。横店小镇有一个村支部书记叫徐文龙，今年80多岁。当年他很年轻，他把农民召集在一起，说梦想要搞一个影视基地，要把书上有的，或者已经被毁的园子都在当地恢复，然后让中国大部分的古装戏都在那个基地拍摄，当地农民变成跑龙套的演员，每天收入也挺高。

2016年，横店小镇的门票收入是3500万元，而且这个收入还在不断增加。可以说，这样一种商业模式连政府都没想到，但是它发展起来了，而且规模很大。

相较而言，二十年前中央电视台在涿州拿财政资金投资几十个亿打造的第一代影视城，现在那里破破烂烂，连门票都收不起，只剩地皮还值钱。

（2）共生性

共生是自然界的一种共同现象，好的小镇是具有共生性的，它能弥补主城的缺陷，发挥"三修"的功能。

例如，浙江玉皇山的基金小镇，当地农民原来做陶瓷品，现在被阿里巴巴全部"打倒"，倒闭了怎么办？有人就想在那里面搞一部分复古建筑。复古建筑利用当地的山清水秀，仿照美国的基金小镇，把一心赚钱的基金经理们都吸引过去，结果真的成功了。

目前，玉皇山的基金小镇聚集了各类基金公司和配套机构，总计720余家，专业人才1600多名，管理着超过360亿元的资产。

国内各地掀起模仿、复制玉皇山基金小镇之风，但这是不可复制的，因为浙江省是民营主导需要基金，所以基金小镇应运而生，一个省有超过两家基金小镇就多余。

（3）多样性

这指的是小镇特色的种类要多。如建筑本地特色、产业唯一性特色、投资和管理特色等。小镇特色越多，就越能形成多样化的空间、多样化的产业模式，就会产生非常好的生态和经济效益，因为创业生态链形成了。而差的特色小镇是单一性的，产业模式又与城市趋同，资源是相互冲突、类同的。

多样性是自然界的天性，也是人性的一种展示，任何一个产业都需要多样性的支持。孔夫子曾说过一句话，"君子和而不同"。相对而言，差的小镇就是单一的。

例如，成都的菁蓉镇被当地的房地产商开发完以后变成死城，房子卖不出去，去库存怎么去？

有人指点说，这个地方可以打造成为"双创"基地。创业人员说，我们来可以，但是创业场所要免费，还要星巴克，要24小时的超市服务，要好的学校给子女入学，要便宜的创业者公寓，要风险资金进入，最后要各种各样的技术源支持。就这样，这些机构都进来了，菁蓉镇从"鬼城"变成最好的"双创"基地，涌现出许多的小产业，这就是多样性的满足。

（4）强连接

任何网络的（能量）价值都是由节点质量、数量及其相互间的连接强度成正比。特色小镇等于是一个好的城镇或产业网络节点，要和外界强连接，多种强连接会使它产生某种"反磁力"。强大的反磁力效应是好的特色小镇吸引外部资源加盟的必要途径，否则就会因资源流失变得生存都很困难。差的特色小镇，只有"弱磁力效应"，甚至没有"磁力"，这是因为缺乏与主城的强连接，或者是很糟糕的单一功能。

当今社会通过各种信息流、资金流、价值流相互连接，特色小镇必须要跟目标城市或者周边主导产业形成强连接，要将一部分特定的人反向吸引过去。

例如，成都的安仁镇相当于北京的798这样的地方，该地聚集了35座博物馆和27座老公馆，把四川历史上积累的非物质文化遗产，如染布、酿酒等地方工艺都聚集在那里，变成了当地的文创基地，这样就把成都特定的一部分人群都吸引过去了。

最近，习近平总书记有一个重要讲话提出：北京为什么膨胀？一是舍不得；二是北京过去疏散人口，就把人推出去，但推是推不出去的，应该有若干个小镇，把特定的一部分人拉出去。

（5）集群性

集群是一个很奥妙的学问。企业相互之间高度细密的分工与合作关系造成了集群。它是自组织体系的，集群反过来又会造就小镇的自组织特性。

美国的哈佛大学有一个教授叫作迈克尔·波特，他著有《国家竞争力》一书。他在书里说："一个国家和一个地区真正的经济活力不决定于那些大工程和漂亮的数字，而决定于那些地理上不起眼的马赛克。"

而这些"马赛克"正是主流经济学无法解释的那些"特色小镇"。迈克尔·波特指出，美国一些地方是几十年、上百年来棒球器械等产品的生产基地，那些小镇现在依然保持强盛的活力。

在中国江苏省宜兴市有个丁蜀镇，这个镇的环境很好，有一些制壶大师到那里买了老宅住下来，开辟了一些工作室。若干年以后，他们的徒弟、徒孙们就围着大师附近建立自己的工作坊，这个地方逐渐变成了制壶的小镇。截至目前，丁蜀镇有一万多家家庭作坊、400多家企业、67家合作社，每年的紫砂产业产值近80亿元，旅游收入也将近10亿元，增长非常快，甚至与之相关的培训学校、评估机构和风险资金都涌入到这个镇上去。

反之，差的小镇没有特色产业，都靠"瞎拼盘"，像当年开发区一样，引进什么就是什么，企业跟企业之间没有分工与合作。

（6）开放性

好的小镇的产业是高度开放的，能够主动切入到全球的生产链中去，并且不断地向上游移动。因为全球价值链和产业链是变动的，如果说某小镇有一类产品进入到这个产业链，不断地上升，特色小镇作为行业单打冠军就会成功。差的小镇仍然服务于本地，仍是停留在小镇的第一发展阶段上，那就没有前途。

柳市镇原是温州的"边角料"，是一个政府产业投资等于零的穷镇，经过30年的个体、私企培养，现已成为低压电器的超级基地，全国低压电器的80%产于这个基地，占全国此类产品出口的70%以上，法国、德国的大企业都来这里合作办厂。其中知名度最高的两个企业正泰和德力西，是仇保兴在当地任县委书记的时候，两位修自行车的聪明小伙子合办一个仪表厂起步的，然后又分裂成两个大集团，一个为正泰集团，一个为德力西集团。德力西集团10年前和法国全球最大的电器生产商施耐德合资。正泰一心一意地搞电器，每年产值都达到500亿元。他们的生产基地就在柳市镇，使该镇成为中国电器之都。全国所有低压电器企业基本都由柳市企业家掌控了，因为柳市镇的生产厂家可以融到全球产业链中去。那么一个不起眼的小镇，如果其工业没有全球的开放性，就不可能在全球产业链中找到它的定位。

（7）超规模效应

超规模效应是一个非常微妙的名词。好的小镇完全超越了城镇规模效应。多少是城市人口最佳规模呢？中国的经济学家说，100万人口属最佳规模。德国的经济学家认为：德国90%的城市都是20万人口以下，20万就是最佳规模。意大利经济学家则认为：4万人口的城镇就很有活力了，合理规模就是5万。为什么意见如此分歧呢？如果某个城镇内的产业与主城是高度互补的，规模小就没问题；如果小镇空间建筑结构是独一无二的，规模小点儿也没关系；如果小镇的服务功能是为主城市补缺的，规模再小点儿也有吸引力。

法国尼斯是一个小镇，只有10万人口，但是周边有一群小镇与之相配套，戛纳镇是电影小镇；格丽斯镇是鲜花小镇，全球有60%的香精是那里生产的；还有一个高科技小镇索菲亚小镇。

人们生活在尼斯，工作在这些周边小镇，形成了一个集群，这种集群就是超规模的。各国经济学家的分歧在于没有注意到超规模效应在发挥作用。

（8）微循环

工业文明就是大循环。什么东西都集中、都有中心，但是微循环是大自然的本质。水可以微循环，能源可以微循环。微循环的特点是分布式。

例如，上海附近有些汽车小镇，受到环境容量的严格限制，发展了一整套微循环的模式，本身也成为产业萌芽。

差的小镇还是大，什么事情还要靠工业化的老城，本身的循环系统不能成为产业萌发的基础。所以说，微循环是特色产业的一个诞生器，任何绿色发展、生态文明都是从微循环起步的。

（9）自适应

自适应指的是，镇子里的人包括创业者、农民都有投资冲动，有改变生活的冲动，有对自己投资负责的精神。只要诞生了这种精神，小镇就从骨子里迸发出一种活力。

好的小镇有投资者、技术、人才等方面的自主性，能独立面对风险，独立应对市场变化，独立解决新技术的颠覆性创新。

对比来看，东三省是大企业的格局，老百姓都跟着政府跑，跟着大企业跑，但是浙江省为什么能诞生那么多小镇？

一般来说，有两种经济模式，一种是火车头模式，政府、大企业扮演着火车头，老百姓是车厢，火车头拉着车厢跑，有很多干部就喜欢这种模式。但是，温州的模式、浙江的模式是高速公路上的模式，每家每户开着自己的车奔自己的目的地，结果就不一样。

没有市场主体的积极性和自由度，就没有特色小镇，所以东三省很少产生特色小镇。

广东顺德有一个小镇，当地的创业者有的做机器人，有的做数控机床，但是他们都来自于东北。所以应该在东北大的机床厂附近搞几个特色小镇，把这些优秀的技术人员引回来。

（10）协同涌现

好的小镇会与周边其他小镇协同涌现。活力小镇与周边的特色小镇应该优势互补，一起往前走。

杭州阿里巴巴总部附近有许多小镇，其中的云栖小镇是这样诞生的：阿里巴巴在美国成功上市以后从外面引入的资金高达 220 亿美元，阿里巴巴的团队有近千人左右成为千万富翁，其中有 700 多人要自主创业，这些人就选择了周边的小镇。这些小镇将"未来的马云"聚在一起，就会产生协同活力，仅云栖小镇的软件产值就迅速地达到了几百亿元。这些未来的小镇之间都是产业功能互补的，又形成了协同创新的小镇群，这个"群"就是高水平的"协同"效应平台。这类例子在国外早已存在，如杭州的法国姐妹城市尼斯，一个10万人口不到的旅游城市，风景非常优美，尼斯与周边的几个名镇形成协同的城市群，如著名娱乐城摩纳哥、电影城戛纳，鲜花小镇格拉斯有500年历史，法国所有的香精就产生在这里。索菲亚高科技园，就是个科技小镇，离尼斯、戛纳、摩纳哥都只有半小时的路程。世界上高科技企业都喜欢坐落在环境宜人的地方，以便吸引全球人才。这些小镇之间都是功能互补的，形成了城镇集群，产生了对高等资源吸引力的协同涌现现象。

（三）"精准治理理论"下的特色小镇

1. 理论概述

"治理"一词出自1995年联合国全球治理委员会发表的《天涯成比邻》报告，因注重"参与、平等、回应、责任、合法、有效"等关键词，并从政府与市场、政府与社会、政府与公民这三对互动关系的反思中产生，常用于应对经济社会运行中可能发生的市场失灵或政府失灵。

特色小镇从开发建设到品牌传递是一个长期运行的过程，关键在于小镇的治理模式。在特色小镇的建设过程中，无论东西方都离不开政府的推力。因为政府在政治、经济、社会和文化等诸多方面的综合运营能力，使得其在小镇这一复杂运行体中始终能扮演重要角色。

但是，如果政府追求自身利益最大化，小镇的其他主体便有可能被边缘化，这就违背了治理的原则。因此，在治理框架中，政府不应该是唯一的权力中心，社会上各种正式、非正式组织及个人都将共同参与小镇的治理，共同承担责任。

事实上，西方政府在上百年的小镇建设历程中发现，政府应当仅承担小镇的组织协调、服务传递、参与表达、财务预算、计划推进、理念和技术支持等职责，这一政府有限责任、公民与组织多方参与的小镇建设及运行理念与治理的内核完全契合。

有关治理的理论体系进入中国后，在顶层设计上受到重视。2015 年 11 月发布的"十三五"规划中提出"推进社会治理精细化，构建全民共建共享的社会治理格局"，这是继十八大提出"加强和创新社会管理"，党的十八届三中全会强调"推进国家治理体系和治理能力现代化"，并着手"改进社会治理方式"之后，再次将社会治理提档升级。

这也预示着中国将全面进入精准治理时代。相比一般治理而言，精准治理更讲究治理的目标导向、公民的有效参与、过程的合法透明及结果的评估监督。

特色小镇体量相对较小。通过在特色小镇中运用精准治理模式，不仅有利于推进新型城市化建设，还有可能形成社会治理的创新模板。

2. 理论应用

根据南京大学社会学系教授闵学勤的研究，创建特色小镇契合社会治理有以下四个契合点。

第一个契合点：这一场特色小镇建设潮，堪称中国"十三五"期间的"新城市运动"。

按照中国 664 个城市（含县级市）计算，意味着平均每个城市将孕育 1.5 个特色小镇。2011 年，中国城市化率首次过半，从此告别了历时千年的农业社会，开启了城市社会的大门。但是，大城市超载、城市建设千篇一律、城市治理粗放以及不可持续发展等问题突显。此时，如果能将城市发展中体量小、有特色的区域切割出来，进行度身定做和精准打造，可以说是一种颇具创造力和潜力的发展方式。

第二个契合点：特色小镇的兴起恰逢中国的供给侧改革。

特色小镇是一个创新、协调、绿色、开放和共享发展的重要功能平台。它为新型城市化提供"高质量、内涵式建设"的发展动力，与供给侧改革"针对无效产能去产能、去库存，针对有效供给不足补短板、降成本和去杠杆"的思路如出一辙。

显而易见，单纯依靠基层政府来安排当地的城市发展，远不如通过集约式、供给式的特色小镇建设来得更清晰、更有方向感。

第三个契合点：特色小镇得益于高速发展的交通网络。

随着高铁、公路、桥梁和机场等大型基础设施的建成到位，许多偏远乡镇被卷入都市生活，与大城市之间不仅可当日来回，还因低房价吸引农民工群体返乡创业。

第四个契合点：特色小镇的理念与正在成长的中产阶级生活方式不谋而合。

《经济学人》2016 年 7 月 9 日的封面文章显示，中国有近 2.25 亿人正踏入中产阶层，这一阶层规模在不断增大的同时，也对中国整体经济社会的发展定位提出了更高要求。

特色小镇至少是一个"3A 景区"。它所聚焦的"信息、环保、健康、旅游、时尚、高端装备制造业和金融"等产业，其主流消费人群恰好也是中产阶层。

可以预见，未来二者在理念和实践上的互动、共享将是新的常态。

特色小镇理念的四大契合点为创建中国新型城市的美好未来提供了"天时、地利、人和"的保障，但如何规避特色小镇建设中的三大潜在问题，也将直接考量基层政府和民众的精准治理能力。

无论特色小镇处于创建期、营运期还是常态的维护期，精准治理均可从"八化"入手。

第一，小镇治理主体多元化、智库化。治理不同于自上而下的行政管理，多元参与、协同共享是其核心要义之一。

在特色小镇治理主体的选择上，既要立足于小镇"土著"——当地政府和民众，更要吸纳与其特色相关联、与其人文相融合的多方参与主体，可以是市场化的第三方，也可以形成常设的专家智囊团，或与成熟智库形成治理联盟。

一旦治理主体实现多元化、智库化，即能确保倾听多方声音、协同多元利益。但精准治理并不仅限于多元治理主体的构建，主体间如何常态互动、如何无缝对接、如何高效决策等，还需要运行机制的强有力支撑。

第二，小镇运行机制平台化、网络化。特色小镇从创建之初到日常营运都需要一整套规范制度，应将精准治理嵌入到运行机制中，体现的不再是条块分割，而是平台化、网络化的运行模式。

特色小镇体量较小，所有参与小镇运行的各主体可直接在镇管委会搭建的工作平台（包括线上和线下）中共享信息、回应需求、解决问题及互相补位等。在运行一个周期后，平台上每个治理主体都熟知多部门、精通多学科，特别要突显线上平台在特色小镇精准治理中的作用，才能随时高效地应对来自多主体的声音。

第三，小镇创新体系常态化、本土化。特色小镇之新、之特必须是常新、常特，小镇自上而下都应形成常态化、本土化的创新体系，即小镇上人人每日有改善，部门时时有创新。

所谓本土化的小镇创新体系，并不排斥外来的、引进的创新产业、创新模式，而是特指培育小镇自己的创新人才，找到自己的创新源泉，形成小镇自身的创新内循环。

第四，小镇绩效评估精细化、全球化。特色小镇相对于城市的其他板块而言，即为区域精英。它将引领城市更大范围的精工细作、升级换代，所以使其保持领航的精准治理过程中不能缺少绩效评估环节。

因此，有必要为特色小镇建设制定精准度较高的评估指标体系。这一评估是常态的、滚动的，贯穿特色小镇创建和运营的全过程，且要符合国际潮流，即在特色小镇范畴内的生活和工作品质已经可以与发达国家一流城市相媲美。

（四）"产城融合理论"下的特色小镇

1. 理论概述

"产城融合"的提出与我国开发区的发展及其承担的历史使命是密切相关的，其目的是试图破解工业化时代城市出现的"工业污染化""产业空心化""产城分离化"等问题。作为改革的"窗口"，经济开发区成为最早的"新区"，快速出现在大江南北，其规模达到几十到上百平方千米，在地区发展中承担着经济推动器的作用。然而自那时起，"产""城"关系就与开发区、"新区"建立起了"特定"的关联。经历了三十多年的发展，开发区也出现了深层次的外延问题，主要是功能结构单一、产业结构单一、与区域发展脱节、就业人群与消费结构不相匹配等。针对出现的这一系列问题，学者们提出了产城融合的方法与思路。李文彬、陈浩以上海嘉定新城安亭组团总体规划为例，主张产城融合应该认清地区发展阶段、寻求区域合作发展、优化结构与完善基础设施；贺传皎、王旭、邹兵从"产城互促"到"产城融合"解读深圳产业布局规划的思路与方法；孔翔、杨帆从开发区的转型升级出发探讨产城融合新思路；曾振、周剑峰、肖时禹主要探讨传统工业园区的转型与重构方法。既有的理论大部分以扎实的案例分析为支撑，深入地研究了产城融合在开发区、城市新区、传统工业区的应用。其规划思想与规划方法主要是针对大尺度空间提出的。因此其规划思想与方法尚有局限性，不适宜在特色小镇规划中应用。

目前，特色小镇在产城融合上存在三方面的问题。

第一，功能融合待提高。特色小镇一般规模不大，在突出主题功能的同时，往往忽略了次级功能。希腊福莱甘兹罗斯小镇位于偏远的小岛上，风景秀丽。但小镇面积不大且建筑密度低，以单层建筑为主。除开发少量旅游功能外，缺少相对应的商业、生活服务组团。

第二，开发重点摇摆不定。不少特色小镇在不同规划阶段确定开发重点会有较大变化。上海市松江新城核心区域的泰晤士小镇，规划初期仅是一个纯粹的住宅地产。然而"无心插柳柳成荫"，其通过住宅小区景区化的过程，逐渐转变为具有旅游功能的小镇，进而成为旅行社线路中的一个景点。然而这种无心插柳的故事并不能时常出现，因此从规划初期就应该明确开发重点，打造特色小镇的特色产业。

第三，历史文化资源挖掘不够。合理地挖掘历史文化，有助于形成小镇特色，彰显小镇的特点。遗憾的是，在大规模历史小镇的改造中，很多已破坏了原有的历史文脉与历史记忆，千镇一面的现象日趋严重，小镇因为不能彰显特色文化而陷入了危机之中。

2. 理论应用

产城融合的新思路可以在小镇的开发中得到应用，下面以青神苏镇为例。

（1）项目概况

项目位于四川眉山市青神县，距眉山市 28 千米，成都双流国际机场 80 千米，成都市 98 千米。成乐高速公路于县域西部的西龙镇高埂村过境。青神建制，始于南北朝时期的西魏废帝二年（公元 553 年），初立为郡，继而置县，迄今共有 1453 年的历史了。其地地处青神县城中心城区 10 千米范围内，位于岷江东面。随着成绵乐城际铁路、浦江至井研高速等建设，南北交通迎来大发展。

（2）功能融合策略

● "芭蕾"舞台——功能多样性

在城镇化的初期阶段，城镇的规模比较小，规划面积也较少，产业、居住与各项配套功能都能有机地融合。然而由于产业的集中管理或人口的集聚效应，单一功能区规模扩大、功能膨胀，最终导致产业、居住与配套功能各自分离，产生功能区与其他功能区的联动障碍。

青神苏镇作为青神县通往乐山的重要南大门，规划集聚承担乐山旅游体系中缺少的游乐、休闲度假功能，重点打造具有地域影响力的主题游乐功能，形成具有地域特色的东坡水乡游乐城和服务于本地区及周边地区的基本功能，实现功能的融合。

青神苏镇通过规划形成"两带三星八区"的格局，形成的功能主要为居住、商业、旅游产业、商务会议。两带，指沿思濛河景观带与南北指状商业发展带；三星，指苏镇三大旅游主题观光园，即求学园、求爱园、慈母园；八区包括旅游地产区、商务办公区、求学观光区、安置区、求爱观光区、养老地产区、商业餐饮区、慈母园观光区。

● 珠联璧合——职住相互匹配

产城融合需要产业功能和小镇其他功能的互相匹配。一个小镇因为房地产开发而使其居住功能得到迅速发展，出现成片的住宅区，但是却缺少支撑片区或小镇的发展本质的产业功能，最终导致小镇沦为"睡城"，成为人们下班休息的暂用地。或者小镇根本不会有人光顾，沦为"鬼城"。因此，特色小镇健康发展必须使职住配套，拥有与居住等量的产业规模。在青神苏镇的规划中，居住组团、产业组团、商业组团实现 2 : 2 : 1 的占比模式。规划居住用地面积 51.06hm²，商业设施用地 23.70hm²，产业用地公园绿地 77.61hm²。

（3）活力交通策略

● "车车分流"——控制各产业功能的车流量

在对交通问题的研究上，学术界普遍有个共识，那就是增加交通设施、新修道路、扩宽道路不但不能解决城市交通问题，而且会吸引更大的交通量形成拥堵。特色小镇的交通主要还是在产城融合理念的基础上，尽力将道路与功能一起调整，形成各产业功能各自拥有完善的交通流线。

在青神苏镇的规划中，保持道路交通相对独立的同时，强化组团之间的道路交通联系。游乐区、居住区、商业区形成各自的交通网络，实现车辆分流的目标：游乐区道路间距为 250 ~ 350 米，道路网密度为 6 ~ 10 千米/平方千米；商业区道路间距为 250 ~ 350 米，道路网密度为 8 ~ 10 千米/平方千米；居住区道路间距为 150 ~ 200 米，道路网密度为 9 ~ 10 千米/平方千米。

● "区间联通"——搭建成熟的慢行交通网

慢行交通绿化景观通道主要依托支网为主，有条件的次干道为辅进行网络配置。在青神苏镇的规划中基于"区域联通"的理念，即慢行交通绿色景观通道设置时，要保证区与区的连通性，以及小区、景区、产业区内部道路的畅通性，并与交通站点结合紧密。

（4）文化生态策略

● "文化先行"——注重地域特色的营造

没有个性的文化也就没有了生命力。现如今各地人造文化景观无法吸引旅游者的眼球，使很多人转向独一无二的自然风光，因此，地域性资源是特色小镇发展最为重要、独特和宝贵的财富。

青神苏镇是苏东坡求学以及初恋发生的地方，这是别处的东坡文化中所不具备的特色。苏东坡母亲陈夫人培养出苏家父子一门三文豪，可谓是相夫教子的家和文化千年第一人。因此，以苏东坡文化为最主要的线索，是小镇开发建设的重中之重。特别突出对三苏文化的挖掘，将文化资源与休闲功能相结合，通过求学园、求爱园、慈母园等景点的布置，打造一条完整的东坡文化长廊。另外，将具有浓郁地方特色的节事活动加以体现，并打造苏镇十二景。

● "嵌入发展"——旅游根植于文化、生态景观

旅游产业是第三产业的一种。依靠地方独有的资源禀赋和条件，各地的独特性和体验性正是旅游者们所迷恋和追求的东西。如果旅游景点千篇一律，则会造成旅游者兴趣减淡。文化产业同样是一种服务业，通过输出文化产品来服务于人们的精神世界。而文化又呈现出独一无二的地域性和独特性。文化的这些特性都正是旅游所需要的。所以，旅游产业对独特性的依赖使它无法脱离文化，它所需要的独特性也无法完全依靠人为创造来实现。在大多数情况下，只有通过保持一个地区原汁原味的风貌来实现人们对于世界真实性的探索。因此，旅游必须是根植于文化的，其中就包含了人文景观和自然景观，因为不同的地理环境要素会产生不同特点的人文、生态文化。

在青神苏镇的规划中，以其绝无仅有的地理环境资源禀赋，传承发展水上城市别具魅力的特点。城中水网密布，依靠步行和乘坐小船穿梭在这座精致的小镇中，其独一无二的城市地理景观和新奇的生活方式，一直以来深深地吸引着各地旅游者。围绕岷江和思濛河周边景观界面，依托现有与规划水脉，形成多个垂直于岷江和思濛河的水系廊道，最终形成多廊道渗透的水脉网。通过轴线的交汇构筑景观节点，创造富有变化的滨水景观节点。各功能分区依托通过水系指状、采用组团式布局形成各具特点的景观风貌区。水网系统在规划中得到有效整合，指状布局模式提升了景观的均衡性，也提供了丰富而多样的生态场所。

（五）"比较研究理论"下的特色小镇

1. 理论概述

古罗马著名学者塔西陀曾说："要想认识自己，就要把自己同别人进行比较。"比较是认识事物的基础，是人类认识、区别和确定事物异同关系的最常用的思维方法。比较研究的最初运用可追溯到古希腊亚里士多德所著的《雅典政制》。该书对 158 个城邦政制宪法进行了比较。发展到 20 世纪七八十年代，比较研究法蓬勃兴盛。因为比较研究不只是一种具体的分析方法，更是一种思维方式，所以一系列与此思维方式相关的学科纷纷出现，如比较社会学、比较人类学、比较经济学、比较教育学、比较政治学、比较法学、比较哲学、比较文学、比较史学、比较文化学等。这些新兴学科的出现，表明比较法是一种重要的研究分析方法，已在社会科学研究中有广泛的应用。

什么叫比较研究法呢？《牛津高阶英汉双解辞典》中解释说：比较研究法就是对物与物之间和人与人之间的相似性或相异程度的研究与判断的方法。具体说，比较研究方法，又称类比分析法，是指对两个或两个以上的事物或对象加以对比，以找出它们之间的相似性与差异性的一种分析方法，是人们认识事物的一种基本方法。

将国内外、各省市的特色小镇进行比较研究，可以总结特色小镇的开发经验，吸取各地的独到之处，从而对本地特色小镇的建设有所启发。

2. 理论应用

南京大学城市科学研究院院长张鸿雁基于比较研究的视角，对特色小镇的发展提出了一些建议。他认为，全国正在形成向浙江学特色小镇建设经验的热潮，很多省市提出了相关特色小镇建设的政策和要求，但不得不说，有些地方的特色小镇建设在一开始就出现了不同程度的偏差。

一是多只停留在一般政策要求和号召上，缺乏具体引导与管理，缺乏符合本地需要的指标体系。有些地方的特色小镇标准只是单纯模仿，既缺乏具体性、地方性、操作性和唯一性，也缺乏与地方具体实践相结合的思路与方法。个别地方的小镇规划建设甚至出现为地方原有要素进行"拉郎配""拼凑要素"的现象，缺乏建设性的创新思考。

二是产业定位的先进性、唯一性和集约性较弱。也可以说，有些地方学浙江的特色小镇建设刚起步就"慢了半拍"，或有"邯郸学步"之嫌。浙江特色小镇的建设更多强调高新技术、特色产业经济以及高新技术产业和传统产业的结合创新，如"云技术""金融产业""智慧产业""特色小镇＋网络＋传统产业"等新型产业与旅游产业的跨界发展和综合发展。从现有的一些规划资料分析，一些省市的特色小镇建设多是原有要素的堆积，即使有些高新技术产业概念，也存在产业集聚度低、特色城镇能级低、社区整合度低、产值预期不理想和空间范围表达上过于宽泛等问题。

三是单纯模仿，缺乏地方特色。要创造有地方文化底蕴、有地方文化文脉传统的特色小镇，这是特色小镇建设必须强调的一个重要原则。只有这样才能走出一条符合本地实际的特色小镇建设之路。

例如，江苏经济社会发展的特色之一是乡镇的繁荣，公共经济基础厚实；浙江经济社会发展的特色之一是"块状经济"的集聚优势明显，具有某种浙江传统特色的"块状经济"成为特色小镇建设的前提和重要基础。

浙江特色小镇的建设既有经济类型传统，也有空间结构型传统，还有地方文化传统，更有现实的创新思考。因此，必须根据地方条件，打造某种有地方经济文化特色的"新型块状经济"的结构化空间，才能够有效推进新高端经济要素的再集合。在特定的新空间进行空间再生产和整合创新，是特色小镇建设的创新的新思维，一窝蜂地追赶，结果只能是背离初衷。

（六）其他相关理论

1."城市区域核心理论"下的特色小镇
特色小镇往往构成有个体理想追求的生活圈，还有独立的创业空间和一整套的生活价值表达系统，如就业、创业和娱乐等。这一内涵创造的是在一定的"城市区域核"范围内创造完整的就业与生活体系。

美国社会学家万斯曾经说过："大部分城市的居民越来越不会在整个城市辖区活动，除非有特殊的需要；相反，他们在一个足够相对有效地发挥自己作用的城市空间内生活和工作。"

并且，他还提出城市"区域核理论"，该理论的主要内涵是：远距离城市形成独立"核"，人口向郊区迁移，远郊出现城市核，城市与郊区的相互作用强度降低。一个空间发展较为良性的城市，都有多个分离的"城市区域核"，区域核最终形成以就业为核心的生活方式：创业、就业、生产、流通、分配、消费、娱乐一体化。

2. "技术小区—技术中心"理论下的特色小镇

伴随地域经济要素的市场化整合，在城市群结构内部的各城市之间，必然形成城市间的互动对流，因此就会产生新的"增长点"和经济要素"节点"，进而转化为新的城市区位空间。

这种现象在学理上有很多特殊名称，如城市"外层城镇""外围城镇""微型城镇""技术小区"等。有学者说："这些都是联系松散、很大程度上自立自足的郊区王国，那里成千上万的居民的活动围绕着新的就业、零售及服务中心。"

3. "产业集群理论"下的特色小镇

大量互相联系的上下游产业集聚带动的人口与经济的集群效应，是许多工业化或后工业化时期特色小镇形成的最初动因。

产业集群的理论足以解读特色小镇的兴起。亚当·斯密在《国富论》中提出了分工协作理论，之后马歇尔提出规模经济理论，再到产业区位理论、增长极理论以及技术创新理论等，这些理论持续推演了产业经济的区位集聚、人口集聚和技术集聚问题。

此类要素的累积沉淀直接推动了大中城市某一区位的发展，例如各类经济开发区等，又或间接演化为以某一产业为基础的特色小镇。这也解释了为何西方许多企业建立在远离市区的小镇上，例如雀巢公司的总部设在瑞士日内瓦湖畔的韦威，奥迪总部设在巴伐利亚名不见经传的英戈尔斯塔特，以及微软等著名 IT 企业落户硅谷。

不仅如此，一些地区还出现了因产业而集聚的小镇群，例如法国的凡波恩—索非亚—安提波利斯科学城，在传统的港口工业、旅游业和现代的信息产业、医药化工和服务业的合力打造之下，正成为欧洲第一科学城。

我国的浙江省进入前两批创建名单的 79 个特色小镇多半都是产业经济导向。最典型的就是云栖小镇，它以云计算、大数据、互联网金融和智能硬件为龙头产业，建设仅一年就实现了涉云产值近 30 亿元（2015年数据）。

一般而言，以产业经济作为导向，在为产业配套的同时，会带动该小镇的交通、消费、休闲、教育和旅游等，有时还会因为各类产业移民的进入而改变该区域的人口结构，形成新的移民小镇。

因此，以产业兴而不止步于产业，才能为特色小镇带来全方位的、可持续的发展。

产业篇

产业兴镇
增活力

一、特色小镇迎合产业转型升级需求

特色小镇兴起的一个大背景是传统产业的转型升级。特色小镇可以视为一个点，激活、推动产业转型升级，包括发展新兴产业，比如现在出现了互联网小镇、基金小镇、梦想小镇、创意小镇等。同时，作为新常态下区域经济转型升级的一种新现象，特色小镇又是推动经济转型升级的重要抓手和全新载体，是促进创新创业、培育新产业的重要途径，是推进城乡统筹发展的创新实践。

（一）产业是特色小镇发展的生命力

产业体系的构建、培育和发展，是特色小镇建设的重中之重，是保证特色小镇可持续发展的核心力量，没有形成特色产业的小镇将在热闹过后只剩下一堆堆砖石瓦块。

国家发展和改革委员会副主任胡祖才认为，坚持产业建镇，就是要根据区域要素禀赋和比较优势，挖掘本地最有基础、最具潜力、最能成长的特色产业，打造出具有持续竞争力和可持续发展特征的独特产业生态，使每个特色小镇和小城镇都有一个特色主导产业，实现以产促城、以城兴产、产城融合。

特色产业内涵丰富多样，不仅仅是制造业，旅游休闲、教育培训、健康养生、商贸物流等都可以作为特色产业来塑造。这些面向新需求的新兴产业更有竞争力，可推动传统产业"腾笼换鸟"。这可借鉴国际经验，如美国格林尼治小镇、瑞士达沃斯小镇、英国温莎小镇等，它们积极吸引高端要素集聚，发展先进制造业和现代服务业，把自己培育成为知名的特色小镇。

按构建基础来源不同，我们可以将特色小镇产业体系分为两类：一类是依托当地资源的内生式产业体系；另一类是无中生有的导入式产业体系。

1. 依托当资源的内生成产业体系

依托当地资源的内生式产业发展主要有三个方向：产业升级、产业链延伸和产业生态打造。

（1）产业升级

随着居民消费观念和消费能力的提升，原有的产品已无法满足市场的需要，从"柴米油盐酱醋茶"到"琴棋书画诗酒茶"，茶还是那几片嫩芽，但已从生活的必需品升级为休闲的消费品。例如：当前，与长三角相比，京津冀周边多数旅游类项目如"百里山水画廊""草原天路"等多为观光类产品，亟待通过特色小镇的建设向休闲、度假类产品升级。

（2）产业链延伸

特色产业在产业链的某一环节有一定的发展基础，但多数处于附加值低的环节，重点考虑通过向上下游延伸打造完整的产业链，提升附加值。以某农业特色小镇为例，全国范围看该类产品已面临增产不增收的状况，特色小镇的产业规划需要沿着产业链向上游的育种和下游的文化创意产品延伸，形成一、二、三产联动，农业、文创、旅游融合发展的产业体系。

（3）产业生态打造

在具有龙头企业或强势资源的特色小镇，以特色小镇的建设为契机，将小镇打造为产业平台，围绕核心产业形成产业生态。以某葡萄酒特色小镇为例，当地已形成葡萄种植、酿造、交易的葡萄酒产业链，当前正规划建设葡萄酒学院、双创平台、博物馆、展示中心、主题酒店等外围延伸项目，未来将形成以葡萄酒主题，以文化为核心的葡萄酒产业生态。

2. 无中生有的导入生产业体系

无中生有的导入式产业体系主要包括：IP 移植类、技术创新类和产业拓展类。

（1）IP 移植类

此类资源包括会议、会展、影视作品等形式，在全国范围内形成了较强的影响力和较高的品牌知名度，但如不深入挖掘，很难形成支撑一个特色小镇的产业体系。例如正在建设中的某论坛永久会址项目，在丰富原有会议会展的基础上，借助强势资源延伸到培训、研究、咨询、旅游等领域，形成完整的"主题＋"产业体系，方能够支撑起特色小镇的未来产业发展。

（2）技术创新类

此类资源包括各大科研机构、投资机构、高校、企业的产业创新项目。项目研发到一定阶段，需要进行产业化的转化，以此为核心构建产业体系。例如中西部某人工智能特色小镇，以该领域院士带领的实验室为核心，以资本为纽带，以产业龙头为主体，以特色小镇为载体，形成了以研发和转化为核心功能的特色小镇产业体系。

（3）产业拓展类

此类资源主要是行业龙头企业的全国布局或某些大型企业的产业转移项目，出于发展的需要在项目地建设特色小镇。此类项目自带产业光环，某些大型项目自身即能构建一个较为完整的特色小镇产业体系，其核心是考虑如何能通过特色小镇建设形成更好的产业发展平台。

（二）特色小镇是区域经济的新增长极

1. 区域产业集聚的 3.0 版本

其实，特色小镇在发达国家甚为常见，尤其是在欧美地区，特色小镇更是以其独特的产业与深厚的历史人文底蕴显示出强大的生命力和对整个区域经济的支撑意义。纵观许多闻名全球且以强劲的持续发展能力而获得关注的特色小镇的发展轨迹，我们可以发现，构成以产业为核心的特色小镇的重要基础在于其良好的产业生态系统，或者说，嵌入特定区域及其历史人文背景下的"产业生态位"，是这些特色小镇核心竞争力得以持续提升的关键所在。产业生态位是包括产业生存、发展和演变的生态环境，它为产业演变发展提供各种所需要的资源要素，进而决定了产业的成长机制、组织形式、核心竞争力和可持续发展能力。产业生态位决定了资源要素进而又决定了区域产业的特色及其结构的差异，是产业间共生互补或竞争关系的基础和前提。换言之，正是产业生态位决定了特色小镇的产业"特色"。

　　举例来说，浙江特色小镇建设，是基于推动产业转型升级、增强区域发展新动能、引领经济新常态的战略选择。但从本质上说，则是顺应浙江区域经济发展阶段演变、重构产业生态位、优化区域产业生态系统的内在要求。如果我们将改革开放初期浙江各地以传统特色产业为基础形成的块状经济视作区域产业集聚的 1.0，将传统特色产业在区域范围内按市场机制分工协作后形成的传统产业集群视作产业集聚的 2.0，那么，以特色小镇为代表的特色产业发展平台，则是在原有传统产业集群模式基础上的创新和升级，是区域产业集聚的 3.0。浙江区域产业集聚 1.0 和 2.0 都是以传统劳动密集型产业为主体，其中 1.0 主要是同类产品生产工厂集聚的生产基地，分工协作主要局限在生产环节之间；2.0 就不仅是特色产业的生产基地，也衍生形成了特色产业的专业市场，即是同类产品"生产＋市场"的集合体。产业集群内部既有产业内分工，也有产业间分工，实现了融产业有序整合和空间集聚于一体，是传统经济增长模式下重要的产业空间组织形式。而特色小镇作为产业集聚的 3.0，则是集特色产业的创新、生产、销售、服务于一体的产业空间组织形式，它将创新、绿色、开放、人文等理念嵌入其中，通过集聚高端要素提升创新能力，孕育、提升特色产业；通过集聚相关企业提升产品竞争力，增强有效供给能力；通过整合历史人文因素提升产业内涵，优化区域发展动能；通过产业链、创新链、服务链、要素链有机融合优化产业生态位，完善产业创新，提升内外环境。可以说，作为区域产业集聚 3.0，特色小镇是块状经济、产业集群演进发展的必然结果，更是新常态背景下区域经济从投资驱动向创新驱动的内在要求。

　　值得强调的是，与区域产业集聚 1.0 和 2.0 相比较，虽然特色小镇建设同样离不开市场、要素、技术等内外因素,但创新却是其最核心的要素。区域产业集聚3.0,就是要在特色产业支撑下的小镇形成一个融文化创意、研发创新、成果转换、体验应用于一体的全方位立体化特色产业系统,进而在小镇范围内构建起由市场主体共同参与的知识或技术的共享、共创、共进机制,形成企业间知识外溢、技术扩散、收益共享的创新网络,实现创新资源在小镇范围的持续循环滚动配置,并进一步强化推动区域范围内产业的集聚发展。

2. 优化区域产业生态系统

目前,作为区域产业集聚3.0的特色小镇在国内尚处于起步阶段。浙江出于自身转型发展的内在逻辑和适应并引领经济新常态的需要,作出加快特色小镇建设的重大决策,是新常态背景下区域经济创新发展的战略选择。事实上,特色小镇本身确实可以通过集聚高端要素构建特色产业创新,提升所需要的良好产业生态位,既可以优化区域产业生态系统,也增强区域内生发展动力,进而为提升区域核心竞争力和可持续发展能力构筑新的平台。

一是特色小镇建设有利于增强区域有效供给能力。特别是在经济新常态下,供求格局发生显著逆转,供给端的改革成为化解过剩产能、实现降本增效并达成新的供求均衡的重要发力点。就区域层面而言,区域供给能力成为影响区域经济增长的决定性因素,而能否实施顺应消费升级、制造业升级与服务业升级趋势的供给侧结构性改革,又是决定区域有效供给能力的关键因素。特色小镇作为创新导向的产业空间组织形式,至少可以从这样两个方面提升有效供给能力:一方面通过产业的特色定位,集聚资本、技术、人才等各类高端要素,发挥高端要素集聚的规模经济优势,支撑新产品、新模式、新业态的创新,形成以创新导向的新兴产业或具有人文底蕴的经典产业集群,同时在产业、文化、旅游和生产、生活、生态的高度融合中创新供给方式,优化区域供给格局,加快区域产业转型升级;另一方面则是结合特色产业生态位的构筑,在区域内部通过市场机制淘汰或迁移一部分难以适应环境变化的"旧"产业,为特色产业腾挪出新的发展空间。通过区域产业"一增一减"的腾挪置换，推动区域产业转型升级，进一步增强发展内生动力，实现区域有效供给能力的提升。

二是特色小镇建设有利于提升全要素生产率。全要素生产率是刻画技术进步对经济增长贡献的重要指标，是影响区域竞争力和可持续发展的最核心因素，也是供给侧结构性改革的重要导向。特色小镇相比传统产业，其发展模式总体上更多显示出"内涵式""创新导向"的特征。这主要体现在这样两点：一方面，特色小镇在实现人才、科技、资本、信息等高端要素集聚的基础上，还突破以往经济发展"唯要素投入是举"的传统模式，注重挖掘历史、人文等各类要素资源的潜力，有力推动了经济要素与人文历史资源的高度契合，促进要素资源实现更大的经济效应，进而助推区域经济增长动力结构的转换；另一方面，特色小镇作为一种新的产业空间组织形式，本身还蕴含着丰富的制度创新（正式制度与非正式制度）、组织创新、业态创新和商业模式创新的成分，能够在不断优化要素投入结构和投入方式的基础上，最大限度地挖掘要素资源的潜力，营造实现持续推动创新创业的发展环境，以特色化、专业化和创新驱动全面提升要素资源的配置效率和产品价值。

三是特色小镇建设有利于优化区域产业生态系统。区域产业生态系统的活力和可持续性发展的能力都取决于其内部能否形成创新为主的产业生态位，特别是在外部市场环境发生显著变化的情况下，产业生态位决定了区域产业能否通过"应激反应"，有效调整对外部市场的适应性，从而为进一步提升有效供给能力提供要素、制度、技术等多重保障。特色小镇作为融创新链和产业链于一体的产业集聚3.0，虽然具有"宜居宜业"的双重特征，但却远远有别于传统的行政单元和产业园区，具有更强的开放性与系统性。

这主要体现在两方面：一方面，对外通过与全球创新网络相连接，可以把最新的产业创新信息、新业态、新的商业模式甚至创新人才源源不断地引进到本区域来，推动实现区域产业生态位的提升；另一方面，对内通过协同机制推进特色产业创新战略联盟和区域创新体系的建设，不断完善区域内市场主体的创新合作交流机制，促进区域内创新资源、信息和成果等互通共享，形成紧密精细的区域创新网络。从这个意义上说，特色小镇能够通过内外合力推动区域创新能力的凝聚，成为区域产业生态系统的创新增长极。

二、特色小镇的产业发展思路

（一）科学谋划特色小镇的产业定位

特色小镇有别于行政建制镇，其本质是产业选择问题。创建特色小镇需要思考"靠什么立镇""靠什么留人""靠什么创业""怎么建成一个特色小镇"等问题。特色小镇的发展需要产业的发展和支撑，找准产业的痛点，并找准定位。因此，特色小镇设立的关键在于产业的科学谋划和定位，推动小镇特色产业的差异化发展。

无论是最早提出特色小镇概念的浙江省，还是之后推广特色小镇的住房和城市建设部、国家发展和改革委员会，都强调把产业作为"做特、做优"特色小镇的核心所在，"产业选择决定小镇未来，必须紧扣产业升级趋势，锁定产业主攻方向，构筑产业创新高地""产业定位要突出独特，特色是小镇的核心元素，产业特色是重中之重""特色小镇的核心是特色产业"等，只有产业集聚，才能带动资本、人口的集聚，带来土地的升值。

然而，让很多小镇领导们头痛的是，在传统小镇发展路径中，小镇的支柱型产业往往并无特色；一旦这些传统的粗放型产业退出之后，小镇面临经济增长动力转换落空、新兴的特色产业青黄不接等问题。如何快速培育、创新特色产业成为策划、规划特色小镇的头等命题。

特色小镇如何才能找准自己的产业发展定位呢？可以从以下两种主要定位法出发，来确定自己的产业发展方向，进而实现特色小镇创建与产业发展双赢。

第一种是特色小镇自身禀赋特色优势定位法。这是产业指向的特色小镇定位的基础与前提。展开来解释就是，特色小镇为培育发展产业而进行的定位，必须首先是建立在特色小镇自身的资源禀赋之上的。这种资源既包括自然资源，也包括人文资源。离开特色小镇自身资源禀赋而实施的定位，从定位本身来说，我们称之为"空中楼阁"式定位法。没有根基，难以牢固。从产业指向来分析，我们称之为"空降产业"。这种定位法下培育发展的产业，难以存活，更难以壮大。绝大多数地区的悠久历史已经为迎接现代产业包括高新技术产业以及新兴产业的到来，做了好多年的各方面准备，至少在教育、科技、人才等方面是必须时刻准备着的。

第二种就是基于社会需求、市场需求以及特色小镇自身发展需求的定位法。这是产业指向的特色小镇定位的延伸与拓展。通俗地说，这一定位法正是对上一种定位法的补充与提升。如果说，产业指向的特色小镇定位只能一直甚至永远是基于自身资源禀赋而进行，说得直白点儿，这样的产城融合的结果就是特色小镇也好，产业也罢，都会"死得很难看"。原因很简单，随着各类需求特别是人的需求的不断丰富多样，特色小镇本身必须也在不断发展、提升。

特色小镇要发展、要提升，必然会对产业的更新换代发展提出要求。这就势必决定了单纯依靠自身资源禀赋而生长的产业是绝对满足不了这一发展要求的。现实而合理的情形就是，传统产业转型升级，新兴产业培育壮大，从而使得产镇融合在更高层面上实现有机统一，相辅相成，交相辉映。特色小镇形成发展本身有阶段性，注定了产业培育发展也一定有阶段性。基于资源禀赋还是发展需求，实际上就是一个硬币的两面，是互为依托、相互支撑的。

还需要指出的是，从最简化的角度而言，可以有这样三种产业划分：资源型产业、需求型产业、前瞻型产业。其中具体又可以分许多种，如资源型可以分为矿产资源型、旅游资源型、人文资源型等，需求型可以分为餐饮需求、娱乐需求、服务需求等。我们的定位因而必须是综合的，既考虑资源，又考虑需求；既考虑当下，又考虑长远；既考虑经济，又考虑生态。如此产业指向的特色小镇定位才是科学合理的，才可能是可持续发展的。

（二）各地关于特色小镇的发展思路

特色产业是特色小镇发展的核心。国家与地方有关特色小镇培育的政策，均对特色产业做出了要求。

2016年7月1日，住房和城乡建设部、国家发展和改革委员会、财政部《关于开展特色小镇培育工作的通知》中要求特色小镇要有特色鲜明的产业形态，向做精、做强发展，并要充分利用"互联网＋"等新兴手段，推动产业链向研发、营销延伸，促进以产立镇、以产带镇。2016年10月8日，国家发展和改革委员会《关于加快美丽特色小（城）镇建设的指导意见》中提出，坚持根据区域要素禀赋和比较优势，挖掘本地最有基础、最具潜力、最能成长的特色产业，做精、做强主导特色产业，打造具有持续竞争力和可持续发展特征的独特产业生态。

2017年5月9日，国家体育总局办公厅《关于推动运动休闲特色小镇建设工作的通知》中要求，到2020年，在全国扶持建设一批体育特征鲜明、文化气息浓厚、产业集聚融合、生态环境良好、惠及人民健康的运动休闲特色小镇；带动小镇所在区域体育、健康及相关产业发展，打造各具特色的运动休闲产业集聚区，形成与当地经济社会相适应、良性互动的运动休闲产业和全民健身发展格局；推动中西部贫困落后地区在整体上提升公共体育服务供给和经济社会发展水平，增加就业岗位和居民收入，推进脱贫攻坚工作。

2015年，浙江省政府出台了《关于加快特色小镇规划建设的指导意见》，指出特色小镇产业定位着力聚焦信息经济、环保、健康、旅游、时尚、金融、高端装备制造支撑本省未来发展的七大产业，兼顾茶叶、丝绸、黄酒、中药、青瓷、木雕、根雕、石雕、文房等历史经典产业，坚持产业、文化、旅游"三位一体"和生产、生活、生态融合发展。

2016年6月，福建省推进新型城镇化工作联席会议办公室《关于印发

〈福建省特色小镇创建指南〉的通知》中要求特色小镇产业定位应结合所在城市的产业、人才和资源优势，聚焦新一代信息技术、高端装备制造、新材料、生物与新医药、节能环保、海洋高新、旅游、互联网经济等新兴产业，兼顾工艺美术（木雕、石雕、陶瓷等）、纺织鞋服、茶叶、食品等传统特色产业。特色小镇产业发展规划必须符合生态环境保护的要求。

2016 年 7 月，甘肃省人民政府办公厅《关于推进特色小镇建设的指导意见》中要求，以特色产业的提升发展为核心，结合资源禀赋和发展基础，根据不同发展阶段、地域特征、资源优势，找准特色、凸显特色、放大特色、做足特色，紧扣适合当地实际的特色富民产业，注重聚焦旅游、文化、生态、健康、现代服务五大产业和中药材、民俗风情、特色农产品加工等传统产业，着力培育建设特色产业集群，推动产业向特色小镇集聚，形成具有市场竞争力和可持续发展产业体系的特色小镇。

2016 年 8 月，安徽省住房和城乡建设厅、安徽省发展和改革委员会、安徽省财政厅《关于开展特色小镇培育工作的指导意见》中要求，把培育特色产业、壮大特色经济作为促进特色小镇发展的核心内容，推动茶叶、中药、丝绸、纸、墨、酱、雕刻、瓷器等传统产业改造升级，培育壮大高端装备制造、信息技术、节能环保、生物医药、旅游、金融等新兴产业。按照产业集聚、用地集约的要求，科学合理规划建设产业园，引导企业向产业园区集聚。高度重视发展现代农业，推进农业现代化、产业化发展。吸纳特色小镇周边农村劳动力就业，带动农村发展，促进农民增收。

2016 年 8 月，辽宁省人民政府《关于推进特色乡镇建设的指导意见》中要求，依托现有产业，选择基础条件较好，具有一定发展优势的乡镇，培育创建玉石之乡、根（木）雕小镇、林蛙之乡、袜业小镇、枫叶小镇、蟹田之乡、枸杞（药材）种植小镇、服装小镇、皮草之乡、温泉小镇、玛瑙小镇、箱包小镇、梅花鹿小镇、海岛小镇、旅游小镇等乡村旅游型、历史文化型、民族特色型、现代农业型、生态宜居型等类型的特色乡镇。推进创建种类不拘一格的特色乡镇建设，促进乡镇经济发展，提升人居环境质量。建立省级特色乡镇（村）信息平台，对于有价值、有特色的乡镇

（村），争取列入中国传统村落和省级传统村落名录以及历史文化名镇名村、特色景观旅游名镇名村名录。

2016年8月，贵州省人民政府办公厅《关于公布全省第一批整县推进小城镇建设发展试点县名单的通知》中要求，要依托贵州省大扶贫、大数据两大战略行动，充分发挥大数据、大旅游、大生态"三块长板"优势，充分挖掘自然生态优良、民族文化浓厚、旅游资源丰富、现代山地高效农业、中药资源独特等优势，合理布局特色主导产业，强化产、城、景、文、农、旅融合发展，以特色主导产业为引领，培育一批各具特色、富有活力的特色小镇，带动周边多个乡镇联动连片发展。

2016年8月，中共河北省委、河北省人民政府《关于建设特色小镇的指导意见》中要求，特色小镇要聚焦特色产业集群和文化旅游、健康养老等现代服务业，兼顾皮衣皮具、红木家具、石雕、剪纸、乐器等历史经典产业。每个小镇要根据资源禀赋和区位特点，明确一个最有基础、最有优势、最有潜力的产业作为主攻方向，差异定位、错位发展，挖掘内涵、衍生发展，做到极致、一流。每个细分产业原则上只规划建设一个特色小镇（旅游产业类除外），新引进的重大产业项目优先布局到同类特色小镇，增强特色产业集聚度，避免同质化竞争。

2016年9月，山东省人民政府办公厅《关于印发山东省创建特色小镇实施方案的通知》中要求，尊重经济规律，按照一镇一业、一镇一品要求，因势利导，突出主导产业，拉长产业链条，壮大产业集群，提升产业层次，做大、做强特色经济。聚集人才，培育海洋开发、信息技术、高端装备、电子商务、节能环保、金融等新兴产业；挖掘资源禀赋，发展旅游观光、文化创意、现代农业、环保家具等绿色产业；依托原有基础，优化造纸、酿造、纺织等传统产业。

2016年12月，湖北省人民政府《关于加快特色小（城）镇规划建设的指导意见》中要求，特色小（城）镇要充分利用原有的小城镇建设和产业园区发展基础，利用湖北独特的文化优势、科教优势、生态优势，聚焦产业转型升级，引导高端要素集聚，推动经济创新发展，促使传统产业提档升级、战略性新兴产业茁壮成长。要充分发挥省长江经济带产业基金作用，为特色小（城）镇发展导入新兴产业、特色产业，以产业引领特色小（城）镇发展。重点瞄准新一代信息技术、互联网经济、高端装备制造、新材料、节能环保、文化创意、体育健康、养生养老等新兴产业，兼顾香菇、茶叶、小龙虾、酒类、纺织鞋服等传统特色产业。各地可选择一个具有当地特色和比较优势的细分产业作为主攻方向，力争培育成为支撑特色小（城）镇未来发展的大产业。

2017年2月，陕西省发展和改革委员会《关于加快发展特色小镇的实施意见》中要求，立足资源禀赋、区位环境、历史文化、产业集聚等，选择具有比较优势的特色产业作为主攻方向，突出业态和模式创新，有效激发市场创意，做精、做强、做优，细分领域、错位发展，形成地方"名片"，避免重复建设、低水平竞争。中心城市和都市圈周边的小镇，要积极吸引高端要素集聚，发展先进制造业、现代服务业和新产业、新业态，建设产城有机融合、创新创业活跃的特色小镇；自然环境秀丽的小镇，要充分利用山水风光，在保持原真性、生态性的前提下，发展旅游、运动、康体、养老等产业，建设人与自然和谐、宜居宜游的特色小镇；历史文化积淀深厚的小镇，要延续文脉、挖掘内涵，做强文化旅游、民俗体验、创意策划等产业，建设保护文化基因、兼具现代气息的特色小镇。

2017年3月，云南省人民政府《关于加快特色小镇发展的意见》中要求，按照"错位竞争、差异发展"的要求，瞄准产业发展新前沿，顺应消费升级新变化，紧跟科技进步新趋势，细分产业领域，明确主导产业。每个特色小镇要选择一个特色鲜明、能够引领带动产业转型升级的主导产业，培育在全国具有核心竞争力的特色产业和品牌，实现产业立镇、产业富镇、产业强镇。聚焦生命健康、信息技术、旅游休闲、文化创意、现代物流、高原特色现代农业、制造加工业等重点产业，推进重点产业加快发展；聚焦茶叶、咖啡、中药、木雕、扎染、紫陶、银器、玉石、刺绣、花卉等传统特色产业优势，推动传统特色产业焕发生机。

三、特色小镇的产业发展现状

（一）特色小镇中第一产业的发展现状

特色小镇是推动小城镇发展的重要手段，提高城镇环境建设要以人为本。改革开放至今，农业依然是我国国民经济发展的基础，尤其是对于承接城市和拉动农村发展的特色小镇来说，农业生产、农产品加工、农业科技、农业服务、休闲农业必将发挥重要作用。我国农业开始从传统的农业大镇转向休闲农业特色小镇发展，逐渐形成了集农业、休闲、生态、旅游、消费等于一体的产业集群。

特色小镇中第一产业的产业构建应当将农村原有的以种植业、养殖业等第一产业为主的基因分解，基于乡村发展现状进行全新的产业排布，重新组合成因地制宜的产业图谱。大致路径可以这样概括：先以特色农业产业为基础，通过打造良好的宜居宜业环境，产生旅游副产品，同时形成带有乡土特色的独特产业文化氛围，使得小镇居民安居乐业。随着小镇知名度的上升及旅游交易、参观人群数量的上升，反过来促进产业的市场经济效应进一步发展，提高人民生活水平。

目前，虽然特色小镇的发展中以第一产业为核心进行产业构建的不算太多，但对于没有特殊旅游资源、没有高精尖产业，而拥有融第一产业和乡村旅游于一体的农业特色小镇来说，却是绝佳之路。

案例：

蓝城农庄小镇

陈剑平，著名植物病理学家，现任浙江省农业科学院院长，2011年当选为中国工程院院士。他的另一个身份，是蓝城的"农镇之父"。

当年，宋卫平正是听了他的一番话后，创办了蓝城农业。

"我们的计划是，做100个农镇，辐射带动1万个小镇，改变2亿~3亿人的生活。"陈剑平的表情有些兴奋。

从杭州出发，沿杭甬高速转上三高速，大约两个多小时，就来到嵊州市甘霖镇施家岙村。这个剡溪边的村庄，曾是百年越剧的发源地。宋卫平的第一个"农庄"就在这里。实体占地面积约20亩，主体是一栋落地约500平方米的中式宅院。户外，便是前庭、后院、菜园，再到大片农田和果林的"庭院园田"四级体系。

主体建筑一层架空，二楼是一个合院格局，青瓦白墙木柱，环绕着凉廊、露台和灰空间。

架空层高3.9米，做成了一个高科技农艺空间：有A字抱架水培、垂直多层水培、基质培、立柱栽培……为什么一楼要架空？因为受政策限制时，这样造房子不占用耕地面积。

一楼仍用于农业生产。一个32平方米的垂直多层水培，种菜面积就有160平方米，产量是传统的3~5倍，还可以半自动或全自动管理。

20亩的庭院园田

沿楼梯走上2层的合院，室内是朴素的装修，游廊下摆着露木的中式长桌。

建筑面积只有143平方米，有3个房间，2个卫生间，1个大厅，还有一个厨房加工区，南向面宽18.8米。

中庭长宽约7.6×9米，墙面种满绿精灵、矾根、鸭脚木和阿波蕨。一部分做成玻璃地面，为架空层的植物提供采光。

样板房设置的功能，有会议室、起居室和农具房，还有一个小小的书吧。

站在巨大的露台上，凭栏俯瞰，一派田园风光尽收眼底：从脚下的景观小院、蔬菜花园、迷宫、廊架和老树下的休憩区，到近处的玻璃暖房、生态泳池……

色彩斑斓，图案精巧，红橙黄绿青蓝紫，仿佛打翻了一大块调色板！

再远处，隔着一道溪渠，就是大片的果林、农田，将近11亩，一直延绵到天际线上的群山。

这个"农庄"，未来是蓝城小镇的一个产品原型，变化在于园田的规模和建筑的面积。中国大地上，将会有多少都市人，把自己的乡愁，托付给这抒情诗般的田宅？

行走在内园中，道路都由碎石子铺成，花坛、菜园也是用石头和木块垒起，整饬干净。

内园种植大片紫甘蓝和青菜，边缘杂种鲜花、蓝莓，还有专门的葱、蒜、韭菜区、竹笋区和蜜蜂养殖区，主要用以满足农场主的日常生活。

挑高的玻璃暖房，是和朋友喝茶晒太阳的"第二客厅"。

金属大屋顶可电动开阖，半空中悬垂下一盆盆鲜花和绿植。还可以打开自动喷雾装置，既浇灌植物，夏天又能调节气温。

从城市回归乡村

这样一个"概念农庄"，对当代中国人究竟意味着什么？

首先，它揭示了一个趋势：越来越多的都市人，正在追求一种不再被金钱或时间逼迫、回归人类本质的生活方式。

陈剑平院士说："发展中国家的标志，是大量人口从农村流向城市；'已发展'国家的标志，则是城市人回归农村。"

蓝城集团董事长宋卫平又是什么想法呢？他说："中国乡村的发展相对滞后，农村里面老人的养老、小孩的教育、环境保护，还有农业的能效以及粮食安全，都是我们社会面临的问题。农村、农业、农民，所谓三农，如何去改变它、推动它？这时城市的发展已经到了一个阶段，短缺时代过去了，迎来了另一个时期，就是所谓的品质时代、服务时代、生活时代。正好农村与城市有关联的就是城市近郊的农村地区，这其实是一个让城里人休闲，或者说逃避负能量的很好的去处。"

宋卫平在想，那能不能在做城镇的过程中，顺便把我们的农村改造一下？用现代科技、现代农业生产的物流，重新组织一个1平方千米的小镇？这个小镇能不能带动 3 平方千米的农村？

谢玄故地的复兴

宋卫平农庄的另一个意义，或许是对中国乡土的重塑。

"农庄"所在的施家岙村，以及古老的剡溪两岸，就是这场生态社会实验的第一个样本。

自东晋衣冠南渡之后，剡溪一带便是历代名士隐居之地，至今还留有谢玄的始宁钟鼓楼。谢玄的孙子谢灵运，更写下"白云抱幽石，绿筱媚清涟"的名句。

《世说新语》里风雅的"雪夜访戴"，也是发生在剡溪之上。

这些年，来剡溪追慕风流的游客不少，有的是为了李白，有的是为了谢灵运，还有的是为了胡兰成。但真的面对剡溪，有时却不免失落。

青山依旧夹岸，传说中的"剡溪九曲"胜景却早已难以寻觅。

古树上常挂着塑料袋、破衣服，溪石间也散落着玻璃碴、易拉罐。工业文明对农村的侵蚀，"唐诗之路"上的古村落，也未能幸免。

剡溪边的老人还记得，儿时一个猛子扎到水里，胡乱摸几把，都能逮到鲜美的石斑鱼。

几年前已很少有人到溪里游泳了，水质不好，还容易被各种垃圾割伤脚。而且，村里也渐渐看不到年轻人的身影。

农庄所在的蓝城农业基地，为施家岙重新带来一种原生态的生产方式。

比如，菜园的覆土，使用的都是废弃的山核桃壳。既富含促进植物生长的微量元素，又透水透气。粘虫板和太阳能杀虫灯，则能减少农药的使用量。

蔬菜精心套种，用挥发的气味物理防止病虫害。

所有的农产品，都以有机标准种植，上市前经农药残留严格检测。既不对土壤造成污染，又为城市人提供无公害的食品。

政府也在剡溪边重修水坝，清理河道垃圾。流经农庄的一段溪岸，已重现当年旧观。

陈剑平说："我们一起做农业，让农村孩子可以在父母身边成长!"

不是去乡下租几亩土地，盖两间民宿，种几棵菜，养几头猪，也不只是去做一个项目，而是做一个"大体系"，彻底改变三农问题。

这是一种"大农业观"，整产业链、全绿色化、多功能化、高附加值、强竞争力。

通过一个个农庄这样的"农业综合体"的创办，不仅可以激活农村经济，改善农民居住条件，而且可以实现农民从一种"身份"向"职业"的转换。

做回四千年农夫

施家岙村共有1200多人。如今，蓝城农业公司在当地已雇了260多名"农业工人"。

将来的经济生态是这样的：城里人买下农庄，签订耕地长期租约。既可自己种植，也可部分或完全委托蓝城种植，甚至连销售也交给蓝城农业。

蓝城再返聘农民，每月付固定薪水，并且返还一部分农产品。

以这个20亩的样板农庄为例，内外园一共种植了24种蔬菜、13种果树。单是外园，就种植了176棵樱桃、112棵黄桃，一个城市人肯定应付不过来。这就需要3个"农业工人"，才能照管好这类规模的一个农庄。

从这里开始，宋卫平的"农庄"将会在中国大地迅速生长。它们将集结成镇，为大量"空心化"的农村，带来更多的人口、财富和农产品，甚至教育和医疗资源。

陈剑平说，"这个小小的农庄，可能是未来30年中国的'源代码'"。借由这个源代码，形成农民、家庭农庄、农业园区和村镇4级体系，在大城市周边编织出一串"小镇项链"，最终绘出一幅"城乡一体化"的宏大图景。

"中国人用前30年，造了三代房子。"陈剑平说，那么，接下来能不能用三个30年，只造一代房子？

一个小小的农庄，可以赋予太多意义：都市人的乡愁、安全的食品、传统农村社会的复活、农民生活品质的飞跃、农业高科技的迭代……

（二）特色小镇中第二产业的发展现状

改革开放30多年来，我国第二产业发展基本保持稳定态势。钱纳里和赛尔昆（1988）指出，工业化和城镇化具有高度相关性，即随着人均收入水平的提高，工业化的演进带来了产业结构的转变，进而带动城镇化水平的提高，同时城镇化的发展也可以进一步刺激需求，促进工业化的发展。

各地的特色小镇建设规划几乎都强调要重视传统工业的进一步开发和转型。这些工业若能得到很好的开发，不仅仅能使产业获利，还能使城市受益。小城镇受限于城市规模和环境容量，产业门类很难做到大而全，而更容易在细分领域做到专和精。例如，德国工业小城镇从来不做孤胆英雄，而是选择一镇主攻一业，多镇抱团发展，形成区域大产业链的生态圈。但就目前而言，中国的特色工业小镇所涵盖的工业项目都太过广泛，并不是说工业小镇只能做一项工业产业，而是要将一个或者几个工业产业做精做细。与此同时，还需要相应的质量保障体系，保障产品是专业的，也保证生产过程和服务流程具有专业性，形成良性循环才是成功之道。此外，保证自然环境不被破坏，确保工业符合可持续发展也是需要系统进行规划的一环。

案例：

濮院毛衫时尚小镇

濮院镇地处长江三角洲平原腹地，沪、杭、苏中间节点位置，区内有320国道、申嘉湖高速公路、嘉湖公路、嘉桐公路、京杭大运河等交通要道。全镇总面积64平方千米，辖5个居民社区、14个行政村，总人口20万人，其中新濮院约15万人。濮院气候温和，水网密布，土地肥沃，被誉为"鱼米之乡、百花盛地"，曾以"日出万匹绸"成为"嘉禾一巨镇"。改革开放以来，因毛衫针织产业发展壮大而获得"全国最大的羊毛衫集散中心""中国羊毛衫名镇""中国市场名镇""中国毛衫第一市""中国大型品牌市场""全国百佳产业集群"等荣誉称号。

濮院镇古地名为李墟，又称御儿。秦朝始建的京杭大运河穿境而过，宋朝建炎以前系一草市，习称"幽湖""梅泾""濮川"。宋高宗南渡，著作郎濮凤以驸马都尉驾临安（今杭州），后迁居幽湖，遂为濮氏世居地。其六世孙濮斗南援宋理宗有功，升任吏部侍郎，诏赐其第濮院，此镇因此得名。公元1307年濮鉴出资构屋开街，建四大牙行，收积机产，"召民贸易"，"远方商贾旋至"，无羁泊之苦，故又名永乐市。

自宋以来，濮院通过丝绸业发展形成江南大镇，镇民读书之风日盛，文化发达，宋元明清四朝共有进士26人，举人86人。《濮院志》载："宋为人物之邦，至今士多兴于学，外廛者亦类，皆鸿生硕彦。"

2015年6月，浙江省首批特色小镇创建名单公布，濮院作为"桐乡毛衫时尚小镇"成功入选，成为全省10个设区市的37个小镇之一。

11月7日，2015年中国·濮院毛衫时尚小镇金秋时尚购物节拉开帷幕。秉承"政府搭台、企业唱戏"的原则，活动吸引了濮院五大市场主体和八大品牌生活馆共同参与。

从"走出去"到"请进来"，精准对接企业需求，这是政府职能转变的探索之旅；从毛衫业到时装界，稳步推进产业转型，这是缔造毛衫时尚的实践之旅；产业、文化、旅游三位一体融合发展，这是创建特色小镇的推进之旅。

2016年10月13日，"PH value第一汇"桐乡濮院毛衫时尚小镇主题馆亮相上海国家会展中心。通过参展，濮院包括纺纱、编织、印染、后整理、辅料生产、针织机械制造等在内的完整毛衫产业链体系生动呈现在世人眼前。毛衫时尚小镇展现别样风采。

2016 年 10 月 24 日至 25 日，濮院毛衫时尚小镇"走出去、请进来"系列活动首站再度来到上海。毛衫时尚小镇推介暨毛针织时尚发布秀、濮院毛衫走进上海品牌精准对接交流、濮院品牌展览展销活动……时尚小镇碰上时尚魔都，碰撞出激烈的火花。"没想到""真的不一样"，成为上海采购商对濮院毛衫业的一种全新认知。

走进濮院环贸中心的第五大道女装店，别致的装修展现着店主对时尚的别样理解。"上个月我跟着政府组织的活动去了上海，这个月我们店参加了金秋时尚购物节活动，两次都让我感觉到政府对我们的关心和支持，专业对接让我们拥有了更好的成长空间。"看着这两天店里明显增加的客流量，店主叶耀文开心地说。留洋归来、女承母业的她更希望能在政府的帮助下大展拳脚，把自己喜欢的时装事业做得更大更好。

与叶耀文一样，浅秋生活馆店长余李燕也是格外欣慰地谈着店里的业绩增长量。"以前每到这个时节，我们都要组织开展一些营销活动，但毕竟是企业，我们的推广是有限的。今年就好了，政府办的这个金秋时尚购物节让我们既省心又省力，还能从中获益。"余李燕表示，除本地外，这两天还有不少杭州、上海的消费者特地赶来。

"政府与市场，是有形的手与无形的手的关系。在面临经济下行严峻考验的当下，两只手的携手合作能让濮院更好地渡过转型的紧要关头。"濮院镇党委书记沈根潮表示，"政府搭台、企业唱戏"，就是要求政府做好单个企业无法做好的事情。

总建筑面积达 7.5 万平方米的濮院国际时装城，自 9 月中旬开业以来已吸引了 480 户商家入驻。除经营双面呢、貂绒等时尚女装及品牌童装外，该时装城还开辟了电子商务中心、品牌生活馆、美食城等区域。

"我们正是看中了濮院的商业环境，看中了濮院的转型决心，才来到这里的。"濮院国际时装城管理方相关负责人表示。运用现代商业运营管理模式，打造一个规模化、规范化、专业化和现代化的国际时装城是他们的发展定位。这一定位，正与濮院从毛衫界"一哥"向服装界"大佬"转变的风向相契合。

作为全国最大的羊毛衫集散中心，濮院从不缺人气，更不缺经济活力。据统计，濮院建有14个成衣交易区和4个配套交易区，商铺1万余间。2014年，濮院市场交易羊毛衫和各类针梭织服装超过7亿件。同时，濮院还拥有纺纱、编织、印染、后整理、辅料生产、针织机械制造等在内的完整毛衫产业链。羊毛衫市场商业集聚与濮院针织产业园区集群的良性互动发展格局在濮院早已成形。

做毛衫有局限性，这是近年来濮院不少毛衫企业的真切感受。劳动力成本的上升、土地资源的紧缺、传统贸易方式的改变、个性化消费需求的崛起，都让濮院毛衫企业面临着较大压力。转型，是使命，更是生存所需。

依托省级针织产业园区构建产业发展平台，依托320创意广场构建文化创意平台，依托抱团展示活动构建推荐营销平台，濮院着力推进毛衫产业从保暖向时尚、从贴牌向创牌、从制造向创造转变。双面呢面料的横空出世，成为濮院毛衫企业向四季时装的浅滩试水；国际时装城的开门揖客，成为濮院打造多元化综合服装市场的发展探索。据统计，2015年1月至9月，濮院羊毛衫市场成交额达169.1亿元，同比增长16.43%，电子商务交易额达到52亿元。

"对于濮院未来的发展，要坚持规划为先、古镇为根、人才为要、文化为魂、产业为基等，做好融合创新发展的文章。"这是2015年9月底，在濮院召开的桐乡毛衫时尚小镇创建及重点项目高端研讨会上，浙江省人大常委会副主任、浙商发展研究院院长王永昌给出的建议。

毛衫时尚是何意？特色小镇怎样建？"我们将坚持产业、文化、旅游和生产、生活、生态的融合发展，按照规划为先、项目为王、创意为魂、人才为要的总体思路，拉长产业链、提升创新链、延伸价值链，做精做优毛衫时尚产业。"在濮院镇党委书记沈根潮看来，濮院特色小镇建设路径已经清晰：以时尚产业为主导，通过引进国际高端设计研发人才、加强与国内外知名大学合作、创新技术开发、扶持一批著名品牌等途径，引领世界毛衫、服饰时尚潮流，建设成为集创意设计、针织材料开发、毛衫文化展示、流行趋势发布和旅游驱动于一体的国际一流特色小镇。

自 2015 年濮院入选浙江省首批省级特色小镇创建名单以来，毛衫传统产业正以另一种姿势奔跑。设计、潮流、时尚、创新等关键词正成为濮院毛衫新的注解。"人们现在看到的濮院已经不只是一件毛衫，而是一个产城融合的特色小镇。"沈根潮表示。在沈根潮心中，濮院毛衫时尚小镇有着清晰的定位。毛衫时尚小镇以"一核两翼两带"为中心，"一核"指时尚产业核心，"两翼"指旅游文化中心和博览制造中心，"两带"则是时尚产业交融带和绿色生活漫步带。毛衫时尚小镇规划面积 3.5 平方公里，建设面积 2100 亩，2015 年至 2017 年总投资为 55 亿元。如今，320 创意广场、濮院毛衫创新园等一批项目正为濮院毛衫时尚小镇注入新的活力。入驻濮院毛衫创新园的首尔韩饰商贸株式会社会长李震一表示，这几年濮院毛衫向时尚转型的需求非常旺盛，为我们的设计师提供了施展才华的大舞台。

目前，濮院时尚产业规划、空间布局规划、建筑设计规划及古镇旅游规划已分别邀请不同领域专业机构进行设计、修订和评审。在整合原有产业、城镇、古镇有机更新规划的基础上，濮院将充分发挥各个区域的叠加功能。濮院毛衫时尚服饰暨世界毛衫博览中心建设项目、濮院轻纺城项目、濮院羊毛衫市场提升项目、古镇观光区项目、生态度假区项目、时尚文化创意区项目 6 个重点项目也正在持续推进中。

上垟青瓷小镇

说起 2015 年的世界互联网大会，您一定会关注到一件重要的外宾礼物——龙泉青瓷。大家一定会好奇，一件是龙泉传统的工艺品，另一个是有关前沿科技的大会，这两者怎么就牵手成功了呢？在高度同质化的主题小镇中，青瓷小镇又是如何脱颖而出的呢？要解开这个谜团，请一起走进中国青瓷小镇。

世界青瓷在中国，中国青瓷在龙泉。中国青瓷小镇·披云青瓷文化园是以保护生态、尊重历史打造的青瓷非遗传承基地。做瓷趣、摘野果、游览小住，感农家淳朴、享现代惬意，是养生休闲、旅游度假的绝佳胜地。

"早就听说'中国青瓷小镇'的大名了，这次专程赶过来看看。景区建设得很好，风景也很美，青瓷文化更是独具韵味，真是不虚此行！"从杭州来的游客朱先生由衷地赞叹。

自 2012 年被授予"中国青瓷小镇"荣誉称号以来，上垟镇就一直将青瓷小镇项目建设作为全镇的重点工作来抓。2015 年，根据省委省政府的规划部署，青瓷小镇被列入第一批省级特色小镇创建名单。根据上级的部署和要求，围绕全力打造富有历史经典文化内涵的花园式特色小镇这一目标，小镇新一轮建设高潮全面掀起。

特有的青瓷文化是小镇的核心内涵。今年开工的小镇三期项目建设将青瓷文化创意园、青瓷产业创业园、青瓷商业一条街等作为重点工程，立足现代龙泉青瓷发祥地的深厚文化底蕴，坚持走产业转型文化化、文化创意园区化、文化园区景区化"三化"发展道路，全力打造"世界青瓷技艺传承地、青瓷文化创意集散地、青瓷文化交流汇集地"三位一体的世界历史经典文化小镇。

其中，曾芹记古龙窑至今已有 170 多年历史。曾文芹是青瓷世家曾氏的第六代传人。"龙窑"是使用龙泉青瓷传统烧制方法的窑场，从西晋一直烧到清末，窑火已延续一千六百余年。随着科技的发展，传统龙窑烧制青瓷的工艺已渐渐退出，保存完好的古龙窑也少之又少。值得高兴的是，2012 年曾芹记古龙窑重新开窑。窑工们先把瓷器装进一个个钵体，再连同钵体一起送进龙窑，随后封住窑门，呈上供品，窑主在窑门前上香、敬茶、敬酒，与众窑工一起向龙窑三鞠躬，然后点燃窑火。随着窑火的熄灭，开窑门出窑，窑工们身手敏捷，搬出钵体，取出一件件如玉般清澈明丽的龙泉青瓷。

良好的生态环境是花园小镇的必备条件。上垟镇以"三改一拆""五水共治""六边三化三美"等重点工作为抓手，发扬"5＋2""白＋黑""晴＋雨"的连续作战精神，强力推进小镇环境综合整治。面对艰巨的拆违任务，上垟镇大胆进行机制创新，抽调精干力量，组建了环境整治先锋队，以兵团式作战强势推进拆违拆破。该队自成立以来，先后出动 34 次，拆除沿线猪栏、简易棚、厕所等累计达到 10700 多平方米，圆满地完成了市里交办的任务，啃下了"硬骨头"。同时镇里还不断加大农房立面改造力度，对沿溪 40 多处民房进行统一设计改造，并通过沿溪绿化、建设生态堰坝、景观性防洪堤、亲水观景平台等措施，打造沿溪景观带，极大改善小镇整体面貌。

发达的民宿经济是小镇发展的强力支撑。2014 年以来，上垟镇借助被市里列为民宿经济发展试点乡镇的东风，全力推进民宿产业培育，全镇累计新增农家乐 20 家，床位 238 个，餐位 1370 个。在"扩量"的同时，也重视"提质"。积极抓好针对民宿经济产业的服务指导，制定细化的管理章程，发放统一的行业服饰，组建了"中国青瓷小镇"旅游培训中心，致力打造一流的管理服务。目前，上垟镇的民宿经济如雨后春笋般蓬勃发展。每逢节假日期间，小镇的农家乐就处于爆满状态，为当地农民带来可观的收入，实现了以青瓷文化园为代表的特色旅游与农家乐为代表的美丽经济的完美融合。

"下一步，我们将积极对接上海道铭投资控股有限公司，借鉴上海朱家角、云南丽江等小镇开发模式，进一步加快投资建设。未来五年，青瓷小镇将投资 50.5 亿元，预计实现总产出 30 亿元，税收 2 亿元以上，旅游人数 50 万人次以上。"上垟镇相关负责人介绍说。

如今，青瓷小镇把中国传统的制瓷工艺与现代 DIY 时尚潮流相结合，您可以体验各种青瓷作品的创作。这里还有 30 余栋清代、民国时期的古民居建筑，粉墙高耸、雕梁画栋，尽显浙派山乡建筑特色，是古民居的典范。青瓷的韵味、毛竹的葱郁、古民居的优雅，无不展示着上垟深厚的文化底蕴。2015 年，中国青瓷小镇成为浙江省唯一一个入选"中国最美小镇"行列的特色小镇，使得青瓷小镇又有了文化和观光方面的提升。

龙泉青瓷小镇不仅具有悠久的历史文化和精致的造型，更是向世人展示了龙泉青瓷经久不衰的魅力和中华民族生生不息的顽强精神。中国青瓷小镇作为现代龙泉的发源地，让你体验文化与艺术、休闲与观光的完美融合。相信你来过，就不想离开。

（三）特色小镇中第三产业的发展现状

"十二五"期间，在国家一系列政策支持下，我国第三产业异军突起，占 GDP 比重逐年增加，成为经济发展的新引擎。国家统计局数据显示，2013 年，我国第三产业增加值占 GDP 比重首次超越第二产业，达 46.9%，2014 年进一步提升至 48.1%，2015 年第三产业增加值占国内生产总值的比重为 50.5%，比上年提高 2.4 个百分点，高于第二产业 10.0 个百分点，稳稳支撑起经济增长的"半壁江山"。2016 年，第三产业继续成为经济增长越来越重要的推动力，增加值比重为 51.6%，比上年提高 1.4 个百分点。

特色小镇中第三产业通常会以新兴服务业或新经济形态为主。特色小镇之所以会成为新兴服务业、新经济形态发展新载体，究其原因，可能包括：大城市快速、安全的信息与交通网络提供了硬件支持，使其可在空间上相对独立；从业者基本为脑力劳动者，收入较高，需要且可以要求有一个可正常工作同时有舒适人居环境的空间；工作性质的相似在促进了"人以群分"的同时，亦希望周边生活、休闲等环境的个性化、独特化；集群效应发挥可减少信息搜索、服务配套等成本，以及身份认同、人际交流等成本。

从国民经济发展的角度来说，旅游小镇以旅游业为支柱型产业，旅游业对于小镇经济具有强大的带动作用，通过"住、购、食、娱"等元素的建设，来促进小镇经济的发展。而且，当前旅游市场已经从传统的单纯观光游转向休闲度假体验游，旅游小镇的兴起正是迎合了市场需求的这种转变。由于我国高速的经济发展和城市化进程，人们对追寻与城市景观迥异的旅游地的兴趣越来越高。"给城市里的人在小城镇找个心灵归宿"所代表的休闲度假功能成为旅游小镇最主要的功能。旅游小镇所拥有的特殊文化，能转化为旅游小镇独特的形象特征。

旅游小镇发展的最终目的还是推动当地经济的发展，而经济发展依靠的就是游客在当地的消费。不论是古镇游，还是生态小镇游，都鼓励人们慢下来、住下来、轻松下来。在这个过程中，吃、住、行、游、购、娱六要素所起到的都是引导消费的作用，吸引人们通过消费去释放、去体会一种和平时不同的生活方式。

发展新兴产业通常需要具备两个条件：一是通过加强研发提供足以支撑新兴产业发展的核心关键技术；二是存在对新兴产品的领先市场需求。因此，一些以发展新兴产业为主的特色小镇也具有典型的特征：一是小镇位于经济发展程度较高的区域；二是小镇以科技智能等新兴产业为主，科技和互联网产业尤其突出；三是小镇有一定的新兴产业基础的积累，产业园区集聚效应突出。节能环保、新一代信息技术、生物、高端装备制造、新能源、新材料和新能源汽车等战略性新兴产业广泛融合，不仅加快推动了传统产业转型升级，涌现了大批新技术、新产品、新业态、新模式，而且也为特色小镇的建设提供了有力支撑。

在国务院印发的《"十三五"国家战略性新兴产业发展规划》中，着重指出要打造10个左右具有全球影响力、引领我国战略性新兴产业发展的标志性产业集聚区。同时提出，要充分发挥现有产业集聚区作用，由招商引资向引资、引智、引技并举转变；由产城分离向产城融合转变。防止园区重复建设。鼓励战略性新兴产业向国家级新区等重点功能平台集聚。

在各省市陆续出台的特色小镇建设扶持政策中，均对引进、吸引战略性新兴产业入驻特色小镇表现出浓厚兴趣。做得好的特色小镇，有望打造成战略性新兴产业创业创新高地。

案例：

束河古镇

位于云南的束河是世界文化遗产丽江古城的重要组成部分，于2005年入选CCTV"中国魅力名镇"。束河古镇在开发过程中依靠"一个资源、一个企业、一个特色旅游城镇"的模式，使得天独厚的资源得到充分利用，发展成一个具有国际影响力的旅游小城镇。

束河镇政府将经营权出让给昆明鼎业集团，鼎业集团仅一年就投入多达3亿元的资金，充分解决了小镇政府开发资金来源不足的问题。开发过程中企业可以决定资金支配和开发进程，但必须在政府的引导和监督下进行，不能在损害当地居民利益和后代利益的情况下进行开发。

鼎业集团在开发过程中，注重对当地居民利益的保护，推行"游富带民富"策略。集团让当地居民成为开发的参与者，推出"庭院旅游"，通过家庭客栈、庭院商店、家庭茶吧等项目带领居民参与到旅游开发中来，共享利益。这使得当地居民的收入水平大大提高，社区和谐度大大提升。

鼎业集团在开发过程中非常重视对古镇的保护，一方面，鼎业集团对古镇现有景区进行修复和保护；另一方面，着力恢复镇区古时街道风貌。这些举措在对古镇进行保护的同时完成了古镇旅游景观的构建，对于公司和古镇而言是双赢的举措。

鼎业集团先后投入了 1.2 亿元加强基础设施建设，完成了包括连接束河古镇与香格里拉大道长 1.1 千米的四车道柏油马路、6 千米五花石古巷道路、7.1 千米"三线两管入地"等基础设施工程的建设。基础设施的提升为束河未来旅游的发展奠定了坚实的基础。

梦想小镇

在浙江第一批首发的 37 个特色小镇中，梦想小镇的"梦想"二字显得尤为醒目。对于"梦想小镇"，时任省长的李强认为，"希望这里成为天下有创业梦想的年轻人起步的摇篮，让梦想变成财富，让梦想成真。"

梦想小镇位于杭州未来科技城仓前区域，临近西溪湿地，拥有仓前粮仓、太炎故居等极具人文气息的历史遗迹。筹建于 2014 年 8 月，规划面积 3 平方公里，是浙江省、杭州市、余杭区三级重点培育的创新创业综合服务平台，致力于打造众创空间的新样板、特色小镇的新范式和信息经济的新增长点，成为世界级的互联网创业高地。

梦想小镇定位于"互联网创业小镇"和"天使小镇"双镇融合发展。其中，互联网创业小镇重点鼓励和支持"泛大学生"群体创办电子商务、软件设计、大数据、云计算、动漫等互联网相关领域的企业；天使小镇则重点培育和发展科技金融、互联网金融，集聚天使投资基金、股权投资机构、财富管理机构。

梦想小镇的互联网村、天使村和创业集市三个先导区块已经建成投用，一个低成本、全要素、开放式、便利化的创业社区基本建成。梦想小镇的筑梦理念主要分为记忆、织补、共享、梦想四个部分：记忆——仓前老街承载了几代人的生活，有乡愁、有历史、有回忆；织补——以老街的空间肌理为脉络，增建建筑、院墙、梳理水街、巷道，添补小桥、河埠，恢复枕河而居、夹岸为街、宅院四合的老街风韵；共享——作为互联网的众创办公基地，既是工作空间，更是思想与理想的碰撞空间、人才与技术的交流空间、新老文化的融合空间、服务器等公共资源的共享空间；梦想——泛大学的创客们，从校园出发，回到记忆中的校园，这里有乡愁，有机遇，也有梦想。

从 2015 年 3 月 28 日开园至今，梦想小镇已入驻创业项目 500 余个，新注册投资机构和各类基金 108 家，集聚管理资本总额逾 362 亿元。其中，累计有 54 个项目获得百万元以上融资，融资总额达到 14.7 亿元。梦想小镇正在成为新的创新驱动和经济增长点。

云栖小镇

杭州市云栖镇是浙江特色小镇建设工作中值得借鉴的代表。云栖小镇是浙江省首批创建的 37 个特色小镇之一。小镇位于美丽幸福的首善之区杭州市西湖区转塘科技经济园区，地处之江核心，四面环山，碧水中流。

按照浙江省委、省政府关于特色小镇要产业、文化、旅游、社区功能四位一体，生产、生活、生态融合发展要求，秉持"绿水青山就是金山银山"发展理念，云栖小镇着力建设以云计算为核心、大数据和智能硬件产业为主导产业的特色小镇。

园区总用地面积为 227 公顷，规划建筑面积 212.95 万平方米，已建成 20 万平方米。云栖小镇建设仅仅一年，发展非常迅速。截至目前，云栖小镇已引进了各类企业 328 家，其中涉云企业 255 家，阿里云、富士康、英特尔都在其中。产业覆盖 App 开发、游戏、互联网金融、移动互联网、数据挖掘等各个领域，已初步形成较为完善的云计算产业生态。2015 年实现涉云产值近 30 亿元，完成财政总收入 2.1 亿元。

云栖小镇努力建设成为浙江特色小镇建设的示范镇、中国创业创新第一镇，探索出一条产业、文化、旅游、社区功能融合发展，体制机制灵活的新型城镇化建设之路。未来，云栖小镇计划以云计算为科技核心，以阿里云计算为龙头，通过 3～5 年时间的努力，打造一个富于科技人文特色的中国首个云计算产业生态小镇。

云栖小镇主要有五个特点。

一是有一个小镇的灵魂人物。云栖小镇有一个名誉镇长叫王坚博士，是阿里巴巴的首席技术官、阿里云的创始人、中国云计算领域的领军人物，也是云栖小镇主要创建者，正致力于把云栖小镇打造成中国未来创新的第一镇。

二是有一个高端的新兴产业。云栖小镇坚持发展以云计算为代表的信息经济产业，着力打造云生态，大力发展智能硬件产业。目前已经集聚了一大批云计算、大数据、App 开发、游戏和智能硬件领域的企业和团队。

三是有一个创新的运作模式。云栖小镇采用了"政府主导、民企引领、创业者为主体"的运作方式。政府主导就是通过腾笼换鸟、筑巢引凤打造产业空间，集聚产业要素、做优服务体系。民企引领就是充分发挥民企龙头引领作用，输出核心能力，打造中小微企业创新创业的基础设施，加快创新目标的实现。创业者为主体就是政府和民企共同搭建平台，以创业者的需求和发展为主体，构建产业生态圈。这是云栖小镇最有创新活力的部分。

四是有一个全新的产业生态。云栖小镇构建了"创新牧场—产业黑土—科技蓝天"的创新生态圈。"创新牧场"是凭借阿里巴巴的云服务能力，淘宝天猫的互联网营销资源和富士康的工业 4.0 制造能力，以及像 Intel、中航工业、洛可可等大企业的核心能力，打造全国独一无二的创新服务基础设施。"产业黑土"是指运用大数据，以"互联网＋"助推传统企业的互联网转型。"科技蓝天"是指创建一所国际一流民办研究型大学，就是西湖大学，现在已经在紧锣密鼓地筹办当中。

五是有一个世界级的云栖大会。云栖小镇创建了真正服务于草根创新创业的云栖大会，目前是全球规模最大的云计算以及 DT 时代技术分享盛会。"2015 年杭州云栖大会"吸引了来自全球 2 万多名开发者以及 20 多个国家、3000 多家企业参与。

下一步，云栖小镇将进一步深刻理解，全面把握特色小镇的内涵特征，继续着眼供给侧改革，紧紧围绕转型升级，加快实施腾笼换鸟，着力培育新兴产业，加快集聚高端要素，全力实施"双创"行动，加快构建产业生态，培育小镇经济。努力把云栖小镇建设成为浙江特色小镇建设的示范镇、中国创业创新第一镇，探索出一条产业、文化、旅游、社区功能融合发展，产城人文融为一体，体制机制灵活的新型城镇化建设之路。

四、特色小镇发展的核心在于产业运营

（一）运营理念的转变

我国有关"城市运营"的概念出现在 20 世纪中后期，是基于积累城市发展所需资金提出的，比国外晚 20 年。一直以来，由于土地增值带来的巨大效益，我国城市运营的本质体现在土地运营上。最近几年，随着新型城镇化的推进、原有竞争优势的消失以及城市发展理念的转变，重在短期利益的土地发展模式难以为继，而产业和项目运营所产生的长期收益，成为了政府关注的重点。因此，对于市场化机制下产生的特色小镇来说，其运营更需要我们站在新的高度，提出新观点、新模式，架构新的运营体系。

特色小镇运营理念的转变源于城市发展理念及开发建设主体的转变。几十年来，政府一直是城镇建设的推动者与核心运营主体，既是所有者，又是经营者，还是管理者和监督者。随着市场取代政府成为资源配置中的决定力量，这也就决定了城市运营必须在理念上发生转变，同时运营主

体、运营客体以及收益模式也要随之转变。

1. 核心运营主体的转变——从政府主导转变为市场主导

（1）政府仍然为主导力量，或者政府全权负责投资建设运营，或者政府负责投资，委托运营商建设运营。这一模式适合财政力量雄厚、运营能力或把控能力强大的政府。优势是政府拥有绝对的控制权，推动进展快；劣势是政府财政压力大，同时也面临着后期运营的大量投入。

（2）政府与企业联动发展。即政府负责小镇的定位、规划、基础设施和审批服务，并通过市场化方式，引进社会资本投资建设，许诺投资方在一定时间段内拥有经营权，到期后再归还政府。这一模式适合于财政相对有困难的政府，优势是缓解了政府的财政压力，劣势是所有权与经营权的分离，导致参与企业的短视行为，同时回收后对政府来说仍然是一个较大的包袱。

（3）以企业为主导。由某一企业或多家企业联合完成投资建设运营，通过政府购买或用户付费获取收益，受政府的管理和监督。这一模式适合于资金及运营能力均强大的企业，优势是减轻政府财政压力，激发市场活跃度，劣势是需要有持续的盈利模式。

（4）以非营利的社会组织为主体。比如在国外的一些城市，由市民组建一个管理委员会，进行管理。这也是以后特色小镇运营可借鉴的一个模式。

2. 运营客体的转变——从土地为重转变为产业为重

长期以来，土地一直是城市运营中的主要对象，也是政府财政收入的主要来源，但这一模式为城市发展所带来的弊端逐渐凸显。随着国家对地产行业政策的收紧，越来越多的地产商都瞄准了向城市运营商、产业运营商转型。不仅要开发土地，还要开发配套服务设施、旅游项目、产业项目，要进行房产开发，最后进行产业整合和运营整合。因此，新形势下的城市运营客体可以概括为，以产业为主导，以土地为基础，以各种产业项目、旅游项目和房产项目为重点的全方位体系。

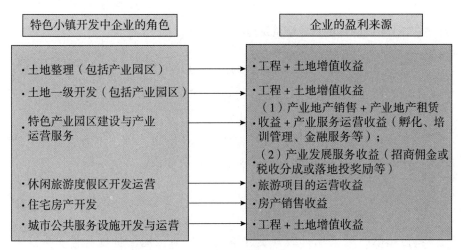

图4 运营主体各自的作用

3. 收益模式的转变——从土地收益转变为综合收益

以土地为经营客体的模式决定了政府以土地出让为主要来源的收益模式。而新形势下，多条运营线的展开，已经使得特色小镇的收益除了来自土地一级、二级开发之外，还包括产业项目的运营收益、二级房产的运营收益及城市服务的运营收益等。这一收益模式已经不再依赖于土地财政，而是一种可自我供血、可长期持续的合理架构。

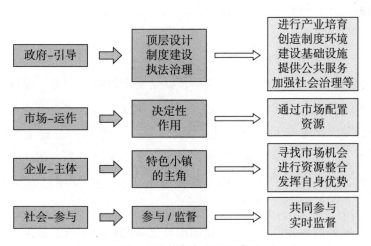

图5 企业的角色和盈利来源

（二）不同时期的产业运营重点

特色小镇的形成不是一蹴而就的，它的诞生是一个错综复杂的过程，需要土地、产业、城镇、服务、法制等多个方面的配合与交织。为了方便分析小镇的运营过程，我们将特色小镇的开发分为土地一级开发或代开发期、产业项目开发期、产业项目培育期、产业链整合期、土地二级开发期五个发展阶段。每一个阶段都对应着不同的资源形态，有着不同的运营要点及目标。

1. 土地一级开发或代开发期

特色小镇中的土地一级开发并不仅仅是项目地的征地补偿、拆迁安置、七通一平等基础设施和社会公共配套设施的建设，其主要目的也不仅仅是使"生地"成为"熟地"，而是要与产业发展、与项目开发结合在一起，因为产业的价值决定了土地的价值。因此，我们建议土地一级开发必须结合产业项目开发、结合土地二级开发，只有这样才可能真正获取一级市场的利润。

这一时期的运营要点在于顶层设计和政策法制层面：顶层设计层面，做好城市规划和产业规划，确定小镇未来的发展方向；政策法制层面，出具土地、奖惩、税收等方面的政策条件以及监管机制，保证小镇的顺利推进。

2. 产业项目开发期

"特色产业"的发展方向确定后，就是要围绕这一产业，通过项目及载体的开发建设，形成产业的开发、培育及集聚，最终打造产业集群，实现产业价值。产业项目开发是其中的第一步，即紧抓产业链上的核心环节，在尊重市场及产业发展规律的基础上，集中人才、创业团队及资金等优势条件，集中攻破产业开发的各种难题，形成产业项目发展条件的聚集。

这一时期的运营要点在于对接国内外优势的科研及教育资源，一方面通过科研成果的孵化，促进技术向生产力的转化，另一方面通过专家学者的研究，突破产业发展技术上的一些难题，同时还可以完成人才的培育及输送，形成产业可持续发展的后备力量。

3. 产业项目培育期

当产业初步开发完成，形成一定的特色优势及产业价值后，就进入了产业的培育阶段。这里所说的培育还是围绕产业的核心部分展开的，主要目的在于培育和扶持有效的产业项目和企业主体，形成规模化的经营效益。

这一时期的运营重点在于相关政策的大力扶持，包括信贷金融支持、税收优惠和财政补贴、科研补贴、进出口关税和非关税壁垒、土地价格优惠等。在这一阶段可以有的放矢，对一些重点品牌或企业进行大力支持，引导他们与产业链条上的其他小型企业主体建立互补、合作、共赢的关系，发挥龙头企业的引领带动作用。

4. 产业链整合期

产业链整合，即围绕主导特色产业，利用整合手段，使特色产业、旅游产业及其他相关产业通过某种方式彼此衔接，打破各自为战的状态，构建一个有价值、有效率的产业集群，实现产业联动与融合，从而增强产业活力，节约交易成本，形成产业抱团发展，推动区域经济发展。

这一时期的运营重点在于打通产业链上下游及各相关产业之间的壁垒，有效运用资源、技术、产品、市场、经营方式、组织管理、制度、人才等各种手段，实现产业之间的有效聚集，形成带动作用更强、效益更好的产业集群式发展。

5. 土地二级开发期

土地二级开发期即产城融合共建期，这是新形势下特色小镇发展的必经阶段。产业大发展，吸引大量就业人群集聚，进而产生了对居住、教育、医疗及第三服务业的大量需求。基于"产、城、人"一体化的发展目标，就需要通过土地的二级开发，实现综合服务配套的升级，包括居住配套、商业配套、教育配套、医疗配套、休闲娱乐配套、社区服务配套等。

这一时期的运营重点在于综合考虑城市发展、旅游发展、产业发展、政策的扶持和制约等因素，实现产城一体化开发，防止以"城镇运营"之名，行"地产开发"之实。

（三）特色产业（IP）的选择、导入与培育

特色产业的导入对于特色小镇的开发来说，是推动其落地建设的重要抓手，是支撑其健康发展的关键内容，是盘活其现有存量资产的重要手段。特色小镇的特色产业代表着个性和稀缺性，对小镇而言，是形象认知的产品，是简单鲜明有特色的元素和符号，也可以称之为 IP。特色小镇 IP 可能就是一个故事，可能是具体的某一个景点，也可能是某一种感觉，它赋予特色小镇独特的性格特点，也给予了其生命力。

1. IP 的概念及标准界定

IP（Intellectual Property rights），传统意义上是指"知识产权/知识财产"，是一种无形的智力成果权。我们所说的 IP 已不仅仅是"知识产权"四个字可以概括的，其含义可以理解为"核心吸引力 + 全产业链"。"核心吸引力"是 IP 的主体内容和品牌形成的基础，全产业链则是后续开发的延展性。IP 必须拥有"概念—产品—卖点—盈利模式"的完整体系，具体要求如下：第一，具有独特的核心吸引力及主题，对市场能够形成一定的激活效用；第二，知识产权独立，不涉及产权纠纷问题；第三，有一定的品牌知名度及客户黏性；第四，拥有较为成熟的产品支撑；第五，有清晰的商业模式；第六，IP 方拥有一定的咨询、运营及投资能力；第七，具有一定的延展能力及消费迁移能力。

2. 特色小镇中可导入的 IP 类型

纵观目前特色小镇发展，其 IP 属性种类较多，如影视 IP、动漫 IP、农业 IP、音乐 IP、金融 IP、汽车 IP 等不同 IP 属性。特色小镇通过挖掘和发现 IP 属性，打造自身发展特色，找到小镇发展特色灵魂产业的支撑，才是发展特色小镇的根本所在。

特色小镇的 IP 可以理解为核心吸引力，细分到极致的特色产业。换言

之，IP 就是特色小镇的"特"，IP 就是特色小镇的产业核心。产业特色是重中之重，必须与产业规划统筹考虑。根据 IP 在特色小镇开发中所起的作用，可分为项目 IP、运营 IP 及服务 IP 三种类型。具体分类如下：

特色小镇的 IP 分类

IP 类型		细分领域
项目 IP	产业项目	特色产业：产业园区、产业科研基地、产业孵化基地、产业双创基地等
		旅游产业：旅游综合开发项目、营地、夜间旅游、禅修、亲子游乐、节庆活动、主题公园、旅游休闲餐饮、旅游商品设计/生产、旅游咨询等
		文化创意产业：文化演艺、文化剧场、文化创意、艺术、博物馆/特色展览、文创产业基地等
		健康养老产业：康复疗养医院、护理中心、健康产业人才培养机构、美容养生中心、老年社群团体等
		教育产业：学校、培训机构、亲子教育、老年教育、特殊教育、智慧教育等
		体育产业：赛事、活动、体育场馆、装备制造等
	地产项目	居住地产：智慧社区、特色公寓、主题酒店、民宿客栈、养老区等
		商业办公地产：众创空间、联合办公、大师工作室等
运营 IP		园区运营、景区运营、商业运营、房产运营、会议运营、产业运营、营销创新等
服务 IP		社区教育、亲子、社区商业、装修服务、创意家居、社区金融、母婴服务、绿色食品、物业管理以及其他社区生活类服务等

3. 培育 IP 的四大原则

如何从资源转化成内容，这是目前特色小镇非常缺失的环节，因为大部分经营者没有真正意义上去做研发和产品，没有去开发团队，缺少创意的能力，所以很难打造属于自己的 IP，这是问题所在。

一个 IP 的产生一定始于创新、颠覆的初衷，具备探索的精神。其实大部分做特色小镇的人都很踏实，但是他们也往往需要从这个踏实的圈子里跳出来，要变得不安分，想点儿、做点儿别的事情。另外就是跨界，现在高端的品牌都在不断地延伸它们的 IP 价值。只有跨界才会产生新的玩法，才能真正让特色小镇的品牌和资源价值 IP 化。那么一个特色小镇的 IP 创造重点要看哪几点？

（1）要找对途径

找对途径就是找出一个特色小镇的独特标志物，优质的特色小镇 IP 一定有着才华与人品作为 IP 的发散才能支撑。例如，迪士尼有效利用自己的 IP 资产，将 IP 引入到商品、游乐设施和其他周边产品，最终实现丰厚的盈利。同样，北京故宫也非常重视自身 IP 建设，如皇家文化、传世珍宝和顶级宫殿，使旅游商品朝着"萌、呆、嗨"的方向发展。

主动寻找生命力较长，足以摊平投资的最佳 IP，这样就能起到事半功倍的效果。还要确保合作双方的目标是一致的，如果你想品牌化一个儿童游乐项目，但是 IP 所有方希望是一个和哈利·波特魔法世界差不多等级的，那就是相悖而行了。所以选择可以成功进行旅游转化的 IP，这样它的粉丝们才会喜欢前来体验。

（2）要找准爆点

找准爆点就是找能够引爆旅游小镇鲜明特色的东西，找准爆点才能各个击破，达到更高效的作用。海南亚龙湾的热带天堂公园引入葛优、舒淇主演的《非诚勿扰2》，所有的游客去到热带天堂公园都要走一走那个吊桥，看一看他们所拍摄的那个鸟巢酒店的房间，这样的小景点其实早已演变成了这个景区的香饽饽。

小说《盗墓笔记》非常火爆，而在小说中提及 2015 年的 8 月 17 日是"张起灵回归的日子"。于是，很多粉丝开始在网上邀约，共赴"长白山十年之约"，见证"张起灵回归"，一度引发了吉林长白山景区的拥堵。

可见，通过一系列火爆的事件，可以找准小镇定位。据《2016 年中国旅游业投资报告》显示，2016 年全国旅游业实际完成投资 12997 亿元，同比增长 29%，比第三产业和固定资产投资增速分别高 18 个百分点和 21 个百分点，较房地产投资增速高 22 个百分点。在我国经济下行压力加大的情况下，全国旅游投资继续保持逆势上扬的态势，成为社会投资热点和最具潜力的投资领域。这些数据表明，旅游业的发展空间非常之大，旅游与文化、IP 相结合将是未来旅游发展的必然趋势。

（3）要找到粉丝

找粉丝就是提高小镇的人气，人气的高涨必定吸引更多旅游者前来。国产动画电影《大鱼海棠》中多次出现了以福建土楼为原型创作而成的村落，画面规整，具有浓浓的中国风，很快便吸引了更多的游客去福建土楼观瞻。随后，以福建土楼为核心的相关旅游产品在许多旅游网站迅速上线，"福建高北土楼群""田螺坑土楼群"等一日游产品预订环比增长了200% ~ 240%。

（4）要做好参与

做好参与就是在小镇为大家提供极致的体验，大家都能身临其境参与融入进来，实现参与度最大化的颠覆！再制定价格政策吸引新的群体。经久不衰的 IP 有 Hello Kitty，包括马来西亚公主港的 Hello Kitty 小镇、英国德鲁西拉公园的 Hello Kitty 秘密花园，以及印度尼西亚安可梦境公园的 Hello Kitty IP 乐园，这些都能让前来游玩的人有强烈的参与感，和这些卡通形象有零距离接触。

案例：

特色小镇 + 萌宠 IP，阿里巴巴如何打造天猫小镇

"跟宋卫平一样，马云也盯上了休闲农庄，要建天猫小镇，但玩法跟宋老板不一样！"借国家推行特色小镇的风口，天猫联合大地风景集团、北京延庆区政府共同打造以猫咪为主题的休闲娱乐小镇，并命名为"天猫小镇"。

● IP 流量界新霸主——萌宠

天猫小镇，这不是马云在为自家打广告，而是真的猫。绿城理想小镇主打生态环境，而天猫小镇以猫为切入口。

如果你稍加注意，就会发现身边养宠物的人越来越多。也许是因为宠物的世界都过于单纯，所以它们被冠上了"治愈系"的名号。有专家说："当你想要缓解一下工作中的紧张压力，来吧，弯下腰来抚摸一下你脚下的宠物是最简单的方法。"如今饲养宠物已经是国内一部分人的生活构成了。

据《2015 年中国宠物行业专项调研报告》数据显示，中国目前大约拥有宠物犬 1.5 亿只，宠物猫 3000 万 ~ 5000 万只。"80 后""90 后"逐渐成为养宠物的主流群体，其中 30 岁以下养宠物人士占比超过 70%，而以家庭为单位，养宠物的比例则是 13%（见图 6）。另有中国统计局发布的报告显示，中国养狗人数已上升到世界第三，仅次于美国和巴西（见图 7）；中国养猫人数也高居世界第二，仅次于美国。

图 6　2009—2015 年中国宠物行业市场规模现状

如此庞大的消费基数以及增长速度，迅速带热了宠物食品、宠物医疗、宠物美容、宠物训练、宠物殡葬等细分市场。

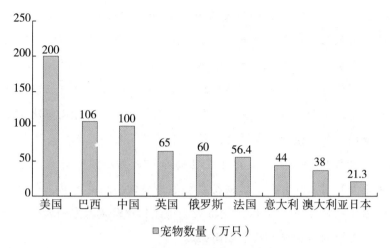

图7 2015年世界各国宠物数量对比

　　而在网络社交平台上把宠物捧成网红赚钱，在现在看来已经是见怪不怪的事了，诸如新浪微博用户"回忆专用小马甲"仅靠两只宠物——萨摩耶"妞妞"和折耳猫"端午"的生活记录和各种萌照便俘获了大量粉丝。截至目前，在博主的经营下，"回忆专用小马甲"粉丝量已高达2833.6万人。有消息称，"回忆专用小马甲"一条微博广告的价格为2万元人民币左右，博主凭借着两只萌宠年收入早已过800万元人民币。

　　英国的"不爽猫"的主人已通过图书出版、饮料推销等方式，获得约640万英镑的收益。"不爽猫"现身价6600万英镑（约合人民币6.25亿元），在国内也被频繁地制作成表情包使用。他们是另一个次元的偶像，享受着万千"云铲屎官"的朝贡。网友们热衷于发掘喵/汪星人身上的性格特点，研究它们和"两脚兽（人类）"的关系，帮宠物怼怼"两脚兽"成了粉丝共识。

　　随着"铲屎官"队伍的壮大，豆瓣、贴吧、知乎等社区网站都有萌宠专栏，垂直的宠物社区便应运而生，可想大众对于萌宠的抵抗力是极其弱的。现今，萌宠们已扛起了流量的大旗，而萌宠这笔生意，似乎比你想象的还要惊人。

或许正是因为这面流量大旗，再加上"天猫"本身品牌的影响力，阿里巴巴才会打造出一个以"猫"为主题的特色小镇。

在消费者需求上，经营者针对一个庞大的社会群体——爱猫人士，抓住他们喜爱和关怀动物的心理，收留流浪猫的行为能给大家留下好感，提升了品牌形象，吸引了消费者前来，同时又解决了社会流浪猫问题和小镇猫咪来源的问题，可谓"得来全不费工夫"。

自 2017 年 4 月 8 日阿里巴巴公布"天猫小镇"计划之后，短短半个月时间，就有上千位猫友参与了猫公馆的众筹活动，而他们的猫咪雕像也将会在"双 11"进驻天猫小镇！这就是萌宠的软萌势力，如今正在影响商业世界的方方面面。

● 天猫小镇落地北京，预计"双 11"开业

天猫小镇坐落在北京周边的延庆四季花海景区，这里恰好是 2019 年世界园艺博览会的分会场，到 2022 年北京冬奥会现场也只有半个小时车程。小镇占地 18 万平方米，预计开园时间是 2017 年 11 月 11 日。

担当此次天猫小镇 1 期的首席设计大咖是知名建筑设计师、大地风景建筑设计院院长王珏。她曾参与长白山、山东尼山文化、崂山道文化、湖北大洪山佛教文化和遂宁市观音文化等 30 多个旅游规划设计项目。

小镇 1 期建设主要围绕三个主体，即猫旅社、猫公馆、小镇猫舍。打造的理念一方面是保留古村文化元素，同时把全球的好品牌及背后的生活趋势通过天猫这个窗口，集合成一个体验空间，让消费者可触摸、可体验；另一方面是可以成为一个流浪猫关怀中心，为全球爱猫人士打造一个奇妙的猫世界。

天猫小镇 2 期的部分公共空间设计由颜值和才华兼具的知名建筑设计师青山周平承担，未来将引入天猫热气球馆、滑雪场等项目，还有更多项目尚未公布。

对于特色小镇而言，产品规划不仅仅指内容吸引物，还包含设计完善的游览路线和完整的配套设施；坚定不移地配置度假地产配套，

精准面对投资及度假市场客群。

天猫小镇从打造理念，到区域布局、品牌营销、推广手段、盈利点都是环环相扣，加上本身具有很强的品牌影响力，进军乡村休闲行业对消费者来说极具杀伤力，而对于众多庄主们也许是一个警醒，抑或学习的机会。由于休闲农业兴起不久，大多庄主都是转型或跨行过来，无论哪一种都是在摸着石头过河，农庄普遍不具备完善的经营模式，在争分夺秒的追逐中，谁的学习能力强、领悟性高、动作快、瞄得准市场，谁就有更多的胜算。

"电商一哥"马云去年率先提出线上结合线下的"新零售"概念。"天猫小镇"，就是这一新概念的试水之作。"我们想在保留村落文化元素的同时，把全球的好品牌及其背后的生活新趋势，通过天猫小镇这样的世界之窗，集合成一个实验空间，让消费者可体验、可触摸。"

● 猫旅社——民宿

据了解，猫旅社集合了目前最强大的家庭无线音响系统 SONOS、智能影院 JmGO 坚果、斩获红点大奖的德国高端厨具 WMF、法国餐具 Duralex、雀巢推出的咖啡胶囊机 Dolce Gust、松下的负离子吹风机及智能马桶、夏普 CES 最新屏幕，还有卫浴的行业巨头 TOTO、汉斯格雅等 20 个品牌集体入驻猫旅社，甚至超过了五星酒店体验级产品。同时还将联合潮流家居品牌 INK＋IVY 进行旅社家居全方位深度定制，比如：猫咪抓来抓去也抓不破的软装整体方案。

● 猫公馆——休闲娱乐区

猫公馆占地 1100 平方米，打造理念是全球养猫人的朝拜圣地。整个猫主题艺术展区通过玻璃空间相隔，室外是一百多个猫小窝可供猫咪跳跃嬉戏，室内是一个开放空间，可供各种主题布展，包含了朝圣中心、猫主题休闲娱乐中心、沙龙会客厅、猫主题艺术展厅、猫主题咖啡厅以及天猫衍生品旗舰店。在这个环节，天猫小镇对外发出了邀请，招募和众筹全球爱猫人士的猫咪照片，也可将照片做成雕塑陈列在此。他们还在官网展开招募 1111 位众筹用户，可以带上自己的猫咪成为 VIP 体验者。对于爱猫人士，既能让自己的猫秀出世界，又能借机和别的猫一起玩，好好放松体验。还为一些爱猫的设计师提供猫主题画展。

● 小镇猫舍

小镇猫舍与猫公馆相连，打造理念是猫的理想乐园或流浪动物关怀中心。内部有猫的游乐空间、睡眠空间、投食及厕所空间，是全方位猫生活乐园，所有空间都是站在猫的角度设计，便于它们自由活动，让人看了也会想变成猫咪。猫舍里还提供智能猫厕所 catgenie、智能饮水机，以及玛氏集团、普瑞纳等顶级猫粮，消费者可以通过远程监控视频 + 激光逗宠的极光小佩 Petkit 与小猫进行远程互动，简直无时无刻不在透露出软性广告，诱导消费者"来买我的产品，买我的产品……"

无论是为流浪猫还是为"铲屎官"，天猫小镇还将持续吸引更多的爱猫人士奉献爱心，努力将自身打造成独具特色的美好生活场所和旅游胜地，从而迎来更好的发展，且让我们拭目以待！

投资篇

万亿市场
待掘金

一、投资新高地：十万亿元蓝海市场开启

特色小镇的建设，不仅为区域经济发展夯实基础，快速推进升级转型，而且可以带来有效投资增长、推进新型城镇化、加快城乡一体化等多项"溢出效应"，也使得特色小镇在多个地方的发展中扮演了越来越重要的角色。

从投资角度看，特色小镇可谓是"小空间大投资"，有利于加快集聚资源要素，谋划大项目、带动大投资、培育大产业，成为扩大有效投资和促进实体经济发展的"新引擎"。

特色小镇也是城镇化进程中出现的一大蓝海。"十三五"期间，全国特色小镇总投资有望达 10 万亿元。目前 32 个省市自治区，几乎都已经发布了特色小镇的相关政策。其中四川、云南分别用 5 年时间建设 200 个左右特色小镇，浙江、江苏、山东、湖南、广东、广西、河北、新疆、河南、陕西、贵州、海南均拟建 100 个特色小镇。我们统计"十三五"期间已有计划拟建特色小镇的个数累计约 2000 个，按每个镇 50 亿元投资乐观估算，"十三五"期间全国范围的特色小镇投资将高达 10 万亿元。

以浙江省为例，浙江省"十三五"期间特色小镇计划总投资 5500 亿元，形成 100 个省级特色小镇创建对象、100 个省级特色小镇培育对象队伍。到"十三五"期末，浙江的特色小镇将实现税收 1000 亿元。据浙江特色小镇官网统计，2016 年前三季度，浙江 130 个省级特色小镇创建和培育对象完成固定资产投资 1101.1 亿元。其中第一批平均每个小镇投资 10 亿元，第二批平均每个小镇投资 9.4 亿元。前三季度，130 个小镇特色产业投资 682.4 亿元，占全部投资的 62.0%，与一季度和上半年相比，占比分别提高 2.8 个和 0.5 个百分点，特色产业投资比重稳步提升。其中，第

一批创建对象特色产业投资 211.1 亿元, 占投资的 56.9%; 第二批创建对象特色产业投资 271.2 亿元, 占投资的 68.5%; 培育对象特色产业投资 200 亿元, 占投资的 59.8%。

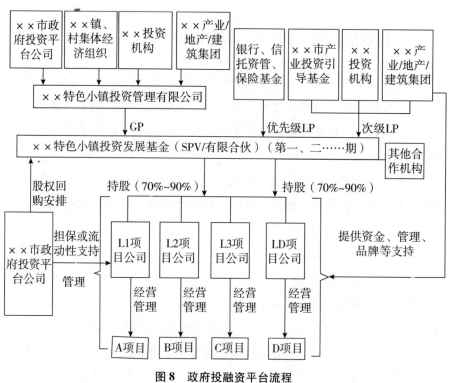

图8　政府投融资平台流程

二、特色小镇投融资的政策环境优渥

（一）鼓励多渠道对特色小镇的金融支持

国务院发布的《关于深入推进新型城镇化建设的若干意见》中提出强化金融支持。

专项建设基金要扩大支持新型城镇化建设的覆盖面, 安排专门资金支持城市基础设施和公共服务设施建设、特色小城镇功能提升等。

鼓励政策性银行创新信贷模式和产品，针对新型城镇化项目设计差别化融资模式与偿债机制。

鼓励商业银行开发面向新型城镇化的金融服务和产品。

鼓励公共基金、保险资金等参与具有稳定收益的城市基础设施项目建设和运营。

鼓励地方利用财政资金和社会资金设立城镇化发展基金，鼓励地方整合政府投资平台，设立城镇化投资平台。支持城市政府推行基础设施和租赁房资产证券化，提高城市基础设施项目直接融资比重。

（二）鼓励多渠道投融资创新

国家发展和改革委员会《关于加快美丽特色小（城）镇建设的指导意见》中提出创新特色小（城）镇建设投融资机制。

鼓励政府利用财政资金撬动社会资金，共同发起设立特色小镇建设基金。

鼓励国家开发银行、中国农业发展银行、中国农业银行和其他金融机构加大金融支持力度。

鼓励有条件的小城镇通过发行债券等多种方式拓宽融资渠道。

（三）政策性信贷资金支持范围

住房和城乡建设部、中国农业发展银行《关于推进政策性金融支持小城镇建设的通知》中，对政策性信贷资金支持的范围作了明确规定。

在促进小城镇公共服务完善和特色产业发展的背景下，政策性信贷资金主要支持小镇配套基础设施、小镇公共服务设施、产业支撑配套设施三方面的建设。

三、特色小镇的投融资渠道和作用

特色小镇的建设是社会多方资源对接、配合的综合表现。融资主要来自政府资金、政策性资金、社会资本、开发性金融、商业金融五种渠道。多个投资平台的参与，在缓解政府财政压力的同时，将为特色小镇发展提供强有力的资金支持，从而盘活小镇特色产业的发展。

（一）开发性金融发挥"特殊作用"

在特色小镇建设中，开发性金融主要承担长期融资的任务，针对瓶颈领域，提供大额长期资金，主要包括基础设施、基础产业、特色产业等领域的建设资金问题。

例如，为了深入贯彻党中央、国务院关于推进特色小镇建设的精神，发挥开发性金融对新型城镇化建设的独特作用，积极引导和扶持特色小城镇培育工作，中国开发性金融促进会等单位共同发起成立"中国特色小镇投资基金"。投资基金将采取母子基金的结构，母基金总规模为500亿元，未来带动的总投资规模预计将超过5000亿元，达到万亿级别，主要投资于养生养老、休闲旅游、文化体育、创客空间、特色农业等各类特色小镇。

中国特色小镇投资基金将聚集并整合地方政府、建设单位、财务投资人、产业投资者、金融机构等多方资源，推广、运用并探讨、创新政府和社会资本合作（PPP）模式，从特色小镇的发展规划入手，培育和建设市场信用体系，引导各类资金和资源投入小镇建设。

（二）政府资金发挥"杠杆作用"

政府资金在特色小镇的融资渠道中起着引导和牵头作用。例如，国家发展和改革委员会等有关部门对符合条件的特色小镇建设项目给予专项建设基金支持，中央财政对工作开展较好的特色小镇给予适当奖励。

（三）政策性资金发挥"推力作用"

政策性资金是指国家为促进特色小镇发展而提供的财政专项资金。例如，中国农业发展银行要将小城镇建设作为信贷支持的重点领域，以贫困地区小城镇建设作为优先支持对象，统筹调配信贷规模，保障融资需求。开辟办理贷款绿色通道，对相关项目优先受理、优先审批，在符合贷款条件的情况下，优先给予贷款支持，提供中长期、低成本的信贷资金。

（四）社会资本发挥"主体作用"

在特色小镇建设中，引入社会资本，不仅有利于缓解政府财政压力，提高特色小镇的建设效率，而且对民营企业来说可以获得直接或衍生利益。例如，浙江特色小镇建设推介会促进社会资本参与。其中2015年第三届世界浙商大会当天就有24个涉及特色小镇的项目和PPP项目现场签约，2015年年底杭州西湖区投资合作推介大会上签约的30个项目，很大一部分也是依托于特色小镇的项目。

（五）商业金融发挥"促进作用"

在特色小镇的建设中，往往通过PPP融资途径实现商业金融。作为投资主体的商业银行，既要成为PPP项目服务商，又要成为PPP融资的规范者和促进者。例如，浙江金华成泰农商银行支持特色小镇。2016年金华成泰农商银行与曹宅镇开展全面合作，并将其列为年度重点工作。金华成泰农商银行曹宅支行成为该特色小镇唯一合作银行，主要配合当地政府做好引进新企业、发展特色产业、整村征迁等相关工作，并根据特色小镇实际需求和项目建设进度，推出特色信贷融资产品和特色服务，打造配套特色小镇的特色支行。目前，该行对辖内规划或建设中的11个特色小镇，提供信贷服务支持基础设施建设，并对相关产业经营户、种养户、农业龙头企业等，以纯信用、家庭担保、商标质押等多种方式予以资金支持，已累计支持1034户，授信金额5770万元。

四、特色小镇投融资生态系统构成

特色小镇的建设是社会多方资源对接的综合体现。因此，三大主体的强强联合组织利益共同体，有利于发挥各方优势，风险共担、利益共享。而特色小镇建设的具体实施主体，可以通过公司、有限合伙基金等形式进行利益捆绑，再以共同成立的项目公司为主体进行特色小镇的策划、规划、建设、运营。

一般而言，特色小镇的建设涉及三方面主体的合作，即政府投融平台公司或小镇及村集体经济组织、专业投资机构和产业运营主体。

（一）政府和集体

首先，当地政府平台参与是特色小镇建设的保障。政府投融资平台需要作为特色小镇建设强有力的实施牵头主体，主要解决城市规划、基础设施建设、投融资管理等方面的整合引导性工作，政府作为牵头整合机构，为项目进行一定的信用背书，增强项目信用水平。在项目建设过程中，许多公共服务需要政府直接投入。对政府来说，通过特色小镇建设，政府可以增加税收来源，解决当地就业，拉动 GDP 增长，同时，随着特色小镇的开发运营，也可以提高本地地价，增加土地财政收入来源。在项目参与的过程中，政府可以以股权形式加入，通过平台公司，政府单独出资或与社会资本共同出资，以股权投资的方式参与特色小镇市场化建设。此外，政府还可设置引导基金，鼓励社会各类资本参与特色小镇项目。

其次，特色小镇的发展需要依托于当地的资源禀赋，而这些资源禀赋往往被当地政府、村集体所持有。因此，只有充分调动村镇集体的积极性，让村镇集体成为特色小镇建设的最大受益者，才能有效推动特色小镇的建设实施。

从各地出台的"十三五"规划和相关的特色小镇规划可以看出，不少地区都已出台了较大规模的特色小镇规划数量和投资金额。

以浙江省为例，全省共计公布了两批 79 个特色小镇省级创建对象，51 个省级特色小镇培育对象以及首批 37 个特色小镇，预计未来浙江省将创建 100 个特色小镇。例如，2016 年梅山海洋金融小镇固定资产投资额最高，达到 24.84 亿元，义乌丝路金融小镇等 12 个特色小镇的固定资产投资额也都在 15 亿元以上，成为经济新的增长极。

在目前浙江 79 家特色小镇创建名单中，旅游产业占比最高，达到 23%，项目平均投资不低于 10 亿元。2016 年度浙江省级特色小镇创建对象合格标准审定后，浙江省要求这些小镇的特色产业投资要达到 60% 以上。总投资方面：第一批省级特色小镇创建对象不少于 15 亿元，其中信息经济、旅游、金融、历史经典产业特色小镇不低于 10 亿元，26 个加快发展县特色小镇不低于 6 亿元；第二批省级特色小镇创建对象不少于 10 亿元，其中信息经济、旅游、金融、历史经典产业，以及 26 个加快发展县特色小镇不低于 6 亿元。

浙江省对特色小镇创建名单有着严格的标准要求，实施动态管理。对列入省级建设名单的特色小镇，实行季度通报情况、年度综合评估，财税、金融和土地等扶持政策进行考评绑定。2016 年奉化海滨小镇就因投资为零被降格。而杭州的玉皇山南基金小镇正在计划打造全国首个"金融+旅游"4A 小镇，其目标对准美国对冲基金天堂——格林尼治基金小镇。玉皇山南基金小镇于 2015 年 5 月 17 日正式揭牌，已累计入驻金融机构 1010 余家，资金管理规模达 5800 亿元，税收 10.1 亿余元，同比增长 200% 左右。

在金融支持方面，特色小镇也得到了较为全面的政策扶持。2015 年 10 月，中国人民银行杭州中心支行、浙江省特色小镇规划建设工作联席会议办公室联合下发《关于金融支持浙江省特色小镇建设的指导意见》，提出从六个方面共 16 条措施加强对浙江特色小镇建设的支持，支持贷款、发债、协同引入银行理财、基金、信托、融资租赁等进入特色小镇 PPP 项目，增强银行服务，实行投贷联动。

（二）资本

引入社会资本市场化运作是特色小镇建设的关键，特色小镇的建设需要产业、设施、城建等方面的大量资本长期持续投入。从各阶段来看，前期资本金、建设期贷款资金、运营管理中的资金投入、项目成熟运营后的证券化上市等都需要资本方牵头组织。因此，在项目启动初期，资本方可以以股权的形式介入项目，进行开发全过程的测算与控制，介入整个项目的策划、规划、建设、运营全过程，使得项目运营朝着有利于资本方认可的方向发展。

资本的介入最根本的使命是为产业提升服务，能不能真的把产业做起来才是要义。金融是一个推手，但新型金融本身跟传统金融有所区别。比如属于传统金融的银行，模式很成熟，就是你缺少资金，我提供给你，到期偿还本息即可。而基金属于股权投资，需要对所投企业的商业模式、潜在市场甚至长期回报进行分析，在风险与收益之间找到平衡点。

市场上成熟的基金很多，整个金融工具主要分为三类：第一类是传统金融工具，即债券基金，包括银行、PPP 等，以抵押物作为风险控制手段，不涉及产业运营；第二类是创投，无论是 VC 还是 PE，就是你来创业我来投资，更多看的是经验、眼光和运气；第三类是投创，即赛伯乐这种，投了之后再帮你进行二次创业，用资本作为抓手、推手或是工具，来帮助产业或被投企业做大、做强。

（三）运营主体

产业运营主体是特色小镇建设成功运作的核心。特色小镇的特色需要依托于产业运营主体的打造和提升，产业运营主体包括文化旅游集团、物流集团、教育科技集团、养老服务集团、商贸物流集团、房地产开发集团、建筑施工集团等。产业运营主体需要具有丰富的经验积累和强大的市场号召力。特色小镇的建设产业需要落实在休闲旅游、商贸物流、现代制造、教育科技、传统文化、美丽宜居等方面，小镇资源的发掘和创新需要有庞大的产业团队。因此，产业运营主体对于专业化的产业培育至关重要。特色小镇建设中必须充分发挥产业运营集团的力量，让其成为小镇建设的直接获益者。

　　特色小镇的开发建设中，目前主要还是由地产企业占主导。房地产开发企业进行一级和二级开发过程中，通过土地一级开发直接获利，享受增值效益，另外通过二级房产开发、三级项目开发实现经营收益等。二级房产开发包括住宅、商铺、客栈公寓、休闲度假地产、养老地产等。三级项目开发则包括泛旅游产业链及特色产业链的完善及开发。

　　目前来看，房地产开发商以产业地产开发的方式，纷纷提出了特色小镇计划。目前主要形成了以碧桂园、时代地产为代表的科技型服务小镇，以绿城、蓝城为代表的农业小镇，以华侨城为代表的文旅小镇，以华夏幸福为代表的产业小镇。从"产城融合"进化角度看，经历了三个代表阶段：第一阶段的代表是蛇口工业区模式，诞生于1980年，主要是单纯的产业聚集；第二阶段的代表是科技园模式，比如深圳高新园，诞生于1990年，但目前由于运营成本上升导致入驻成本很高；第三阶段的代表是城市产业综合体，产业平台体量不大。目前特色小镇经历的是第四阶段，鼓励高新技术企业再次集聚。

　　产业升级与转移是地产商进军产业地产的直接推动力。发达国家产业地产进入成熟发展期，而目前国内正处于工业地产向产业地产的转型期。与商业地产和住宅强调的区位不同，产业地产更加强调区域选择和产业定位，一方面，我国东部沿海产业升级后将原有产业转移至中西部和大城市周边小城镇，激发不同类型产业地产需求；另一方面，东部大城市周边城乡统筹发展、新型城镇化建设及城市消费升级，也直接推动了周边中小城市（镇）的产业发展需求。

　　从产业地产向特色小镇延伸相对容易，但在运营方面远比传统地产复杂。传统地产开发周期短，成交周期也短；而产业地产需要培育某一特色产业并等待发展成熟，这一周期一般都在5～10年，对专业化运营管理平台的要求也更高。此外，住房和城乡建设部对特色小镇的评价标准中，对特色产业的界定和农村劳动力的带动也有明确指标，要求特色小镇能够提升农村就业人口占本镇就业总人口比例和缩小城乡居民收入比。

案例：

碧桂园科技小镇

2016 年 8 月，碧桂园宣布将在 5 年内投资 1000 亿元，建设数个智慧生态科技小镇，投资与此前的"森林城市"规模相当。目前已完成 5 个科技小镇布局，分别是惠东稔山科技生态城项目、惠州潼湖创新小镇项目、惠州潼湖科学城项目、东莞黄江创业小镇项目、河北三河市科技小镇项目。前 4 个科技小镇都临近深圳，旨在承接深圳外溢的创新产业及购房需求，每个科技小镇占地约 2 平方千米，计划总投资超过 300 亿元。今年预计开工建设 3 个，此外碧桂园今年还将新增 15 个科技小镇项目。

碧桂园科技小镇重点选取一、二线城市的周边土地和项目，一般选址一线城市周边和强二线城市的 30~80 千米重要区域，最好不超过 60 千米，占地 2~5 平方千米，拥有垂直绿化、立体分层交通的城市面貌，产业上能满足科技创新人才的产学研需求，而房价只有一线城市的 1/3。其科技小镇涵盖总部经济、金融、生物健康、医药等多个高新产业，碧桂园自身拟设立规模 20 亿元的基金对园区内企业提供资金支持，每个小镇预计年产值为 450 亿元，年税收 40 亿元，就业人口超过 8 万。

与碧桂园类似，2016 年 12 月，时代地产集团也正式宣布启动"时代未来小镇战略"，宣布在未来 5 年内将从珠三角起步，投资 30 个"未来小镇"项目，总投资金额约 9000 亿元，契合了公司进入 4.0 价值城市的发展理念，目前已签约佛山南海全齐创客小镇、广州白云空港小镇两个项目。创客小镇项目已于 2016 年启动，预计 6~8 年完成开发建设。未来小镇的物业开发，一种是根据产业需求规划建设，以自持经营为主；另一种则是为进驻园区的大型企业提供定制化服务，这部分物业可整体转让。

绿城农业小镇

绿城的农业小镇分别距离上海、杭州、北京等城市 30～50 千米，承接一、二线城市经济产业外溢全额、中产阶层人群居住外溢，以及城市化进程中农村人口城镇化。未来 5～10 年，绿城将打造 5～10 个"农业小镇"。以农业或文化等产业作为主导，深度整合教育、医疗、养老、园区服务等跨界资源，在城市近郊形成一个完整的城镇化解决方案。

目前一个小镇规划面积 5 平方千米，其中约 3 平方千米是农业，1 平方千米开发建设，形成 3 万人的小镇，城市与农村人口各占一半，35～55 岁的城市白领和中产阶级占居住人口的 60% 左右。农业小镇依靠小镇房地产开发建设部分获得的收益，带动周边的农业改造，建成大型农业基地，并带动周边的农民转化为现代农业工人。

同时，2016 年蓝城集团也提出了"十年、百镇、万亿"计划，计划在未来十年打造一百个小镇，实现万亿元的销售。目前已签约和在运行的项目包括杭州桃李春风、杭州莫干山观云、成都多利农庄、嵊州越剧小镇、嘉兴春风江南、启东崇明岛项目等。

华侨城文旅小镇

2016 年 11 月，华侨城提出发挥文化旅游产业的传统优势，通过"文化＋旅游＋城镇化"模式实施"100 个美丽乡村"计划，以 PPP 模式在全国打造 100 座特色小镇。目前公司城镇化项目已在广东、四川、云南、海南、山西、河北等地快速落地，创建了众多唯一，包括博物馆小镇四川安仁、南方丝绸之路的起点四川天回、最美"水"主题古镇四川黄龙溪、中国文创第一镇深圳甘坑、民族英雄文天祥后人聚居地深圳凤凰古镇、明清南中国海防军事要塞深圳大鹏所城、深圳生态后花园光明小镇等。以四川为例，公司已与成都金牛区、大邑县、双流区三地政府以及成都文旅集团签署合作协议，拟投资 1200 亿元打造天回、安仁、黄龙溪三大旅游名镇。三个项目占地面积分别为10平方千米、15平方千米以及16.68平方千米，比一般的特色小镇项目要大。

华夏幸福产业小镇

华夏幸福一直重点专注京津冀周边产业园区开发，目前仅该地区已有10个产业新城。自2002年进入固安工业园以来，在"产城融合"及京津冀一体化的推进下分享发展红利。其主导开发的"河北省廊坊市固安县固安高新区综合开发PPP项目"及"南京市溧水区产业新城项目"均入选PPP模式样本库示范项目，对PPP模式的运用比一般的地产商更加纯熟。未来三年计划在环北京区域、沿长江经济带以及珠三角区域等大城市、核心城市的内部以及周边布局百座特色小镇。

目前河北省公布了首批特色小镇创建和培育类特色小镇名单，其中包括由华夏幸福开发的5个产业小镇，包括永清县幸福创新小镇、霸州市足球运动小镇、香河县机器人小镇、任丘市白洋淀水乡风情小镇和任丘市中医文化小镇。2016年9月，华夏幸福宣布与南京市溧水区经济开发区管委会签署合作备忘录，也将为其定制特色小镇建设方案。

华夏幸福一直紧抓新型城镇化和产业转型升级两大主线，占据了"京津冀+PPP+ABS"的独特优势，2016年产业发展服务收入110亿元，同比增长73%；园区结算收入178亿元，其中园区业务实现利润占公司利润的66%。

除此之外，绿地集团也已明确2017年将"特色小镇"模式纳入企业发展战略，大力发展以智慧健康城、文化旅游为主题的特色小镇。万科集团虽无明确的特色小镇计划，但在小城镇建设中也积极布局，目前已打造杭州良渚文化村，签约了海福传媒小镇等多个小镇项目。万达集团也积极通过打造长白山滑雪场、贵州丹寨等旅游小镇实现集团转型。

另外，在二级开发中引入土建施工、园林装饰等传统企业链条，建筑工程企业也分享特色小镇的发展红利。本质上来看，这与传统的房地产开发并无不同，建筑企业简单参与设计、施工、运营分包仍然面临盈利不强的难题，仅仅是增加了产业地产这一新增需求。

但在 PPP 模式下，建筑工程企业可以单独投标特色小镇项目，由于国家定义的特色小镇项目往往比地产开发商在实施的小镇要小，投资金额一般每年在 10 亿元左右，为建筑工程企业参与产业链上游开发和下游运营提供了机遇。

因此，特色小镇的产业运营的主体即房地产商和建筑工程企业通过 PPP 模式积极参与。

案例：

棕榈股份：特色小镇龙头，业务布局领先行业

棕榈生态城镇发展股份有限公司（002431. SZ）始创于 1984 年，2010 年在深交所中小板上市。公司积极战略转型生态城镇建设，在原有地产园林和生态环境业务基础上，积极展开对生态城镇模式探索和践行，目前已构建了"生态环境"与"生态城镇"双引擎业务平台，助力中国新型城镇化与生态文明建设。

从景观园林到生态城镇，从生态城镇到"生态城镇+"不断进取的全产业链小镇服务商，公司自 2013 年签约浔龙河项目便开始探索生态城镇建设，通过抓住消费升级和生态建设的契机，战略转型为"生态城镇建设综合服务商"。随后公司通过收购贝尔高林 80% 的股权以及成立棕榈生态城镇研究院布局生态城镇前端规划设计，收购新中源 45% 股权及成立棕榈园林工程公司夯实工程施工能力，通过投资 VR、足球、教育等新兴产业增强内容端运营能力。目前公司已在早期的时光贵州、云漫湖等生态城镇试验项目上取得了成功，并通过 PPP 模式实现了加速推广。

公司传统主业以生态景观营造为核心，延伸至生态成长建设具备全产业链优势，"建设＋内容＋运营"一体化。公司经过30多年的经验与技术积累，已经发展成为业务规模最大、市场布局最广的园林全产业链公司。随着管理改革带来的生产力与管理效能的释放，以及行业竞争格局的变化带来行业整合的市场机遇，传统业务将在质与量两个方面得到提升。在此基础之上夯实生态城镇建设端能力，转化为生态城镇业务拓展在生态景观营造方面的竞争力，服务于生态城镇转型战略。公司在过去30年主要提供生态环境业务服务，也就是针对前半阶段即"三驾马车"中的生态城镇建设端的核心能力，当前建设的生态城镇由"三驾马车"驱动，包含生态城镇建设、生态城镇运营和生态城镇内容三个方面。

● 建设端（PPP模式提升盈利水平和改善现金流）

建设端定位为生态城镇建设，主要采用PPP模式进行。受益于国家政策与"十三五"规划指引，以生态文明和新型城镇化为核心的生态城镇业务处于蓬勃发展时期，具有相当旺盛的市场需求。公司已签约浔龙河生态艺术小镇、时光贵州、云漫湖等PPP项目。

● 运营端（咨询顾问模式）

依托生态城镇研究院大力开拓面向政府的生态城镇顾问咨询服务，大力推动棕榈生态城镇模式输出产业化，以自身日趋成熟的生态城镇运营模式为基础，大力推进市场化的生态城镇运营管理业务，从顶层抢占优质客户资源。以上海金山、湖南醴陵、海南海口、湖州长田漾项目为基础，全面拓展生态城镇业务；在生态城镇领域，浔龙河、云漫湖项目试点成果显著，并固化为商业模式实现对外输出。

● 内容端（资源整合平台）

公司将消费需求与自身发展战略进行匹配，通过自筹资金，拟对产业并购基金出资8亿元，投资方向将以公司生态城镇发展战略落地及与之相关的产业为主，如大文旅、大体育、大教育及大健康等产业。这也是生态城镇版的"供给侧改革"，与生态城镇自身固有属性密不可分。公司主要是以孵化培育或投资并购的形式来展开产业布局。公司推进的内容战略部署是，在以 VR 为代表的娱乐领域，2016 年 2 月与和君资本成立产业基金，3 月投资 VR 娱乐平台企业——乐客 VR，再到 5 月双方成立 VR 主题公园的乐客奥义。在旅游领域，公司拟通过并购基金收购三亚呀诺达项目，同时也拟参与嘉达早教的定向股票增发，并出资参股收购西布朗球队，内容端布局已经全面开展实施。

浔龙河项目概览

湖南长沙浔龙河项目全称长沙县浔龙河生态艺术小镇，是新型城镇化建设的创新型样本之一，也是公司试点生态城镇/特色小镇的项目之一。该项目由湖南棕榈浔龙河生态农业开发有限公司负责，该公司成立于 2009 年，目前注册资本 2 亿元，广东盛城投资（棕榈股份全资子公司）、湖南浔龙河投资控股、成都仟坤投资分别持有 40%、40% 和 20% 股权。

● 项目区位便捷

项目所处地交通十分便捷，长沙县主干道黄兴大道北延线（东八线）贯穿整个项目，黄兴大道从长沙高铁站起先后与劳动路、人民路、机场高速、长永高速交汇，形成与长沙市的无缝对接，车程至长沙县 10 分钟，至市区 25 分钟，至黄花国际机场 25 分钟，至长沙高铁站 30 分钟。

● 项目资源丰富

自然资源：三条河环绕，水质无污染，具有丰富的青山绿水生态资源。

人文资源：田汉故乡，具有很好的人文底蕴。

政策优势：国家新型城镇化建设——"美丽乡村"建设试点项目，湖南省试点第一村。

资本优势：16 个亿一期专项定增，6 个亿首期银行授信，100 个亿的 PPP 战略授信。

区位优势：毗邻长沙市县，长沙市总人口近 800 万人，其中 100 万是可接受基础教育人口。2015 年，长沙县位列全国县域经济百强县第 8，中西部第 1。

● 项目规划

项目总体定位为"城镇化的乡村、乡村式的城镇"。产业规划包括"两带、四心、五轴"：其中两大景观带包括小镇封面景观带，浔龙河大道景观带；四大布局核心包括生态艺术小镇中心，浔龙岛独家酒店集中区，颐养休闲集中区，艺术职教中心配套区；五大产业轴线包括水墨潇湘（潇湘文化水墨商街），Star Park（生态亲子公园集群），原筑湘涧本草龙丘（绿色建筑示范空间），农创工场（现代农业创业园区），百艺山源（职教文创艺术基地）。

● 商业模式

该项目通过大规划（产业规划及公共配套）、大招商（五大产品体系）、大物业（智慧社区）、大众筹（自住地产、商业地产、经营地产）四类平台内容，构建浔龙河商业平台体系。当地村民通过提供乡村资源，实现经济收入和生活品质双提升；企业通过投入资本，获取投资收益；政府通过提供公共配套和社会保障，获取税收、民生、区域经济发展。

● 资金融投

民生投资方面：居民拆迁安置以及集体企业发展等方面资金需求在 8 亿元左右。这部分资金需求的解决方法是通过土地增减挂钩试点融资，即将牧云县划入市区的 221 亩土地的收益全部返还给双河村委会，并且给村里专门划拨 300 亩建设用地，居民安置的基础设施建设由政府投资。

公共工程方面：水务、燃气、公交、幼儿园、农贸等共需投入 20 亿元左右。这部分实施主体是政府，资金来源包括公共服务均等化财政投入、涉农项目资金整合投入以及 250 亩国有土地转让取得的全部收益。但这部分融资存在资金节点不匹配的问题，因此会采用 PPP 模式，该项目已经入选财政部 PPP 试点项目。

产业投资方面：将公司打造成为一个大招商平台，负责招商、策划、运营，居民出让土地和提供劳务，政府给予政策支持并获取税收。

盈利方式大致有三种：第一种是收入分成，项目公司制定众创空间的标准，为入驻众创空间的创业公司提供相关服务并抽取其收入的20%~30%；第二种是股权合作，对于好的项目，公司可以参资入股，但股权比例不超过30%，要选择那些有绝对竞争力的项目，进而获得投资收益；第三种是债权合作，对于公司认可但又缺乏资金的项目，公司可以出借资金给创业者，从而获得利息收入。

PPP 加速生态小镇推广落地

棕榈股份有限公司最先创立的生态城镇模式，获得了市场的一致好评。公司全面贯彻落实"两手抓"和"3+1"两大战略，一方面，通过"生产管理改革+员工创业"完成传统业务从生产管理到平台管理的转变，同时带动整个公司组织架构与管理方式的变革，从以区域为中心业务管理到以事业部为利润中心的战略管控，为全面转型搭建管理基础；另一方面，通过资本并购与战略合作形式，与贝尔高林、中城智慧、新中源等共同合作强化与夯实棕榈"3+1"技术支撑体系，为生态城镇业务落地搭建系统技术集成平台。

公司已公告中标 PPP 订单（含 EPC）165.78 亿元，传统房地产订单 20 多亿元，是公司 2016 年收入的 4.24 倍；对外公告的 13 个框架协议金额合计达 453.5 亿元，是 2016 年收入的 11.61 倍。其中 PPP 订单增速明显，尤其是 2016 年第四季度以后，地方政府换届后相关项目推进进度加快。公司近 500 亿元框架协议中包括生态城镇项目和传统环境整治项目，预计在特色小镇建设热潮下，公司订单也将继续快速增长，相关框架项目加快落地，预计上述合同和订单将在未来几年内逐步落地。

铁汉生态："园林＋环保＋旅游"先行者

铁汉生态环境股份有限公司是"园林＋环保"行业先行者，在园林绿化工程和生态修复领域具有领先地位。受益于 PPP 模式的落地和水治理投资的拉动，公司新签合同快速增长，2017 年以来，公司已公告新签合同 43.5 亿元。2016 年同期，公司公告新签合同为 17.98 亿元，可比时间段内，公司 2017 年年新签合同金额增速高达 142%。

美尚生态：绑定华夏幸福先发制人

美尚生态景观股份有限公司由景观工程向生态景观、地产园林综合发展。公司主营业务为生态景观建设，目前主要从事生态景观工程施工，包括生态修复与重构和园林景观两大类别，前者主要包括湿地生态修复与保护、城市湿地公园、水源污染生态拦截与治理、两岸园林生态景观工程等，后者主要为道路绿化、广场景观、地产景观等。公司 2016 年全年实现营收 10.55 亿元，YoY＋81.77%，实现归属上市公司股东净利润 2.09 亿元，YoY＋89.30%。

公司 2016 年公告新签合同额 24.24 亿元，2017 年又新签 17.57 亿元 PPP 框架协议。2017 年 1 月金点园林与华夏幸福签订战略合作框架，未来一年合作金额不超过 16.31 亿元，充足的在手订单将为公司持续高增长奠定坚实基础。公司 2016 年收购的绿之源和金点园林丰富了公司原有业务格局，分别提升了公司技术储备和施工能力。

2016 年，公司在 PPP 商业模式上创新突破，研发了 PPP2.0 新模式，引入产业合作方，与公司主营业务有机结合，实现收入结构多元化，打造更多精品 PPP2.0 标杆项目，形成"增量"收入。公司承接了无锡市首个 PPP 项目——无锡古庄生态农业科技园 PPP 项目。

中设集团：设计端发力特色小镇

中设集团具有高等级与多专业资质，综合服务能力优势突出。公司已拥有工程设计行业最高等级资质——工程设计综合甲级资质，可在全部 21 个行业及 8 个专项中承接业务，不受行业限制，也不受规模限制。由于拥有等级高、覆盖面宽的多项资格与资质，公司具备较高的"综合式一体化"工程咨询综合服务能力。同时，岩土、景观、环境、地下空间等辅助专业的实力不断提升，保证公司公路、水运工程咨询业务"一站式"服务能力不断得到加强。2016 年全年实现营收 19.91 亿元，YoY +42.51%，归母净利润 2.1 亿元，YoY +30.95%，公司上市后品牌影响力迅速提升，省外开拓获得较快发展（省外收入占比增至 42%），公司未来将继续通过内生和外延两个"双引擎驱动"拓展专业和业务。

文科园林："园林 + 文旅"新秀

文科园林股份有限公司由地产园林切入"市政 + 旅游"，业绩持续高增长。公司是一家以地产园林为主要经营领域的综合性园林企业，2016 年地产园林收入预计占比 60%，对恒大地产销售额占总销售额的 33%。2015 年 6 月上市后借助 PPP 机遇向市政园林和文旅领域拓展趋势显著。公司 2016 年实现营收 15.17 亿元，YoY +45.05%；实现归母净利润 1.40 亿元，YoY +44%。

在主业优势不断发展巩固的同时，公司通过设立产业基金和投资入股等形式，积极布局了生态治理修复、文旅运营等与主业协同效应显著的领域。截至 2017 年 3 月 15 日，公司 2016 年以来公告累计新签 PPP/EPC 重大合同 10 单，合计金额 27.49 亿元，是 2016 年收入的 1.81 倍；累计新签框架协议 8 个，合计金额 215.10 亿元，其中新民市框架协议服务内容推进速度较慢，遵义市部分项目已落地实施。

公司新签 PPP/EPC 订单呈现加速且单体合同趋于上升，生态治理、园旅一体化等新型业务订单占比已超过传统地产园林，参考相同业态企业毛利率约 30%。

五、特色小镇的投融资模式

特色小镇其实是一种投资量巨大、时间长且短时间不易见效的大型投资品。因此在特色小镇的定位策划明确后，需对特色小镇项目进行详尽的投资测算，以最终确定该项目的投资运营模式。投资运营模式确定后，如何解决特色小镇的金融运作路径，即考虑资金的进入及退出路径就成了特色小镇运作最核心的事项。

应该说，特色小镇资金进入的媒介，包括种子资金进入和配套项目资金进入。就目前各种融资媒介而言，私募基金是较好的种子资金进入媒介。种子资金进入完成后，相对而言，配套项目资金可通过多种融资模式解决。资金进入后如何完成退出，是交易模式中需要考虑的最后重要一环，对于政府购买服务项目，可以直接实现退出；对于有持续现金流产生的项目，除了传统的项目公司上市外，资产证券化是一种重要的退出模式。当然，还有其他融资媒介在本章中也会讨论。

此外，项目融资属于资产负债表外融资，出于风险隔离及可操作性考虑，特色小镇投融资应以项目为主体，以未来收益和项目资产作为偿还贷款的资金来源和安全保障，融资安排和融资成本直接由项目未来现金流和资产价值决定。该融资方式具有有限追索或无追索、融资风险分散、融资比例大及资产负债表外融资的特点，但担保较为复杂，融资成本相对较高。

通过设立 SPV（特殊目的公司），根据双方达成的权利义务关系确定风险分配，进行可行性研究、技术设计等前期工作，以及项目在整个生命周期内的建设及运营，相互协调，对项目的整个周期负责。由 SPV 根据特色小镇项目的预期收益、资产以及相应担保扶持来安排融资。融资规模、成本以及融资结构的设计都与特色小镇项目的未来收益和资产价值直接相关。根据融资主体、项目母公司或实际控制人、项目现状、增信措施、风控措施、财务状况、资产情况、拥有资质等情况，综合判断特色小镇开发的资金融入通道，测算融资成本。可用的融资方式包括政策性（商业性）银行（银团）贷款、债券计划、信托计划、融资租赁、证券资管、基金（专项、产业基金等）管理、PPP融资等。

（一）发债

根据现行债券规则，满足发行条件的项目公司可以在银行间交易市场发行永（可）续票据、中期票据、短期融资债券等债券融资，可以在交易商协会注册后发行项目收益票据，也可以经国家发展和改革委员会核准发行企业债和项目收益债，还可以在证券交易所公开或非公开发行公司债。

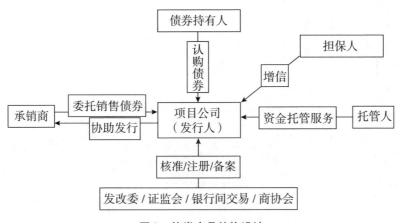

图9 债券产品结构设计

（二）融资租赁

融资租赁（Financial Leasing）又称设备租赁、现代租赁，是指实质上转移与资产所有权有关的全部或绝大部分风险和报酬的租赁。融资租赁集金融、贸易、服务于一体，具有独特的金融功能，是国际上仅次于银行信贷的第二大融资方式。

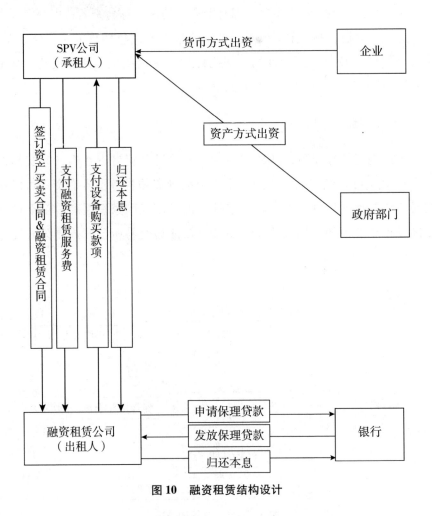

图 10　融资租赁结构设计

2015 年 8 月 26 日的国务院常务会议指出，加快发展融资租赁和金融租赁是深化金融改革的重要举措，有利于缓解融资难融资贵的问题，拉动企业设备投资，带动产业升级。融资租赁以其兼具融资与融物的特点，出现问题时租赁公司可以回收、处理租赁物，因而在办理融资时对企业资信和担保要求不高。融资租赁属于表外融资，不体现在企业财务报表的负债项目中，故不影响企业的资信状况。

融资租赁的三种主要方式：一是直接融资租赁，可以大幅度缓解建设期的资金压力；二是设备融资租赁，可以解决购置高成本大型设备的融资难题；三是售后回租，即购买"有可预见的稳定收益的设施资产"并回租，这样可以盘活存量资产，改善企业财务状况。

（三）基金

1. 特色小镇基金的设立模式

（1）产业投资基金

国务院在《关于清理规范税收等优惠政策的通知》（国发〔2014〕62号）中指出："深化财税体制改革，创新财政支持方式，更多利用股权投资、产业基金等形式，提高财政资金使用绩效。"

产业投资基金相比于私募股权投资基金，具有以下特点：产业投资基金具有产业政策导向性；产业投资基金更多的是政府财政、金融资本和实业资本参与；存在资金规模差异。

（2）政府引导基金

政府引导基金是指由政府财政部门出资并吸引金融资本、产业资本等社会资本联合出资设立，按照市场化方式运作，带有扶持特定阶段、行业、区域目标的引导性投资基金。政府引导基金具有以下特点。一是非营利性。政策性基金，"在承担有限损失的前提下"让利于民。二是引导性。充分发挥引导基金放大和导向作用，引导实体投资。三是市场化运作。有偿运营及非补贴、贴息等无偿方式，充分发挥管理团队独立决策作用。四是一般不直接投资项目企业，作为母基金主要投资于子基金。

政府引导基金参与特色小镇，可代表政府在项目中履行政府出资、参与决策、协调各方、产业引导等多种职责，实现六大作用。

一是代表政府履行出资义务，为项目主体融资提供政府信用，有效带动社会资本投资。

二是代表政府参与项目决策，对整个项目运作和发展授以政府意志，防止偏离政策目标。

三是代表政府协调各种关系，尤其是政府内部关系和审批流程，以便更好、更快、更流畅地推进项目。

四是代表政府投资产业，发挥财政资金的引导和带动作用，营造良好的产业发展环境。

五是代表政府与社会资本建立市场化的合作机制，监督和牵制社会资本，促进小镇建设合法合规。

六是对于某些社会公益性项目，以市场化的基金方式让利给资本，以便更有效地提升社会资本积极性。

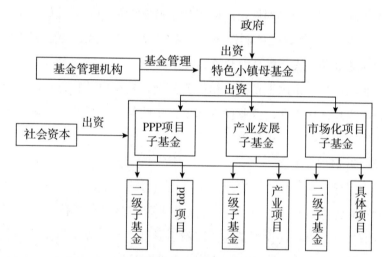

图11 "母基金——基础设施项目基金/产业基金/市场化基金—具体项目"
业务结构

很多人认为政府引导基金很神秘，但基金实际就是一种市场化的经济工具，而且是最接地气的项目实现工具。根据项目实际情况，不同的基金架构可以实现不一样的效果。为广泛整合财政资金、吸引社会资金，逐级放大规模，建议采用"优先劣后"的组合形式，采取"一级多层次"的结构安排。"一级"是指政府引导母基金，作为代表政府的最顶层；"多层次"是基金运作上，建立"母基金—基础设施项目基金/产业基金/市场化基金—具体项目"的业务结构（见图11）。

（3）城市发展基金

城市发展基金是指地方政府牵头发起设立的，募集资金主要用于城市建设的基金。其特点如下：牵头方为地方政府，通常由财政部门负责，并由当地最大的地方政府融资平台公司负责具体执行和提供增信；投资方向为地方基础设施建设项目，通常为公益性项目，例如市政建设、公共道路、公共卫生、保障性安居工程等；还款来源主要为财政性资金；投资方式主要为固定收益，通常由地方政府融资平台提供回购，同时可能考虑增加其他增信。

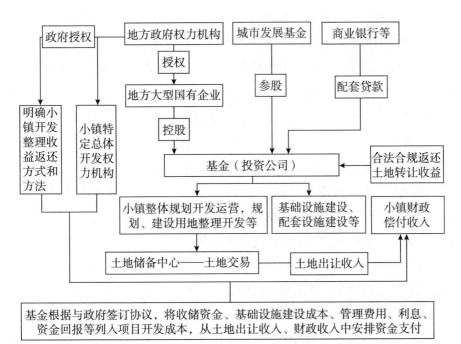

图12　城市发展基金运营结构

（4）PPP 基金

PPP 基金是指基于稳定现金流的结构化投融资模式。PPP 基金可分为PPP 引导基金和 PPP 项目基金，其中 PPP 项目基金又分为单一项目基金和产业基金等。

中国政府和社会资本合作（PPP）融资支持基金是国家层面的 PPP 融资

139

支持基金。2016 年 3 月 10 日，按照经国务院批准的中国政府和社会资本融资支持基金筹建方案，财政部联合建设银行、邮政储蓄银行、农业银行、中国银行、光大银行、交通银行、工商银行、中信银行、社会保障局、中国人寿 10 家机构，共同发起设立政企合作投资基金并召开中国政企合作投资基金股份有限公司创立大会暨第一次股东大会。

PPP 基金在股权、债权、夹层融资领域均有广泛应用：为政府方配资，为其他社会资本配资；单独作为社会资本方，为项目公司提供债权融资等。

特色小镇的建设能否吸引到民间资本的参与，其中的关键在于特色小镇项目的盈利空间和回报机制的设置，能否匹配社会资本的预期收报率。只有当特色小镇的投资收益大于社会资本的投资成本时，PPP 融资模式才能真正落地。事实上，PPP 融资模式下，社会资本参与特色小镇的建设还是有利可图的。首先，从特色小镇设立的目的方面来看，特色小镇不同于一般意义上的政府公益性项目，它是一个融合产业、文化、旅游、社区功能于一体的产业平台。因此，定位准确、运作科学、机制合理的特色小镇，它未来产生的价值完全可以满足社会资本的投资回报。其次，政府为了吸引社会资本参与特色小镇的建设，会从多方面落实相关政策，例如，会从土地、税收、银行信贷支持以及财政政策等方面。提供优惠条件，包括从多方面解决好社会资本的投资回报问题。

特色小镇 PPP 模式，是以特色小镇项目为合作载体，让实力较强的企业参与到项目建设中，从而实现政府建设特色小镇的目的；与此同时为社会资本带来一定的投资回报率。通过这种合作过程，在确保特色小镇建设效率和质量的前提下，适当满足社会资本的投资盈利要求。其特征主要表现为以下几点。

第一，采用 PPP 模式的特色小镇项目可以理解成一种特许经营项目，特色小镇的财产权归政府所有，政府只是将特色小镇项目的建设、经营和维护交给社会资本。

第二，特色小镇的 PPP 模式下，政府和社会资本之间属于长期合作，其最终的目的在于提高特色小镇的长期效益。由于特色小镇项目回报的长期性，其成功的关键在于项目的存续期内政府和社会资本如何能够保持稳定、良好的合作关系。

第三，PPP 模式的初衷是一种利益共享、风险共担的机制。所谓利益共享，是指政府和社会资本在共享特色小镇的社会成果之外，也可以使社会资本获得比较好的经济收益。但是这种投资收益绝对不是超额利润，否则从根本上难以做到利益共享。利益与风险的匹配性，在项目双方共享利益的同时，承担相应风险是必须具备的。

基于上文所述 PPP 模式可行性和必要性，结合 PPP 的自身特征，我们提出特色小镇建设 PPP 模式的交易架构，重点是社会资本就特色小镇项目应成立项目公司，由项目公司负责对项目进行融资，这其中包括融资金额和目标、融资结构、确定项目资金的结构，并签署相关协议。

（5）实业资本牵头，联合金融机构发起设立的基金

该类基金的牵头实业投资人一般均具有某领域的投资能力或者具有建设运营能力，对于具体投向的项目具有判断能力。

实业资本在与政府就具体项目达成框架协议或者整体投资运营协议后，联合相关金融机构发起设立基金。该类基金的基金管理人 GP（普通合伙人，General Partner）一般由实业资本发起设立，或者由实业资本指定的基金管理公司作为通道；基金架构一般设置为分层基金，金融机构指定机构（一般为信托计划或者资管计划）为优先级，实业资本或实业资本指定公司为劣后级，GP 会做不超过 1% 跟投（如基金管理人为通道公司，则比例会更低），劣后 LP（劣后合伙人，Limited Partner）和有限 LP（有限合伙人，Limited Partner）的杠杆比例一般为 1:4 或者 1:3。

基金对具体项目的投向一般为股权加债权的模式。相较于政府主导型基金，该类基金针对的具体项目会更具体。

2. 特色小镇基金的组织形式

本部分主要介绍私募基金的组织形式。私募基金的组织形式分为公司制、契约制、信托制和有限合伙制。契约制、信托制在实践中运用不多，

因此此处主要介绍公司制和有限合伙制。

（1）公司制

公司制基金系按照《公司法》《证券投资基金法》《私募投资基金监督管理暂行办法》及基金业协会的系列相关行业规定，进行设立、运作及管理。一般的模式如下：

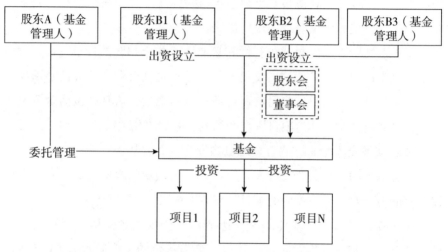

图13　公司制基金设立、运作及管理模式

公司制的特点在于：按照公司制设立，基金的很大一部分决策权掌握在股东会和董事会，而董事会和股东会由投资人掌控很大一部分席位。相对有限合伙制基金而言，投资人对基金有更多的掌控权，但也因投资人掌控权限较大而存在效率不高的问题，不过这些可以根据公司法对投资人的相关自治权利进行更高效率的约定。

另外，公司制基金相比有限合伙制，自身融资方式会更灵活，比如可以发行公司债等。

（2）有限合伙制

有限合伙制基金系按照《合伙企业法》《证券投资基金法》《私募投资基金监督管理暂行办法》及基金业协会的系列相关行业规定，进行设立、运作及管理。有限合伙型产业基金由普通合伙人（General Partner，

GP）和有限合伙人（Limited Partner，LP）组成。一般的模式如下：

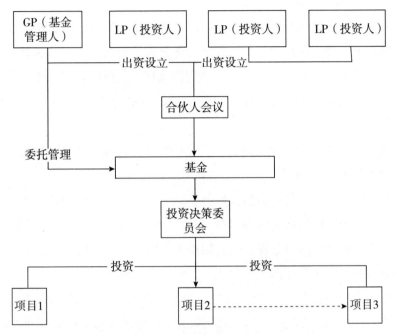

注：投资委员会设立在基金管理人层面，还是设立在基金层面，由 GP 和 LP 商定。
图14 有限合伙型产业基金设立、运作及管理模式

有限合伙制的特点在于：通常情况下，普通合伙人拥有较大权限，负责基金投资管理及运营，其跟投比例视基金情况而定，一般为 1% 左右；有限合伙人对基金的控制权相对较小，只保留一定的监督权。因此，有限合伙制基金具有决策高效性特点，因此也对普通合伙人的管理运营能力提出较高要求。

另外，有限合伙制基金的优点还在于其操作的灵活性强，其利润分配、认缴出资、入伙退伙均可按照有限合伙协议约定进行。同时，有限合伙制基金对投资人而言还有一个重大优点，即基金层面不用缴纳企业所得税。

因此，基于有限合伙制基金自身具有的上述优点，一般现在基金的设立模式多采用有限合伙制基金。

3. 特色小镇基金的运作路径

要考虑适合特色小镇基金的具体运作路径，首先要在特色小镇整体项目的基础上，按照单体项目是否有经营现金流进行划分，由基金针对经营性项目（包括准经营性项目）及非经营性项目，分别设立 SPV 平台公司及具体 SPV 项目公司进行运作。特色小镇基金的运作一般按照下述模式进行。

（1）特色小镇总体投资运营协议（PPP 模式或者部分 PPP 模式 + 部分政府购买服务）的签署

基金发起主体应与政府签署特色小镇的总体投资运营协议，在总体投资运营协议中明确该项目的 PPP 模式或者 PPP 模式 + 政府购买服务模式，并在协议中明确后续发起设立基金的相关事宜，以及以设立后的基金作为整体项目的投资运作主体。

应该说，总体投资运营协议对于特色小镇项目的实施具有重大基础性作用，应予以足够重视。具体而言，总体投资运营协议必不可少的内容包括：项目的投资范围、运营范围、特许经营权的授予、核心的交易模式、投资商及政府各自的责任和义务、项目的退出机制以及各自的违约责任。

通常情况下，基于特色小镇自身的特点，其经营性项目的经营利润很难全面覆盖投资成本，因此以下关于特色小镇的运作，以"PPP + 政府购买服务模式"进行阐述。

（2）发起设立特色小镇基金

首先，各方在综合确定特色小镇基金的组织形式后，由实体资本发起设立特色小镇基金，此基金的 LP 可包括实业资本、政府指定机构以及金融机构。

其次，从项目的长期运作及退出角度考虑，要分别设立两个平台公司，一个为经营性项目（包括准经营性项目）群的操作平台（以下简称经营性平台公司），另一个为政府购买服务项目群的操作平台（以下简称政府购买服务平台公司）。

最后，从各项操作的简便度、现行项目的法律及政策管理机制、单体项目的融资等角度考虑，由经营性平台公司及政府购买服务平台公司，就每个单体项目设立单独的 SPV 公司，以 SPV 公司为单体项目的实际运作主体。需要指出的是，根据目前《公司法》规定，"一人有限责任公司，是指只有一个自然人股东或者一个法人股东的有限责任公司"。而有限合伙企业的主体性质属于其他组织，因此在设立具体的 SPV 公司时，应有其他股东的加入，而不能将基金方作为单一股东。

另外，基于 PPP 模式与政府购买服务模式各自遵循的法律及政策体系并不同，因此在两个平台公司设立完成后，应由两个平台公司分别与政府指定机构签署具体的 PPP 投资运营协议及政府采购服务协议，以细化两类项目的相关约定。

上述运作模式如图 15 所示。

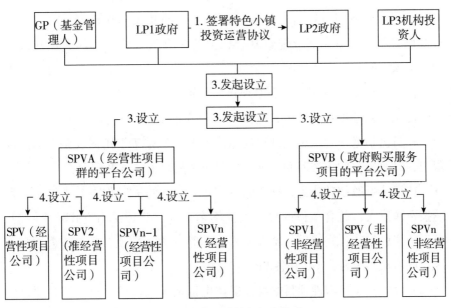

图15 特色小镇基金运作模式

（3）具体单体项目的融资

上述各单体项目的项目公司设立完成后，根据每类单体项目的不同，可以不同的融资模式进行融资，包括开发性金融贷款、传统银行贷款、发行公司债券、项目收益债券等，以各金融媒介的组合提供项目投资运营所需的资金。

4. 特色小镇基金的退出方式

根据项目的不同类型，特色小镇基金的退出方式也不同。

（1）关于政府购买服务项目的退出

相较于经营性项目的退出，政府购买服务项目的退出相对简单。按照实业资本与政府指定机构签署的投资运营协议，以及针对具体项目的政府购买服务协议等相关协议，由政府将政府购买服务的支出列入财政预算，并在该项目完成后按照上述协议约定，由政府指定机构向政府购买服务项目的平台公司支付单体项目的相关款项。政府购买服务项目的平台公司收到支付款项后，按照《公司法》的相关运作机制，以股东分红的形式将该部分利润分配给基金，再按照有限合伙协议约定把基金分配给 GP 和各 LP。

（2）关于经营性项目（PPP 项目）的退出

传统经营性项目的退出，包括项目公司上市、股权转让等。

项目公司上市是基金最理想的退出方式，但基于上市需要条件的严格限定，以及较长的审查时间，项目公司短时间内上市难度较大。

项目公司股权转让也是基金的一种重要退出方式，但是基于该类项目的投资额巨大，符合条件的投资人并不多，因此此种退出方式较受限制。项目公司股权转让完成后，基金取得相应股权转让款项，再由基金按照有限合伙协议约定分配 GP 和各 LP。

另外，基于经营性项目本身可以产生稳定现金流的特点，符合项目资产证券化的重要因素，并且相对于上述两种项目退出方式，此种方式的适用性更强。

（四）资产证券化

资产证券化是指以特定基础资产或资产组合所产生的现金流为偿付支持，通过结构化方式进行信用增级，在此基础上发行资产支持证券（ABS）的业务活动。

ABS 起源于美国，距今已经有 40 多年的历史。中国的资产证券化还只是刚刚起步，虽然最早出现于 2002 年，但真正受到政府支持是 2005 年，后来随着美国次贷危机的爆发而停滞。当前中国正处于金融改革的创新时期，未来资产证券化将快速发展。

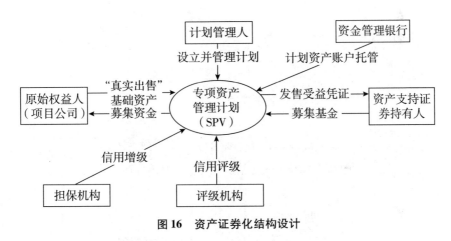

图 16 资产证券化结构设计

但基于我国现行法律框架，资产证券化存在资产权属问题，理由如下。

特色小镇建设涉及大量的基础设施、公用事业建设等，"基础资产"权属不清晰，在资产证券化过程中存在法律障碍。

《物权法》第 52 条第 2 款规定："铁路、公路、电力设施、电信设施和油气管道等基础设施，依照法律规定为国家所有的，属于国家所有"。

特许经营权具有行政权力属性，《行政许可法》规定行政许可不得转让原则。司法实践中，特许经营权的收益权可以质押，并可作为应收账款进行出质登记。

《证券公司资产证券化业务管理规定》第9条规定："基础资产转让应当办理批准、登记手续的，应当依法办理"。但缺乏"真实出售"标准，司法也无判例参考。

发起人、专项计划管理人之间无法构成信托关系，不受《信托法》保护。

（五）收益信托

收益信托类似于股票的融资模式，由信托公司接受委托人的委托，向社会发行信托计划、募集信托资金，统一投资于特定的项目，以项目的运营收益、政府补贴、收费等形成委托人收益（见图17）。

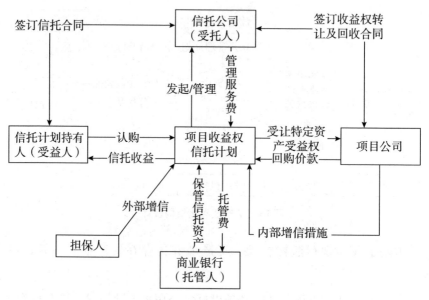

图17 收益信托结构设计

（六）PPP 融资模式

PPP 模式从缓解地方政府债务角度出发，具有强融资属性。在特色小镇的开发过程中，政府与选定的社会资本签署《PPP 合作协议》，按出资比例组建 SPV，并制定《公司章程》，政府指定实施机构授予 SPV 特许经营权，SPV 负责提供特色小镇建设运营一体化服务方案。特色小镇建成后，通过政府购买一体化服务的方式移交政府，社会资本退出（见图18）。

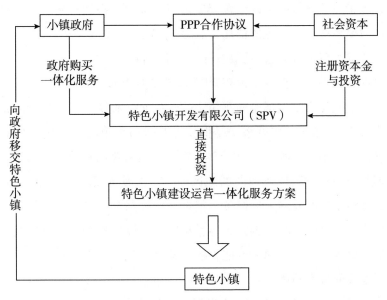

图 18　特色小镇开发的 PPP 模式

六、特色小镇融资的难题和应对策略

（一）四大融资难题成"拦路虎"

金融是特色小镇建设的重要支撑力量，因为资金是项目持续发展的血液。资金和金融支持工具的缺乏，将会制约特色小镇的创立和长远发展。与此同时，在特色小镇的建设中以政策主导的融资远远不能满足特色小镇建设需求，而且特色小镇建设面临融资困难。

目前，特色小镇在融资方面主要面临着四大难题。

1. 特色小镇建设需要大量的资金投入，资金到位情况窘迫

资金问题是制约城镇化也是制约特色小镇建设的瓶颈。特色小镇建设需要的融资时间长，规模大，项目融资中涉及基础设施项目融资，资金需求量动辄几亿元、十几亿元，资金占用时间由几年到十几年甚至几十年不等，大大增加了融资难度。据不完全估计，全国特色小镇建设的融资需求为万亿数量级。就目前来说，融资成果与需求相去甚远。旅游小镇是特色小镇的重要模式之一，主要依托于旅游基金运作。截至 2016 年，全国旅游基金总值仅为 1819 亿元，且很多资金尚未到位。

例如，嘉兴五个特色小镇在 2015 年 9 个月内累计投资 45.06 亿元，其中最高投资额是海宁皮革时尚小镇 13.56 亿元；而投资额度最低的是南湖基金小镇 3.52 亿元。进度最快是桐乡毛衫时尚小镇已完成 92.7%；进度最慢的是海盐小镇，刚完成 20.7%。特色小镇需要以基础设施的投入为前提，但是对一些财政比较薄弱的地区而言，大量的资金投入显然不现实。而且，特色小镇所需的土地拨备也很难一次性到位，对于项目的推进效率也将产生比较大的影响。因此，特色小镇在建设过程中，投融资模式及后续的运营管理方式都不同程度地影响了特色小镇的建设。而融资约束是特色小镇建设的最大障碍。

2. 政府融资杯水车薪，难以发挥"小马拉大车"的作用

过去土地收益一直是地方政府获得建设资金的重要来源。在逐步减少政府对土地财政依赖的当下，政府资金难以应付小镇建设需求，也难以发挥"小马拉大车"的作用。一方面，政府资金有限，项目建设很容易成为"半拉子工程"；另一方面，在政府债务高企的情况下，政府主导特色小镇建设心有余而力不足。特色小镇融资一方面加大了政府债务负担，另一方面为特色小镇的长远发展埋下了隐患。

3. 特色小镇项目评估困难，收益偏低，加大了社会资本介入难度

其一，特色小镇内产业融资需求多来自初创企业，面临收益不确定性且无资产可以抵押的困境，加之项目评价指标处于摸索阶段，增大了利用 ABS 等金融创新方式进行市场化融资运作的难度。其二，就特色小镇内基础建设项目而言，一方面收益率偏低，难以达到社会资本的收益底线；另一方面项目周期偏长，一般在 20 年左右，超过社会资本的承受极限，进一步加大了社会资本进入难度。

4. 法律机制不健全，专业人才缺乏阻碍融资机制畅通运行

以 PPP 融资模式支持特色小镇建设为例，政府和个人间权利义务划分清楚是融资顺利进行的前提。在当前国内的法律大环境下，可能存在强势政府夺取私人利益，社会资本怯于进入，或者寻租盛行，降低融资效率的情形，加之法律和金融等复合型人才缺乏，进一步增大了小镇融资的阻力。

（二）做好特色小镇投融资规划

特色小镇的开发是一个复杂的巨系统，需从系统工程的角度出发解决其投融资问题。

作为特色小镇开发的投资决策者，常面临如下问题：

问题 1：如何发掘特色产业？

问题 2：基础设施如何建设完善？

问题 3：土地、房地产开发时序如何安排？

问题 4：公共服务如何完善？

问题 5：如何进一步吸引开发资金？

问题 6：生态、人文环境如何传承？

问题 7：特色小镇如何运营？

……

1. 特色小镇投融资规划目标

（1）区域规划策略

划定特色小镇主要功能区的"红线"，把经济中心、城镇体系、产业聚集区、基础设施以及限制开发地区等落实到具体的地域空间。

（2）土地利用策略

对小镇土地利用存在的问题提出解决对策。优化土地配置和土地利用方式，实现以土地为依托的特色小镇环境系统、经济系统和社会系统可持续协调发展。

（3）产业发展规划

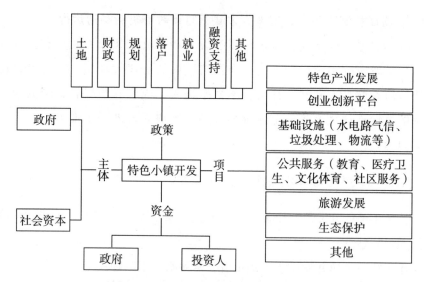

图19 特色小镇投融资规划的系统环境

夯实城镇产业基础，根据区域要素禀赋和比较优势，挖掘特色产业，做精、做强主导特色产业。鼓励与旅游业有机结合，按照不低于3A级景区的标准规划建设特色旅游景区。

（4）建设与开发时序

其工作内容包括：一、二级土地开发，配套公共基础设施建设、生态环境保护、人文古迹修复等的进程安排。

（5）投融资时序

设计与建设开发、产业经营资金需求时点相配的投融资时序，保证融资来源及时可靠。

（6）收益还款安排

通过小镇经营，回收投资，实现效益。产业发展与旅游经营都可成为经济增长点。其特点为赢利点分散，回收周期长。可创新金融手段，平衡现金流。

2. 特色小镇投融资规划方案步骤

根据特色小镇投融资特点，将其投融资规划分为以下步骤：

系统环境→问题界定→整体解决方案→细部解决方案→建立投融资规

划模型→模型修正→部署实施。

（1）系统环境

主要解决特色小镇处于何种系统环境下。对特色小镇的软、硬环境及约束条件进行分析，从各地实际出发，挖掘特色优势，确定小镇的特色产业。

（2）问题界定

主要发现有什么主要矛盾。发掘特色产业发展与小镇现有资源环境、规划要求、功能条件的主要矛盾。

（3）整体解决方案

主要明确整个系统的目标体系是什么。围绕主要矛盾对原有系统环境进行重新规划设计，包括区域规划、土地利用、产业发展、建设与开发时序、投融资时序、收益还款时序等。

（4）细部解决方案

即如何达成各子系统的发展目标。设计目标体系达成策略，细部解决方案即达成各个子系统目标的措施集合。

（5）建立投融资规划模型

即对细部解决方案如何搭接。对细部解决方案通过时序安排进行搭接，形成投融资规划模型。

（6）模型修正

即如何得到最终模型。进行定量检验，与政府部门、专家学者进行研讨优化。

（7）部署实施

即如何实现可达性。确定开发部署安排，提出建设运营建议。

3. 如何推进特色小镇的建设

（1）因地制宜选址选方向

这是首要问题，以明确特色小镇的地理、区划和特色发展方向。特色小镇不能一味跟风，要坚持突出特色，防止千镇一面和一哄而上。

"特"字是小镇错位发展、引客引流的重要突破口，但并不推崇地方政府盲目地搞"平地造城运动"。地方政府应在"特"字上做文章，结合地方优势、发展需求、资源禀赋、地方财力等因素选择发展方向，或深入到某些细分领域，利用当地资源和产业优势走新路子，如体育小镇中的冰雪小镇、骑士小镇等。总之，特色小镇一定是规划为先、特色为本、文化为魂、产业为根、企业为主、引人为要、民生为重、生态为基的大气开放、特色鲜明、绿色生态、年轻活力、配套齐全的生产生活单元，只有这样的特色小镇才能可持续发展。政府引导基金在这个环节主要发挥作用的就是这个"特"字，要使之成为方向，形成气候。

（2）全面细致选择合作伙伴

特色小镇是地方政府集中优势力量，全力培育的一片创新土壤，体制新、机制活、可变通元素多，这是社会资本愿意参与的重要原因。这也促使一些房地产开发商、财务投资人或大型企业集团纷纷转型特色小镇运营方，以致当前一些特色小镇沦为了房地产开发项目。特色小镇是融合公共配套、产业招引、社区服务、房地产开发、人才引进等为一体的综合性、系统性项目，核心关键在于产业发展和人才引入（文旅小镇重点在于人流导入），只有综合性的城市发展服务平台或具有超强带动示范效应的大型企业集团，才能真正承接起这一职能。由阿里巴巴主导的云栖小镇，采用的是"政府主导、名企引领"的模式。政府的强力推动和阿里巴巴强大的产业基础和带动效应，使云栖小镇在短期内脱颖而出。所以政府在选择合作伙伴时，要选择实力强劲的城市综合服务发展平台，全面考察社会资本的资金实力、产业实力和运营管理能力。

（3）建立和谐共赢的合作方式和利益分享机制

特色小镇有企业主体—政府服务；政企合作—联动服务；政府建设—市场招商等多种模式，可视小镇情况进行选择。专业的人做专业的事，凡是应该由政府提供的公建配套由政府提供，凡是应该由社会资本运营和服务的，由社会资本负责。总体而言，公建配套部分由政府买单，通过 PPP 或者政府购买服务的方式解决；准公共部分，由政府向社会资本采购服务，政府做主要买单人，或者政府向社会资本支付可行性缺口补助，社会资本作为运营方；市场化项目，全部由社会资本承担。政府让利土地收益，获利公共服务水平的提升、产业的发展以及人才的汇集；企业收益来源于小镇的房产开发收入和产业升值收入，提供产业发展、小镇运营、人才引进、物业服务等作为对价。为实现特色小镇的长期健康发展，关键在于设计出可持续的盈利机制和制衡机制：一是要允许企业获利；二是要求企业获利后投入；三是鼓励企业从运营中获取长期的、可持续的收益。如此一来，社会资本承担的不仅是房地产和商业开发，而是整个项目的运营和管理，是长期的、动态的和可持续的。政府引导基金在这个环节主要是以市场化的方式建立和谐共赢的机制，坚定企业参与小镇、扎根小镇和运营小镇的积极性。

实践篇

经典案例
来玩转

一、住建部版特色小镇的申报流程

（一）申报条件

特色小镇的申报条件为五年五"无" + 一"优先"。

五年五"无"，指的是五年应无重大安全生产事故、重大环境污染、重大生态破坏、重大群体性社会事件、历史文化遗存破坏现象。

一"优先"，指的是特色小镇原则上为建制镇（县城关镇除外），优先选择全国重点镇。

（二）申报流程

特色小镇应严格按照三级推荐程序进行申报。

1. 县级

主导部门：县级人民政府

专家评估＋实地考察，并填写专家意见。

要求：在省级组织相关支持下开展，并组织镇政府具体实施。

2. 省级

主导部门：省/（区、市）住房和城市建设厅村镇建设部门

严格控制数量，按时填报和提交资料。提交候选特色小镇的材料；完成住房和城乡建设部网站的线上信息填报。

3. 国家级

主导部门：国家住房和城市建设局村镇司

评估复核＋现场抽查，认定公布特色小镇名单。住房和城乡建设部村镇建设司将会同国家发展和改革委员会规划司、财政部农业司组织专家进

行五方面的逐项评估复核和现场抽查。

（三）申报材料

1. 小城镇基本信息表。各项信息要客观真实。

2. 小城镇建设工作情况报告及 PPT。报告要紧紧围绕《关于开展特色小镇培育工作的通知》中的 5 项培育要求编写。同时按编写提纲提供直观、可全面反映小城镇培育情况的 PPT。有条件的地方可提供不超过 15 分钟的视频材料。

3. 镇总体规划。符合特色小镇培育要求，能够有效指导小城镇建设的规划成果。

4. 相关政策支持文件。被推荐镇列为省、市、县支持对象的证明资料及县级以上支持政策文件。

二、特色小镇的认定标准

现在，全国各地的特色小镇建设掀起了一轮热潮，很多小镇已经跃跃欲试。那么如何才能入选中国特色小镇？特色小镇的评选标准是什么？标准是如何制定的？

（一）特色小镇认定标准特点

1. 以评"特色"为主，评"优秀"为辅

以往的小城镇系列评选以"评优秀"为主，例如全国重点镇标准制定的基本思路是依据其优秀水平设定不同的评分等级。而特色本身是一个多样化的名词，不同的镇有自身不同的特色，如何用一个标准体系评判不同镇的不同特色是本次标准制定的难点。

本次标准制定，是在"优秀"的基础之上，挖掘其"特色"因素。因此，本次标准制定将评价指标分为"特色性指标"和"一般性指标"。

特色性指标反映小城镇的特色，给予较高的权重；一般性指标反映小

城镇基本水平，给予较低的权重。做到以评"特色"为主，评"优秀"为辅。

2. 以定性为主，定量为辅

小城镇的特色可简单概括为产业特色、风貌特色、文化特色、体制活力等，这些特色选项的呈现以定性描述居多。但是，完全的定性描述会导致标准评判的弹性过大，降低标准的科学与严谨性。而少量且必要的定量指标客观严谨，虽然使评审增加了一定的复杂性，但能够保证标准的科学性与严密性。

所以，本次标准的制定以定性为主，定量为辅。在选择定量指标时首先尽量精简定量指标的数量，同时尽量使定量指标简单化，增强可评性。

（二）城镇特色

根据《关于开展特色小镇培育工作的通知》，特色小镇认定对象原则上是建制镇，要有特色鲜明的产业形态、和谐宜居的美丽环境、彰显特色的传统文化、便捷完善的设施服务和灵活的体制机制。在此基础上，构建五大核心特色指标。

1. 产业发展

小城镇的产业特色首先表现在产业定位与发展特色上，要做到"人无我有、人有我优"，具体表现为：产业是否符合国家的产业政策导向；现有产业是否是传统产业的优化升级或者新培育的战略新兴产业；产业知名度影响力有多强；产业是否有规模优势。其中产业规模优势为定量指标。

特色产业还应该具有产业带动作用以及较好的产业发展创新环境。产业带动作用分农村劳动力带动、农业带动、农民收入带动三个方面，分别用农村就业人口占本镇就业总人口比例、城乡居民收入比等定量数据表征。

产业发展环境用产业投资环境与产业吸引高端人才能力两个指标表示，具体指标分别用产业投资额增速和龙头企业大专以上学历就业人数增速两个定量指标来表征。

特色鲜明的产业形态是小城镇的核心特色，因此，在百分制的评分体系中，对此给予 25 分的权重。

2. 美丽宜居

和谐宜居的美丽环境是对小城镇风貌与建设特色的要求。首先，对城镇风貌特色的要求中，依据研究，将城镇风貌分为整体格局与空间布局、道路路网、街巷风貌、建筑风貌、住区环境 5 个指标，全方位评价小城镇风貌特色。其次，标准对镇区环境（公园绿地、环境卫生）以及镇域内美丽乡村建设两大项提出了相关考核要求。

和谐宜居的美丽环境是特色小镇的核心载体，对此给予 25 分的评分权重。

3. 文化传承

彰显特色的传统文化关乎小镇文化积淀的存续与发扬。因此，标准从文化传承和文化传播两个维度考察小镇的文化传承情况。

由于不是所有的小城镇都有很强的历史文化积淀，所以要加强对缺乏历史文化积淀的小镇在文化传播维度的审查。

此项指标的权重为 10 分。

4. 服务便捷

便捷完善的设施服务是特色小镇的基本要求。小城镇设施服务的标准较为成熟，依据以往经验，标准从道路交通、市政设施、公共服务设施等三大方面考核小镇的设施服务便捷性。同时，注重对现代服务设施的评审，包括网络覆盖、高等级商业设施设置等指标。

此大类是特色小镇的硬性要求，给予 20 分的评分权重。

5. 体制机制

充满活力的体制机制是特色小镇最后一个重要特征。首先，小镇发展的理念模式是否有创新，发展是否具有产镇融合、镇村融合、文旅融合等先进发展理念，发展是否严格遵循市场主体规律等是考察的重点；其次，规划建设管理是否有创新，规划编制是否实现多规合一；最后，省、市、县对特色小镇的发展是否有决心，支持政策是否有创新。

此大类是考核特色小镇创新发展的要求，给予 20 分的评分权重。

（三）小结

特色小镇认定标准经过首批特色小镇认定工作的检验也发现了一些需要进一步修改完善的内容。

一是避免评选出的镇都是"全能冠军"型的优秀重点镇，而使"单打冠军"特色镇不能脱颖而出。

二是标准进一步强化"定性定量相结合"的思路，在评审程序复杂性的前提下，避免其过于弹性化。

三是标准中定量的指标要进一步深入研究，更加符合特色小镇的实际。

三、先行者的足迹：国外经典案例介绍

特色小镇的灵感其实来自于国外的特色小镇，我们不妨先看几个优秀的国外案例。

瑞士达沃斯小镇：世界经济论坛会址

达沃斯小镇，位于瑞士东南部格里松斯地区，隶属格劳宾登州，坐落在一条 17 千米长的山谷里，是阿尔卑斯山系最高的小镇。最早达沃斯是靠空气出名的，因为海拔高，四面环山，空气干爽清新，对保健有极大的帮助，也是各种肺病患者最佳的疗养地。铁路开通后，达沃斯作为旅游健康度假村开始发展起来。

而真正让达沃斯名扬天下的，还是 1987 年落户在这里的世界经济论坛——达沃斯论坛。据说会址选择那里是因为酷爱滑雪的论坛创始人施瓦布先生经常去那里滑雪。世界级经济论坛带来的巨大影响力和人流聚集力，再加上得天独厚的地理条件，使这个小镇迅速发展起来，

成为欧洲顶级旅游滑雪胜地之一，每年冬天大约有 70 万人到此度假。

美国格林威治：对冲基金小镇

格林威治是美国康涅狄格州的一个小镇，面积 174 平方千米，距离纽约州很近，坐火车 35～40 分钟。小镇集中了五百多家对冲基金，单单 Bridge Water 一家公司就掌管着 1500 亿美元的基金。每天早上都能看到很多衣着讲究、富有活力的年轻人从纽约州赶到康州上班，形成一道亮丽的风景线。

除了离纽约比较近的地理优势，小镇的税收特别优惠，这一点吸引了很多对冲基金在这里落户。这里的第一家对冲基金是由华尔街传奇投资家巴顿·比格斯创立的，比格斯 2012 年 7 月已经过世。

这种从业人员抱团取暖的现象不难理解。对于对冲基金来说，需要感受到同行们在周围，最好能经常看到一些投资大腕。同时也对当地的条件设施有很高的要求，除了要离金融中心近，还要拼毫秒级的稳定的高网速，最好有备用的供电设施，还要严格的安保系统、方便的娱乐设施（从业人员压力比较大）。另外由于本身行情的变化不定，人员的工作和居住最好在一个复式楼里。

法国普罗旺斯小镇：薰衣草之都

普罗旺斯位于法国东南部，毗邻地中海，与意大利接壤。因其独特的地理位置，天气多变，地势跌宕起伏，又因环绕地中海，有着美丽的海岸风景，是富豪贵族的海滩度假胜地。

不过这里的海岸不是自然适于度假。以安提布（Antibes）为界，以西是沙岸，以东是沙砾，所以需要进口沙土铺填，再加上刻意经营，海滩也都非常干净。不过普罗旺斯最有名的称号，还是"薰衣草的故乡"。紫色而富有浪漫气息的薰衣草在这里大片生长，清香环绕，给人以梦幻般的独特体验。此外，罗马人在这里留下许多独特风格的遗迹，包括完整的古城池、竞技场、圆拱门、喷泉以及颓圮的石柱、失散的马赛克壁饰，也给这座小镇平添了几分神秘气息。

小镇游客络绎不绝，相应的特色健康美食节、歌剧节、薰衣草节、音乐节等活动也随之兴旺起来。

加拿大倩美纳斯：壁画小镇

世界著名的壁画小镇倩美纳斯（Chemainus）位于加拿大温哥华岛南端城市维多利亚北约 80 千米，至今约有 150 年的历史。壁画艺术改变了这个曾经一直依赖林木业存活下去的小镇，为小镇旅游业的发展注入了新的活力。

政府在小镇的转型复兴中起了非常重要的作用。他们启动了小镇复兴工程，邀请世界各地的著名艺术家倾注全力在小镇的墙壁上绘制了 12 幅壁画（1982 年 5 幅，1983 年 7 幅）。

这些壁画主要描述了这座百年老镇的伐木历史和风土人情，是现代艺术与传统遗产结合的典范，逐渐吸引了很多的游客来小镇游玩观光，也吸引了其他的艺术家陆续加入了绘制壁画的队伍。到目前为止已有 39 幅大型墙壁画（如包括小的壁画大概 3000 幅），8 件雕塑，而由此形成了壁画节，随之相关的旅游观光业开始大放异彩，一个默默无名的小镇开始享有户外艺术画廊之美称。

日本"柯南小镇"：现实中的动漫世界

柯南小镇位于日本鸟取县的北荣町，是著名动漫作品《名侦探柯南》原作者青山冈昌老师的家乡。这里有柯南博物馆，有世界各国的柯南漫画书，还有作家少年时代的绘画、设计图和画像原型。漫画中的人物形象元素遍布大街小巷——柯南列车、柯南大桥、柯南侦探社商店，打造出了作品中绚丽多彩的世界。另外，当地还会定期举行"名侦探竞赛"等活动，引起动漫迷们广泛关注。

现在那里已经是全世界"柯南迷"的朝圣之地，源源不断的客流为柯南小镇带来了巨大的经济收益。

这种类似 IP 产业经济链的还有典型的迪士尼乐园，每年大量的游客流入为当地旅游经济注入了源源不断的活力。

这些闻名世界的特色小镇，无一不具有近乎独一无二的当地特色。这些特色可以源于其自然条件、历史人文，也可以源于人为打造、政策扶持。中国作为世界上少有的大国之一，不仅有广袤的土地，还有悠久深厚的历史文化，各个地区也特色鲜明。在工业发展弊端凸显、大城市虹吸效应严重的今天，积极建立特色小镇，扶植地区产业，分散人口，集中强势资源优势，无疑是未来科学发展的正确方向。

而且，特色小镇的建立不仅要在前期投入大量的资金、人力、物力，还要有科学专业的人才进行后期的运营和维护。成功的模式可以学习却不可复制，各地探索的道路还很长。

四、本土实践：国内基本类型介绍

从实践的角度说，开发培育特色小镇必须具备一定的客观条件，不是所有乡镇都能玩转特色小镇。既然是特色小镇，那么就需要小镇有一定的特色资源。通过对国内外一些特色鲜明的小镇类型进行分析，可以总结归纳出以下十大类型。

1. 历史文化型

打造历史文化型小镇，一是小镇历史脉络清晰可循；二是小镇文化内涵重点突出、特色鲜明；三是小镇的规划建设延续历史文脉，尊重历史与传统。

以绍兴黄酒小镇、长泰古琴小镇、古堰画乡乡愁艺术小镇、湖州丝绸小镇、上虞围棋小镇、南浔善琏湖笔小镇、朱家尖禅意小镇、奉化布龙小镇、天台山和合小镇、密云古北水镇、平遥古城、茅台酿酒小镇、馆陶粮画小镇、石鼻古民居小镇、湘西边城小镇、三都赛马小镇、永年太极小镇、新兴禅意小镇等为代表。

密云古北水镇

古北水镇位于北京市密云区古北口镇司马台村，是在原有的三个自然村落的基础上修整改建而成，力求通过对当地历史、民俗等文化的深入挖掘，再现一个北国小镇的历史记忆。整个古北水镇面积近10平方千米，于2010年签约兴建打造，并于2014年10月正式对外营业。2015年，古北水镇接待游客量超过160万人次，旅游综合收入近5亿元，可谓一举成名。预计进入成熟运营期后，每年将接待游客400万人次，旅游综合年收入达到10亿元。

作为一个新建的旅游小镇，古北水镇以独有的"长城观光、北方水乡"为核心卖点，历经四年精心打造，充分借鉴浙江乌镇的运营管理模式，并最终取得成功，这对当前国内"古镇打造热""旅游小镇热"具有一定的借鉴意义。为此，笔者查阅大量有关古北水镇的资料介绍，并专程前往实地调研考察。事实证明，古北水镇的成功并非偶然，而是该项目区位、业态、管理、保障等多种因素的综合结果。

（1）资源丰富，选址科学

古北水镇位于北京市密云区古北口镇区域内，背依司马台古长城，坐拥鸳鸯湖水库，是北京市及周边区域罕见的山、水、城有机结合的自然古村落，拥有原生态的自然环境、珍贵的军事历史遗存和独特的地方民俗文化资源。水镇所在地原本为自然村落，受外界干扰较少，周边自然环境保护完好；司马台长城曾被誉为中国最美的长城，观赏游憩价值极高；作为曾经的边塞小城，这里自古以雄险著称，有着优越的军事和地理位置，也吸引着无数文人雅士，形成了多元的军事文化和民俗文化。

古北水镇，距离北京100余千米，车程一个多小时，又处于京承黄金旅游干线上，高速公路直达景区，交通十分便捷。除享有北京两千多万名潜在游客的巨大市场外，还通过北京这一知名旅游目的地平台，间接拥有数千万人乃至上亿人的潜在客源市场。

（2）场景营造，特色彰显

水，对于华北绝大多数的景区来说，都是一种比较稀缺的旅游资源，对古北水镇也如此。水镇本无水，原本只有一条流经区域且流量很小的小溪，然而，古北水镇在打造过程中，巧妙地利用堤坝等设施，打造一个个首尾相连的水面，贯穿整个小镇，最终形成令人叹为观止的"北方水乡小镇"，水镇之名可谓名副其实。

作为新建的小镇，通常而言，由于没有历史的积淀，给游客的感觉比较现代从而找不到小镇或古镇的体验。但古北水镇在建造之初已经充分考虑到了这一点。走进小镇几乎感觉不到新建的痕迹，建设中大多采用"修旧如旧"的手法，力求再现小镇的历史风貌，展现出来的更多的是一种小镇历史的久远和深厚的文化积淀。相当部分的建筑材料，都显示出曾经经历或使用过很久的痕迹，有些院落，从斑驳的墙体和大门可以看出，明显是从其他地方整体收购并在此原样复建的，充分展示出设计者的匠心独运。

人们普遍认为，古北水镇是浙江乌镇的翻版，故被称为"北方乌镇"。其实不然，古北水镇只是在建设和运营中借鉴了乌镇的成功经验，而在小镇特色上，则完全与乌镇不同，更多的体现出了自我的特色。如果说，乌镇展现出来的是一种南方的江南水乡，给人的感觉是温婉如玉，而古北水镇则展现出来的是一种北国的边塞小镇，给人的感觉是沧桑、粗犷。

古北水镇在打造过程中，充分展现了对区域历史、文化、民俗的理解与尊重。通过长城书院、杨无敌祠、震远镖局、司马小烧、八旗会馆等为代表的建筑群的重建，最大程度地实现了北方小镇的场景化营造，展示了北国边塞小镇历史风貌和民俗文化，并与司马台长城有机融为一体，形成独一无二的自我特色，并对游客产生了极大的吸引力。古北水镇还十分重视对地方民俗文化的挖掘，通过造酒、染布、镖局、戏楼、祠堂等情景化活动的再现，让游客更真实地体验和感受古镇生活。

（3）管理创新，业态多样

借鉴乌镇西栅景区成熟的运作模式，古北水镇在开发时就构架了对景区的统一运营管理模式。迁出原景区居民，以颠覆式的社区重构来实现拥有景区全部商铺和住宅的产权。原景区居民变成景区的员工，在统一的规范要求下开展经营为游客提供服务，保证了服务质量，为游客带来极佳的旅游感受。

在古北水镇经营业态上，门票只是进入景区的门槛，更看重的是游客在景区带来的二次消费，现已形成门票、索道、游船、温泉、餐饮、住宿、演艺、娱乐等多种业态复合经营的良好态势，在充分满足游客多种旅游消费需求的同时，极大地降低了门票在整个经营收入中的比例，取得了破解"门票经济"的巨大成功。此外，古北水镇还针对北方景区冬季呈现严重淡季的问题进行了充分的考虑，开发出雪地长城观赏、庙会、冰雕节、美食节、温泉等一系列冬季旅游产品，初步实现了"淡季不淡"的经营目标。

（4）设计顶层，规划落地

针对北京市市民存在巨大的短途休闲度假游需求，而周边又比较缺乏这样的有效供给现状，古北水镇在规划之初，就充分结合自身优势资源，高起点规划，以"长城观光、北方水乡"为核心卖点，把项目规划定位为集观光游览、休闲度假、商务会展、创意文化等旅游业态为一体、服务与设施一流、参与性和体验性极高的综合性特色休闲旅游度假目的地。

根据项目的功能分布，将整个水镇规划为"六区三谷"，即老营区、民国街区、水街风情区、卧龙堡民俗文化区、汤河古寨区、民宿餐饮区与后川禅谷、伊甸谷、云峰翠谷。整个水镇范围内，规划实施大量酒店、民宿、餐饮、温泉、演艺、娱乐等配套服务，总体规划有

43 万平方米精美的明清及民国风格的山地合院建筑。包含 2 个五星级标准大酒店，6 个小型精品酒店，400 余间民宿、餐厅及商铺，10 多个文化展示体验区及完善的配套服务设施，实现对观光、休闲、度假和会议的需求。除此之外，后期还规划了高尔夫、别墅地产、度假公寓等多种业态和设施，满足项目的可持续发展。

古北水镇从外观上对水镇街区风貌进行整体风格打造，确保水镇与周边环境的自然协调性；内部布局上，按照现代化社区的标准，完善公共场所、活动空间、居住及旅游配套设施，同时将现代化的设施深藏不露地融入到建筑当中，既保证了北国小镇的历史面貌，也适合旅游度假者的居住。

（5）政府支持，市场运作

作为北京市"十二五"规划的重点旅游建设项目，古北水镇的开发得到了当地政府的大力支持，除 2012 年获得密云区政府 4100 万元的基建补贴外，更是在道路交通、征地拆迁、水电供暖等方面获得了政府的支持与帮助。

古北水镇项目总投资超过 40 亿元，面对如此巨大的资金需求，投资方采用成熟的市场化资本运作方式，由中青旅控股股份有限公司、乌镇旅游股份有限公司、北京能源投资（集团）有限公司和其他战略投资者共同成立北京古北水镇旅游有限公司，按比例共同出资持股，承担古北水镇的开发、建设，为项目开发建设所需的巨额资金提供了保障。

此外，古北水镇投资方还与知名地产开发商龙湖地产合作，借助古北水镇巨大的游客量和消费能力，共同开发打造区域内唯一的房地产项目长城源著，力图通过地产开发的资金快速回流，实现资金的平衡。

丽水古堰画乡乡愁艺术小镇

古堰画乡小镇位于浙江省丽水市莲都区大港头镇和碧湖镇，总面积 15.53 平方千米。这里是"丽水巴比松"画派起源地，还是人类农耕水利文明活化石——通济堰的所在地。凭借优越的文化及生态资源，古堰画乡2015年入选浙江省首批特色小镇创建名单，2016年其核心区所在的大港头镇被列入国家级特色小镇。另外，"最美乡愁艺术小镇""首批中国乡村旅游创客示范基地""国家AAAA级景区"等称号，也彰显了其作为浙江特色小镇之典范的魅力。

（1）最美乡愁：寻找"特色"灵魂

古堰画乡由"古堰"和"画乡"两个板块组成，分布在瓯江两侧。其中，以通济堰为代表的"古堰"部分，有古堰、古石函、古街、古亭、古埠头、青瓷古窑址，以及大大小小的古村落和古樟树群，代表了深厚的历史文化底蕴。以"丽水巴比松画派"为代表的"画乡"，有巴比松陈列馆、油画院、创作基地等，代表的则是艺术文化与现代创意。两者看似不搭，却又都是不可或缺的要素，那么应该以什么主题来统领文脉，才能既将两者完美融合，又能够在特色小镇众多的江浙地区实现突围？经过反复研究，古堰画乡将主题锁定在了"乡愁艺术"上。因为，古堰、古村、古街、古石函、古樟、古码头营造的是一种乡愁意境氛围，想到故乡，这些元素就会浮现在脑海中；而巴比松画派的实质就是"画我家乡，走向自然"，表达的是对家乡和大自然的无限热爱，它们的共同点就在于对乡愁的记录、保留、传承和艺术升华。由此，巴比松画派加乡愁环境氛围，就形成了打造"乡愁艺术小镇"的基础条件。

（2）依托两大优势，培育"双特"产业

依托"生态"和"文化"两大优势资源，古堰画乡小镇的主要产业为油画产业和旅游产业。

油画产业，是古堰画乡的第一大特色产业，涵盖了从油画教育，到创作、展览、交易、交流、工具生产及旅游配套产品生产销售的全产业链。他们正在打造油画创业基地、油画展示展览基地、油画交易基地和油画写生基地，并将举起"中国写生基地"这面大旗。政府在政策方面也给予了大力支持，对于入驻的画商或企业，实行前期免租、免税收、解决子女就学、承诺入驻文化产业基地等系列优惠政策。除此之外，基于油画产业范围狭窄的限制，古堰画乡还从油画扩展到了艺术领域，结合民间艺术、音乐艺术、摄影艺术等，设置了民间艺术工坊、摄影展览馆等项目，并举办了乡村音乐节、摄影大赛等一系列活动。据统计，古堰画乡已有画商企业42家，有来自福建、海南、温州等地的知名油画大师上百人，美术作品年销售额已达2500万元，这里已经成为中国最大的艺术教育基地之一。

古堰画乡既是特色小镇，又是瓯江生态景区创5A首期核心创建区，推行的是"景镇合一"的模式，即整个小镇就是一个开放型休闲度假型景区。以"旅游+"为导向，通过对农耕水利文化的挖掘和传承，通过对油画产业链的服务化延伸，通过对原乡生态环境的保护和利用，构建了古堰文化体验、艺术文化休闲度假与原乡生态休闲三大旅游产品体系。2015年古堰画乡游客接待量约100万人次，门票收入达到960万元，比2014年增加了40%～50%。未来，借助5A景区的创建，古堰画乡将全面带动丽水市在文化娱乐产业、养生健康产业、养老产业、创意创新产业、商贸商务会展业、运动体育产业、教育产业等复合型产业业态的发展，推动城市产业转型升级。

（3）"景镇合一"：打造5A级景区

古堰画乡分属于两个不同镇区，涉及市、区、镇层面分属城市及旅游的多个单位管理，管理体制和运行机制不顺畅，易形成各自为政的局面。为全力推动古堰画乡小镇建设，加快旅游产业发展，莲都区成立了古堰画乡开发建设管理委员会，下设办公室、规划建设科、文化产业科三个职能科室，将原来隶属于两个不同乡镇的景区划到管委会下统一管理，并实行"景镇合一"的管理模式。古堰画乡管委会和古堰画乡所在地的大港头镇政府高度融合，管委会的主任兼大港头镇政府的书记，形成一个目标、一个规划、一套班子、一个计划、一个保障机制的"五个一"工作格局，实现从封闭管理向开放管理转变，让景区、镇区成为发展"共同体"。

实践操作中，在建设特色小镇的同时，按照国家5A级景区标准，不断完善旅游基础设施、配套游客咨询服务、景观环境优化美化等。届时，将形成一个具有示范作用的特色小镇及开放型的5A级景区，实现"全镇是景区、处处是景观、村村是景点"的景观环境，力争打造成为"城镇即景区，文化即生活，社区即园区"的景镇园融合的特色小镇。

（4）PPP先行：创新市场化的投融资机制

古堰画乡的资金用途主要有两块：一块是小镇的基础设施建设，投资主体是政府；另一块是项目建设，投资主体以社会资本为主。

古堰画乡的基础设施建设部分需要投入6亿元左右，这对莲都区政府来说金额巨大。古堰画乡小镇与浙江省金融控股股份有限公司、丽水市生态经济产业基金有限公司合作，组建了古堰画乡旅游投资有限公司，负责小镇的基础设施建设，文化旅游项目开发、经营、投资、管理、实业投资等。虽然已注资2亿元，但仍有不小的资金缺口。未来，可依托PPP的投融资模式，通过体制创新，以政府为主导，引入社会资本，鼓励村集体、村民个人、私营企业与政府进行合作，参与公共基础设施的建设，共同承担责任和融资风险。

项目建设部分，按照以企业为主体的原则，主要通过招商引资的形式引进一些优质的社会资本，推动小镇的建设。同时，通过优惠政策，吸引以个人为主体的创客参与进来，激活社会大众的活力，成为众筹运作平台的成功典范。

全新的尝试、创新的机制，助推古堰画乡成为浙江省唯一获批"全国深化城镇基础设施投融资模式创新试点镇"的小镇，获得2016年中央预算内投资计划3000万元资金支持。

（5）智慧体系：打造互联网思维平台

古堰画乡在创特色小镇和5A级景区的过程中，将全面启动互联网运用及智慧旅游建设，打造线上线下深度参与互动的数字化移动互联小镇。一方面，通过智慧体系形成智能型休闲度假生活方式，实现处处解说信息推送、时时手机可互动、多样化景区与全球的互联互通；另一方面，依托互联网服务平台，导入油画作品、村镇民宿、养生健康服务、养老服务、特色农产品销售、文创工艺品、特色地方产品销售，形成"旅游电子商务+创新网商+传统产业"的新模式。另外，通过与游客的互动，提高游客参与度，加强与游客的情感联系，增强游客黏性。例如，通过天网系统，把每一位游客与古堰画乡的故事及在此留下的痕迹展现出来，为游客留下美好的回忆。

现如今，古堰画乡以其独具魅力的特色主题、田园乡村的艺术资源、山水秀美的景观环境、古色古香的历史记忆等，把乡愁和艺术融入"山、水、林、田、湖、村"之中，吸引了越来越多的国内外艺术家及游客前往体验其中最真实最质朴的乡风、乡景、乡情，感受其中最触动心灵的乡愁灵魂。

未来，古堰画乡将借特色小镇建设及国家新型城镇化的春风，以泛旅游产业整合为手法，打造景区内部核心镇核心村、景区周边带动镇带动村、景区外围辐射镇辐射村三个层次的旅游城乡发展脉络，不断完善乡村的服务接待设施，依托乡野环境、农耕文化，引导农民发展乡村民宿、生态餐饮、休闲农业等，带动农民脱贫致富，实现景区发展带动下的特色小镇建设。并全面加快土地开发、交通建设、基础设施建设，形成人口聚集，配套发展公共服务业等，最终通过景区及特色小镇的建设，推动丽水成为最典型化、最中国化、最休闲化的产城一体化发展标杆。

2. 城郊休闲型

打造城郊休闲型小镇，一是小镇与城市距离较近，位于都市旅游圈之内，距城市车程最好在2小时以内；二是小镇要根据城市人群的需求进行针对性的开发，以休闲度假为主；三是小镇的基础设施建设与城市差距较小。

以上海迪士尼小镇、安吉天使小镇、丽水长寿小镇、太湖健康蜜月小镇、黄岩智能模具小镇、永嘉玩具智造小镇、下城跨贸小镇、临安颐养小镇、瓯海生命健康小镇、琼海博鳌小镇、旧州美食小镇、花桥物流小镇、小汤山温泉小镇、大路农耕文明小镇、龙溪谷健康小镇、钟落潭健康小镇等为代表。

上海迪士尼小镇

迪士尼小镇是上海市迪士尼度假区的重要组成部分，本质是以逛街为主题，主要提供餐饮、购物、剧院等服务的场所。迪士尼小镇的诞生与上海迪士尼度假区的开发密不可分。上海迪士尼度假区作为中国大陆第一个迪士尼度假区及全球第六个迪士尼度假区，是一个全方位开发的度假目的地。上海迪士尼度假区集梦幻、想象、创意和探险于一体，延续全球迪士尼度假区的传统，为游客带来全球最佳的度假体验，包括一座迪士尼传统主题乐园、两家主题酒店（上海迪士尼主题酒店、玩具总动员酒店）和购物餐饮娱乐区及配套休闲区。迪士尼小镇作为上海迪士尼度假区大型购物餐饮娱乐区的载体而诞生，成为依托迪士尼主题乐园开发的主题小镇。

迪士尼小镇占地面积4.6万平方米，向公众免费开放。迪士尼小镇选址毗邻迪士尼主题乐园，游客游览完迪士尼主题乐园后还可以继续体验迪士尼小镇的魅力。同时，迪士尼小镇也是上海及其周边居民休闲购物的绝佳去处。

迪士尼小镇由"小镇市集""百食香街""百老汇大道""百老汇广场"和"迪士尼小镇湖畔"五个区域构成。国际化的迷人街区、独具特色的餐饮和购物圣地，让游客流连忘返，拥有意想不到的体验。

迪士尼小镇设计风格完美融合了迪士尼传统元素、经典中式设计及海派文化元素。迪士尼小镇的标识为米奇造型的传统中国结，其他迪士尼传统典型元素无处不在；传统海派石库门建筑风格被充分运用于迪士尼小镇建设，房子多为砖墙结构，弥漫着老上海石库门的格调气息。墙面上还印有老上海画报上的俏丽女子画像，代表了迪士尼对上海文化传承的敬意。小镇中西合璧的建筑风格和迪士尼的独特氛围吸引了众多游客观赏。

迪士尼传统经典米奇元素遍布迪士尼小镇各个角落，进入小镇首先映入眼帘的是出镜率最高的蒸汽船米奇。小镇内还有手上戴着米奇经典手套的热情工作人员招呼游客，让游客在小镇也能感受到迪士尼乐园的欢乐氛围。

"小镇市集"位于迪士尼小镇的中心区域，设有"迪士尼世界商店""小镇市集"特色商店和"甜蜜满勺"糖果店等精选的特色商店，给游客带来世界级迪士尼购物体验。"迪士尼世界商店"为游客提供琳琅满目的迪士尼原创服装、玩具、文具、收藏品和礼品，以及其他特别为上海迪士尼度假区设计的商品。

"百食香街"经营业态以餐饮为主，游客可以在此品尝到世界各地的美食，开放式的厨房和露天餐饮区，营造出一种温馨舒适、宾至如归的氛围。

"百老汇大道"是精品购物街，以世界各地精品商店经营为主，游客还可以买到许多设计师与迪士尼合作的商品。除精品商店之外，"百老汇大道"还设有引领潮流的画廊，展示独具特色的进口藏品，使"百老汇大道"成为名副其实的精品购物之地。

"百老汇广场"与"百老汇大道"相连，是一个富有浪漫气息的剧院区域，坐落着迪士尼小镇的地标建筑"华特迪士尼大剧院"，为上海带来世界级的戏剧飨宴，全球首部普通话版本的迪士尼音乐剧《狮子王》就在"华特迪士尼大剧院"上演。大剧院周边配套精选餐厅，为大剧院顾客提供浪漫就餐场所。"华特迪士尼大剧院"让游客们的休闲度假体验更丰富。

"迪士尼小镇湖畔"位于临湖区域，以临湖餐厅、商店为主，设计灵感源自上海的航海历史，以清新的蓝、白、金交融的色调体现现代度假区的风格。迪士尼小镇湖畔特色使得游客在享受高品质的餐饮和购物体验的同时，还可在此欣赏到星愿湖、奇幻童话城堡和上海迪士尼乐园酒店的美景。

在迪士尼主题乐园还未正式开园前，迪士尼小镇就已经提前被挤爆，可见依托迪士尼乐园的迪士尼小镇的受欢迎程度。迪士尼乐园开幕时，迪士尼小镇涌现了近50家商铺，包括众多知名度高且备受信赖的国内外品牌，它们与上海迪士尼度假区密切合作，共同为游客提供世界级的购物和餐饮体验。

安顺旧州美食小镇

安顺旧州古镇，集神奇的山水风光、厚重的历史沉淀、绚烂的民族民俗、独特的饮食文化于一身。

借力安顺大屯堡旅游圈战略，多措并举打造古镇旅游新业态，就是当前旧州旅游面临的第三轮机遇，为赢得丰硕成果，旧州变革拉开大幕。

在推进大屯堡旅游发展中，旧州立足明代民俗文化资源和独特的美食文化，着力打造乡愁美食小镇。

旧州镇怎么打造乡愁美食小镇？答案是"旧州赶场、赶五个场"，以五个布局规划旧州的风景和业态。

古镇老街民俗场，从小吃类、匠坊类、发呆类、土产类、演艺类、宗祠类、创客类七大功能板块予以谋划，系统呈现民俗文化、屯堡美食。

金街特色美食场，推出军帐宴、屯家宴等一批精品宴席，打造旧州鸡辣子、糟辣肉片等一批特色菜肴；同时囊括安顺特色美食和贵州美食，实现"赶旧州乡场，逛贵州食堂"。

文星田园风光场，依托邢江河湿地公园，突出"坐着小火车去赶场"这一亮点，打造旧州屯堡闲生活、慢生活的田园风光场。

浪塘美丽乡村场，着力完善农村基础设施和公共配套服务，同时整合屯堡传统饮食文化资源，推出屯堡菜系，布局特色民宿客栈等业态。

传统农耕体验场，推出传统农耕体验项目，开发观花、摘果、采茶、识药等一批乡村业态，让游客亲自体验到传统农耕文明和休闲农业、农家生活的欢乐。

3. 新兴产业型

打造新兴产业型小镇，一是小镇位于经济发展程度较高的区域；二是小镇以科技智能等新兴产业为主，科技和互联网产业尤其突出；三是小镇有一定的新兴产业基础的积累，产业园区集聚效应突出。

此类小镇以余杭梦想小镇、西湖云栖小镇、临安云制造小镇、江干东方电商小镇、上虞 e 游小镇、德清地理信息小镇、余杭传感小镇、秀洲智慧物流小镇、天子岭静脉小镇、枫泾科创小镇、新塘电商小镇、太和电商小镇、黄埔知识小镇、朱村科教小镇、福山互联网农业小镇、菁蓉创客小镇等为代表。

上虞 e 游小镇

浙东上虞，拥有化工、轻纺、建材等支柱产业，区域经济集群优势明显，2015 年城镇人均收入在浙江全省排名第 13 位。然而，游戏产业已悄然转型为当地的"一号工程"，一座聚焦游戏、移动社交、电子商务、互联网教育等信息经济新业态的"e 游小镇"正在这里崛起。

上虞把游戏产业作为发展新经济的主抓手，建设"e 游小镇"，就是瞄准市场空白点，提前进行规模布局。国内网络游戏产业近年来呈爆发式增长，2015 年全国游戏市场收入达 1400 多亿元，而国内有特色的游戏产业平台目前还较稀缺。上虞地处长三角腹地，布局游戏产业平台、吸引创客精英正逢其时。

谋划全新的游戏产业，对上虞来说其实是一个缺乏基础、"无中生有"的新兴产业，创新发展的优势在于底气和实力。

近几年，上虞一些本土上市公司通过跨界并购，在原先汽配、化工产业的基础上，纷纷开拓第二主业，目标都瞄向了网游产业。

世纪华通先后收购天游软件、七酷网络及上海盛大网络等公司股权，并购"中手游"和"点点开曼"等公司股权。浙江金科以29亿元收购移动游戏公司"杭州信哲"，浙江金盾、卧龙地产等知名企业也相继行动，呈现出大企业带动产业集聚的"磁场"效应。

据了解，规划面积2.8平方千米的"e游小镇"，定位于打造引领全国的网络游戏之都、长三角数字内容创意产业中心和全省互联网应用示范小镇。以小镇客厅、互联网创新中心、文化竞技中心为三个中心，着力打造游戏综合体验区、互联网创意产业区、生活配套服务区、文化艺术展示区四大功能区域。

以游戏为核心，"e游小镇"加速布局泛娱乐产业链。其中惠普网络游戏广场将是"e游小镇"第一个出炉的项目，这里聚集了一批相关的信息服务产业，包括动漫游戏、电子商务、云计算、大数据。

有了龙头企业的引领，"e游小镇"集聚效应凸显。惠普公司全力发展动漫游戏产业、移动互联网等软件外包研究，推进设立国际化动漫游戏产业创意博览展示中心，已牵手引进美国、日本等国家和地区的25家游戏相关企业入驻上虞；浙大网新依托浙大上虞创新研究院，加快建设游戏及相关产业的科技研发中心。

相对于北上广深等一线城市泛娱乐类信息产业发达的现状，本土信息技术人才稀缺是制约上虞游戏产业发展的最大短板。为此，上虞发挥"人无我有"的创业优势，找准发力点，以政策红利吸引人才。

2016年10月8日，绍兴区上虞区委、绍兴市上虞区人民政府出台了《关于加快"e游小镇"培育建设的若干政策意见》，包含企业引进、人才招聘和公共服务三个方面。根据这一政策，小镇各类符合条件的人才，在创新创业、生活补助、贡献奖励、住房补贴等方面可获得补贴和支持，在子女就学、配偶工作调动等方面可走"绿色通道"。在企业租赁办公用房补助方面，5年内提供免租金办公场地标准最高达1500平方米。同时还设立总额 5 亿元的 "e 游小镇" 信息产业扶持发展基金和 50 亿元的世纪华通游戏产业基金，着力补齐上虞在本土信息技术人才、先进技术集聚方面的短板，用于企业、人才引进的扶持。

瞄准小镇发展方向，不少企业因地制宜抢抓机遇。浙大网新作为中国信息技术咨询与服务领军企业，最初来上虞时做的是科技园建设和运营，如今设立了浙大软件学院导师工作室和达内计算机培训实训基地。

浙大网新上虞负责人余竟成说，"上虞缺乏高等院校，因此人才输送欠缺，不足以满足信息产业的发展，我们将解决企业发展中人力资源配置的瓶颈。"

短短一两年的时间，"e 游小镇" 雏形初现。截至 2015 年年底，"e 游小镇" 已经成为当地经济发展的一个重要的新增长极。数据显示，已经引入浙大网新、新华定制、惠普网络游戏广场等 7 个总投资 43.9 亿元的信息经济产业项目，已注册落户企业 136 家，累计实现投资 45.9 亿元。2017 年计划可集聚企业 300 家以上，新增投资 12 亿元，实现税收 5 亿元。未来，上虞的目标是要让中国最热门的网络游戏，都打上 "上虞制造" 的标签，把上虞变成全国网络游戏之都。

菁蓉创客小镇

这是距离成都市中心约 30 千米的一个小镇，走在街上，浓厚的创业氛围和前几年人气不佳的场景形成了强烈的对比。从 2015 年年初开始，这个原名为德源镇的地方就发生了蜕变，如今已经成为成都 "双创" 的一张新名片——创客小镇 "菁蓉镇"。

截至目前，该镇已经形成 75 万平方米的创客空间，聚集了创客 1 万多人，这已经超过了当地的户籍居民数量。

不仅如此，按照 2016 年 12 月 30 日成都市人民政府办公厅发布的《关于扶持郫都区菁蓉镇双创示范基地加快发展的实施意见》，提出将努力把郫都区菁蓉镇打造成为具有国际水准的创客小镇。正如李克强总理 2016 年 6 月视察时所评价，"空置宿舍巧变创客空间，好比新经济借壳传统产业'上市'"，菁蓉镇已探寻出一条新型"双创"路径。

2016 年 5 月，国务院公布全国首批创新创业示范基地名单，郫县进入 17 个区域创新创业示范基地，而且是全县区域入选的单位。

郫县全域成为全国"双创"示范基地的背后，是菁蓉小镇不断崛起的客观现实。

实际上，从一开始，菁蓉小镇就已经超越传统发展思路，是按照面向全国、面向国际化的视野来进行打造的。

"菁蓉小镇建设注意唯一性和独特性，要敢于先行先试，要有探索精神。"四川省社会科学院党委书记李后强认为，只有这样，菁蓉小镇的发展才会发挥灯塔效应、磁场效应、裂变效应、辐射效应，才能给成都、四川和西北部其他地区乃至全国创造一个双创区域示范的典型。

从其不断举办的各项国际性创业活动上，即可见一斑。

2015 年 9 月，美国"硅谷市长行"来菁蓉镇考察，与门洛帕克市结为友好城市，并与美中硅谷协会达成初步合作协议，从硅谷引进项目。2015 年 11 月底，郫县承办 2015 年"海外学人回国创业周——梦启华夏·创业菁蓉"活动暨"菁蓉镇杯"成都全球华人创业大赛……

2016 年以来，菁蓉小镇更是开展了"青年侨商西部论剑"暨"菁蓉小镇新侨创客园授牌仪式""世界工业无人机高峰论坛""第一届中国 VR&AR 国际峰会"等活动，策划开展海外媒体专访活动，并邀请中央电视台《筑梦中国》栏目拍摄制作了菁蓉小镇纪录片。

在规划理念上，菁蓉小镇更是直接瞄准世界创客小镇的目标。

根据《郫县加快建设创新创业发展示范区的决定》，郫县将加快创新创业发展示范区建设，力争通过 3~5 年时间的努力，将"菁蓉镇"打造成为全球具有影响力的"菁蓉创客小镇"。

这一规划蓝图，还伴有明确的指标：到 2020 年，菁蓉小镇创新创业基地（大学生创业园、创业苗圃、创业专区）面积将达 120 万平方米，创业企业 2000 家以上，基金及投资机构 500 家以上，资金管理规模达 2000 亿元以上。

4. 特色产业型

打造特色产业型小镇，一是小镇产业特点以新、奇、特等产业为主；二是小镇规模不宜过大，应是小而美、小而精、小而特。

此类特色小镇依托当地特色产业，以兴隆咖啡风情小镇、吐鲁番葡萄风情小镇、大唐袜艺小镇、吴兴美妆小镇、嘉善巧克力甜蜜小镇、桐乡毛衫时尚小镇、玉环生态互联网家居小镇、平阳宠物小镇、安吉椅业小镇、温岭泵业智造小镇、东莞石龙小镇、信阳家居小镇、文港笔都工贸小镇、亭林巧克力小镇、吕巷水果小镇、王庆坨自行车小镇、秀全珠宝小镇等为代表。

兴隆咖啡风情小镇

兴隆咖啡风情小镇位于海南万宁市长丰镇，海榆东干线公路城镇和兴隆旅游城之间，地处中国顶级度假胜地的东县旅游度假带上，对外交通便利。整个规划范围生态资源优势明显，其中，文通村为国家级生态文明村，拥有优质的咖啡、温泉、森林、湿地、原生态的黎族、苗族村落，资源种类丰富。

海南省着力打造国际旅游岛，重视旅游产业发展，倡导绿色宝岛，支持绿色生态旅游的发展。在休闲度假旅游产品已成为市场热点的背景下，本项目拥有得天独厚的政策利好与市场机遇。如何抓住机遇，实现项目的跨越式发展？

聚焦项目三大难点。

第一，周边兴隆旅游度假区的竞争。兴隆旅游度假区开发较早，发展较为成熟，对项目地开发来说区域竞争激烈。

第二，开发与保护的矛盾。旅游的发展必须依托自然环境资源，本项目面临开发和保护如何有效协调的挑战，特别是生态保护的问题。

第三，农民问题的解决。如何处理好三农问题是本项目开发中面临的最大问题。

项目开发方向及核心思路如下。

通过对资源、市场及周边同类项目的分析，兴隆咖啡风情小镇确立了以生态优化为前提，以当地农业资源与文化为基础，以旅游休闲为引擎，以休闲度假为灵魂，以综合消费平台为目标，充分关照新农村整合问题，促进"度假体验化、农业休闲化、旅游现代化、区域城镇化"。

在文化挖掘上，从项目地本体资源、企业文化特色、市场文化需求三个角度综合考虑，立足资源、创意突破、传承延续、对接市场，结合国家相关政策，提出以梦想文化为轴线，以田园文化为基础，以咖啡文化为突破，以养生文化为目标，将本项目打造成为身心俱养的旅游休闲区、咖啡文化的全方位体验地以及实现梦想的心灵家园。

在产业发展思路方面，应以农业为基础产业，以旅游休闲度假产业、主题商务贸易、养生养老产业为核心产业，以休闲农业、风情小镇、观光度假农业、民俗风情等泛旅游业态为引擎，提高人气、凝聚商气，并构建泛旅游产业体系，使本项目成为东县旅游圈的著名休闲花园，成为万宁文化度假名片，成为以健康产业和生活方式为核心导向的综合性的休闲度假区域，全面提升万宁的影响力，最终带动区域经济社会的综合发展。

项目四大开发策略如下。

一是打造"休闲农业与文化旅游整合引导"的新兴城镇化典范。具体来说，以兴隆咖啡为思维原点，梳理世界咖啡文化和兴隆咖啡文化，结合旅游休闲度假市场需求特征、文化旅游产品商业模式、经营模式和打造手法，雕琢"咖啡文化主题"休闲小镇。以"体验化"全方位调动消费者的触觉、味觉、视觉、嗅觉、听觉，将咖啡之魂成功植入访者的血液基因，形成兴隆咖啡磁力。同时，通过国际咖啡文化中心、国际咖啡总部基地、兴隆咖啡品牌载体、兴隆咖啡原产地、国际咖啡集散基地等形成完整的咖啡产业链。

二是发展生态建筑，建设世界木屋村。立足地形及优越的生态环境，打造风情木屋片区，广泛融入世界各地的木屋建造风格及建造工艺，同时融合居住、养生、度假、文化体验、生态休闲等多种功能，形成世界木屋的"博览园""体验园"及木屋酒店聚落区，并以木屋为载体，融入世界各地的特色民俗文化，形成住宿、文化博览、民俗体验、生态休闲、度假居住等多种功能完美融合的区域。

三是发展养生养老产业。从温泉养生、生态养生、花卉养生、水果养生、咖啡养生、美食养生、运动养生七大角度，策划了温泉度假中心、健康管理中心、健身娱乐中心、养老中心、国际理疗中心、户外运动基地、主题 SPA 七大养生产品，率先举起养生养老产业乃至健康产业这面大旗，以此产业获得政策支持和经济效益分析。同时，与产业引导的区域发展、产业引导的新型城镇化相结合，树立更鲜明的品牌。

四是采用庄园模式，发展庄园经济。运用庄园模式，打造咖啡庄园、花卉（兰花、玫瑰等）庄园、水果（葡萄、西瓜等）庄园、热带雨林庄园、运动庄园、乡村游戏庄园、温泉庄园、红酒庄园等各式各样的休闲养生庄园。为满足消费者的不同需求，设计了灵活多样的经营方式，包括定制式、产权式、自营式、俱乐部式等。针对庄园，本项目还引入了五星级的物业管理，通过物联网、庄园产品的私家礼品化包装、庄园管理，再加上庄园资源（如花卉）的产业链延伸，共同形成庄园经济链，享受庄园经济效益。

另外，本项目还将借助世界休闲农业联盟的"名片"，打造世界休闲论坛、世界休闲农业联盟全球高峰论坛亚太永久会址，有机农业认证和品牌打造，发展商务会议和有机产品经济，壮大庄园经济。

吐鲁番葡萄风情小镇

吐鲁番葡萄风情小镇坐落于吐鲁番市区东北部，与葡萄沟景区隔路相望，规划占地面积616公顷。随着大众度假时代的全面来临，在打造丝绸之路经济带、丝绸之路荣升世界文化遗产以及高铁通车等事件的推动下，吐鲁番旅游业将有非常大的发展空间。

吐鲁番历史上是古丝绸之路重镇，是东西文化错综交织与相互融合的荟萃之地，也是历史上西域多个朝代的政治、经济、文化中心。如今，吐鲁番市是一座闻名遐迩的葡萄城，是独特自然环境与绿洲的典型代表，是了解维吾尔文化的重要窗口。作为首批中国优秀旅游城市和国家历史文化名城，吐鲁番具有丰富的旅游和历史文化资源，曾经在新疆旅游市场独领风骚数十年。但随着新疆维吾尔自治区明确提出大力发展旅游业后，特别是2000年以后，各地旅游业迅速发展，吐鲁番以观光旅游为主的独领新疆旅游市场的格局被逐渐打破。

近年来，在新疆打造"大客厅"和丝绸之路申遗成功的大好形势下，吐鲁番旅游业迎来了转型升级的黄金时期。借此机遇，葡萄风情小镇旨在打造吐鲁番休闲旅游核心和吐鲁番旅游新高地，助推吐鲁番由观光为主向休闲转型，实现吐鲁番旅游业的第二次腾飞。

（1）差异化定位，借势互补开发

葡萄沟景区是首批国家5A级景区，是火州里的一条绿丝带，是吐鲁番旅游的必来之地。因此，如何以葡萄沟为吸引核心，差异化定位，借势互补发展，成为葡萄风情小镇开发的重中之重。

吐鲁番的民俗文化及葡萄主题，是葡萄沟景区和葡萄风情小镇不能回避的。如何才能实现差异化发展呢？葡萄沟景区是风景和风情观光地，是旅游吸引核心；而葡萄风情小镇则是一个文化深度体验地，可以作为游客集散中心、休闲购物中心，与前者是吸纳优势、互补开发。

（2）打造休闲集聚中心

近两年来，旅游小镇的建设如火如荼，纵观新疆其他5A级景区，天山天池、那拉提、喀纳斯等都在依托景区开发建设旅游小镇，打造休闲集聚区，为景区提供配套设施，如天池旅游小镇、芳香那拉提小镇、冲乎尔养生小镇等。因此，葡萄风情小镇应紧紧围绕民俗和葡萄两条文化主线，打造吐鲁番旅游的休闲集聚中心。

一是民俗文化线。依托对民俗文化的解析，挖掘最具有吐鲁番民俗特色的美食类、歌舞类、民俗类项目，开发馕主题、织品主题、葫芦雕主题、婚礼主题、刺绣主题、桑皮纸主题、回族餐饮主题、民俗歌舞主题等不同类型风格的农家院，实现"一院一品"，为游客提供"住土炕、赏歌舞、看民俗、品美食、坐驴车"的原生态生活体验。

例如，以馕为主题的农家院，依托维吾尔族特色餐饮——打馕、烤串、烤包子、抓饭、拌面等，突出馕主题，注重馕景观打造，包括门口打馕坑，馕造型的包间、餐桌、餐具、凳子等，餐厅里还进行馕生产及相关历史传说展示，营造馕文化氛围。

二是葡萄文化线。依托葡萄园及乡村环境，深入挖掘吐鲁番葡萄文化及吐鲁番民俗养生文化，融合"八风谷冻酒、跨林葡萄、沙疗养生"文化元素，重点打造葡萄文化主题庄园，配套浪漫田园婚礼、露天休闲吧、葡田美渠等项目，将生产、生活、生态三位一体开发，形成集种植、酿造、科普、销售、观赏、娱乐、度假为一体的葡萄田园度假区。同时，开发中高端休闲项目，彰显项目地的品位和特色，引领葡萄园国际休闲生活方式。

吐鲁番葡萄风情小镇以八风谷冻酒为特色，结合现代吐鲁番地区的冰酒文化，打造集古代八风谷冻酒文化展示、现代冰酒休闲及品鉴、主题休闲度假为一体的八风谷冻酒庄园。同时，依托葡萄田，恢复"庄园主生活图"，使游客体验庄园主生活，体验葡萄种植、榨汁、酿酒的田园度假生活方式。同时，加强葡萄文化开发，开发葡萄文化体验长廊，打造游客全面体验葡萄文化的胜地。

嘉善巧克力甜蜜小镇

嘉善近年来将特色小镇培育作为重点工作之一，并取得了积极成效。作为 37 个首批创建省级特色小镇之一，巧克力甜蜜小镇在建设主题上无疑是十分独特而新颖的。

（1）一业为主，多业融合

巧克力甜蜜小镇"巧"在有一个好的主题。创建特色小镇首先要有一个独具匠心的主题，这是要不要创建和创建什么样的特色小镇的前提。找准特色、凸显特色、放大特色、做足特色，是小镇建设成功的关键所在。巧克力甜蜜小镇定位在"巧克力"加"甜蜜浪漫"上，特色鲜明，全国独此一家（镇），可能世界上也不多见。"巧克力"是有历史、有产业、有文化、有故事的，而且是个国际化的"品牌"，有足够多的"文章"可以"做"，可以大放特色之彩。

巧克力甜蜜小镇"巧"在有一个好的发展思路。这就是"一业为主、多业融合"发展的理念和思路。创建特色小镇，必须有一个独具特色的好理念。嘉善根据省里"产业定位要特而强、不搞大而全""功能叠加要聚而合、不搞散而弱""建设形态要精而美、不搞大而广""制度供给要活而新、不搞老而僵"的创建要求，紧紧围绕"巧克力"加"浪漫甜蜜"这个主题，提出并很好地贯彻了"以旅游为主线、以企业为主体、以文化（甜蜜）为灵魂、以生态为主调"的创建理念，着力整合全县"温泉、水乡、花海、农庄、婚庆、巧克力"等浪漫元素，努力建设一个集工业旅游、文化创意、浪漫风情于一体的体验式小镇，将巧克力的生产、研发、展示、体验、文化和游乐有机串连起来，是一个典型意义上的工业旅游示范基地。

正因为小镇建设围绕巧克力而深挖、延伸、融合多种产业功能、文化功能、旅游功能，才产生了叠加效应和放大效应，前景令人期待。

（2）政府搭台，企业唱戏

巧克力甜蜜小镇"巧"在有一个企业主体、项目引领的发展思路。特色小镇的创建、培育工作必须由政府来主导，但建设主体、发展主体必须是企业，否则，特色小镇会成为"无源之水""无本之木"，不符合市场经济发展规律，因而也不会有持久生命。但企业主体必须落实到有效的投资和高质量的项目上，这样才能落地生根，开花结果。

项目投资是小镇建设的主战场、主抓手。巧克力甜蜜小镇的建设就坚持了以企业为主体、把投资作为重中之重的思路，按照总投资55亿元，三年完成35亿元的目标，最大限度地调动企业的积极性。歌斐颂集团是巧克力甜蜜小镇的投资、建设主体，这个项目于2011年12月正式立项，计划总投资9亿元，规划用地430亩，计划年产高品质纯可可脂巧克力2万吨，年接待游客100万人次，到规划期末年综合收入突破20亿元。这就使得巧克力甜蜜小镇的建设"巧借"了歌斐颂集团之力，保证小镇建设、投资主体能落到实处。

（3）以文化为魂，打造创新创业新平台

特色小镇的基础是产业，但灵魂是文化。产业、企业、产品都应该是有文化的。文化是"巧实力"，有文化的产业，小镇才有灵魂、有生命。小镇以巧克力文化为核心，以巧克力生产为依托，以文化创意为手段，充分挖掘巧克力文化内涵，拓展巧克力文化体验、养生游乐、休闲度假等功能，力求通过5年左右的开发和经营，将小镇建设成为"亚洲最大、国内著名"的巧克力特色小镇、巧克力文化创意基地、现代化巧克力生产基地、全国工业旅游示范基地、国家5A级旅游区。小镇不但引进了国外成熟的工业旅游模式，而且在此基础上还着力创新，将巧克力工业生产拓展为巧克力工业旅游、巧克力文化创意、巧克力社区生活，而且还积极将中国传统文化与国外风情文化相结合，让游客在浓郁的可可香味中体验迷人的热带风情和西非文化。

巧克力甜蜜小镇还"巧"在为年轻人创业提供平台上。特色小镇是新的时代条件下的产物，它的一个重要特征和意义就是要成为年轻人创新创业的新平台，成为传承父辈事业的接力棒，这样才能使小镇有活力、有前景。特色小镇应更多地适应年轻人成就事业的需要，要抓住他们的心，留住他们的情，使他们成为小镇建设的主人。只有"巧借"年轻人的力，为年轻人创新创业服务，小镇的事业才能继往开来、生生不息。

5. 交通区位型

打造交通区位型小镇，一是小镇交通区位条件良好，属于重要的交通枢纽或者中转地区，交通便利；二是小镇产业建设应该能够联动周边城市资源，成为该区域的网络节点，实现资源合理有效的利用。

交通区位型小镇以建德航空小镇、萧山空港小镇、西湖紫金众创小镇、新昌万丰航空小镇、九龙山航空运动小镇、安吉航空小镇、宁海滨海航空小镇、北京新机场服务小镇、人和航空小镇、千年敦煌月牙小镇、深沪海丝风情小镇、博尚茶马古道小镇、秦栏边界小镇等为代表。

萧山空港小镇

萧山空港小镇在距离萧山主城区 15 千米、杭州主城区 20 千米的地方，已成为萧山发展"互联网＋"的高地，仅 2017 年上半年，便实现网上销售额 21.57 亿元。依托航空特色，集聚电商物流巨头，抓住跨境电商发展机遇，在国家"一带一路"和"互联网＋"背景下，积极打造萧山产业转型升级的新样本。

小镇规划 3.2 平方千米，地处杭州空港新城核心地带，形成"一心、双轴、四区"总体布局架构，三小时车程能覆盖长三角主要中心城市。依据产业、文化、旅游、社区"四位一体"发展理念，认真践行"信息引领、智慧应用、模式创新、三生融合"四大发展要求，以"产业重镇""主题小镇"为定位，通过三年左右时间建设，建立空运、航运、铁路、公路等多方式联运智能化物流网络体系，并积极向电子商务、物流装备制造延伸，打造浙江唯一、国内领先、有影响力的空港特色小镇。

是什么让萧山空港小镇完成了从无到有、从小到大，半年线上交易额超 20 亿元的迅速发展而实现了自身的产业转型升级？又是什么让小镇成为萧山企业转型升级的重要平台？这与小镇构建的以智慧云、智能链、智通关、智生态（4I）为核心的"智慧物流"体系密不可分。

智慧云：
空港小镇的智慧大脑
引领实体经济供给侧改革

目前，小镇已初步建设了"1+X"开放式的跨境电商智慧大数据平台。"1"，即建设一个综合型公共信息处理云平台；"X"，即推进阿里巴巴产业云图、融易通外贸综合服务系统、有棵树外贸综合服务及情报系统、中国制造网跨境电商运营中心等若干专业性云处理中心建设。这个大数据平台为智慧物流产业提供数据收集、数据存储、数据处理等云服务。

智慧云通过引导人流、物流、商流、信息流、资金流的"五流"集聚，不断带动区域产业的转型升级。比如阿里巴巴萧山产业带，就是依托阿里巴巴集团的互联网平台和大数据资源，打造萧山特色产品的"网上一条街"，帮助萧山的雨伞、童装、卫浴等传统产品通过网络平台进行销售，帮助"萧山制造"走出去。目前，空港小镇已经带动 1000 多家企业"触电"上网，近万种商品活跃在空港跨境电商线上平台，今年上半年已拉动萧山本地制造企业新增销售额 10 多亿元。

同时，产能增长而产值缩水、利润缩减，是不少萧山企业遇到的困境。从以往传统 B2B 贸易渠道的层层代理、薄利多销，到跨境电商直接在速卖通、亚马逊、eBay 上销售，企业的利润空间得到了大幅上升。特别是利用跨境电商的大数据库，可以定性定量分析消费特性、市场需求，构建 C2M 模式（工厂定制）。企业从需求入手，根据市场走势的变化，及时调整产品结构，甚至开展个性化定制，不仅提高了供需配对率，而且倒逼企业调整产品结构、提升产品档次，抢占了国际市场定价权。

杭州有棵树公司开发的市场情报系统"爬虫系统"，每时每刻都在收集海外各大平台的交易数据，每天自动生成一份报告，告诉你什么东西最好卖，交易量、价格是多少。有了大数据平台，有时创新就变得那么简单。

智能链：

架起"网上丝绸之路"

构筑空港智慧物流的核心支撑

空港小镇是萧山区创建的国家重点物流园区、中国快递产业示范基地的核心载体之一。顺丰速运、圆通速递、申通快递等物流企业现已相继入驻投产，圆通、顺丰的航空基地相继落户。小镇内中国（杭州）跨境电子商务实验区·空港园区、阿里巴巴萧山产业带也已经上线，目前引进了富士康、京东全球购、丰趣海淘等知名跨境电商平台。截至 2016 年 8 月底，小镇快递物流业营业收入达到 13.17 亿元，电子商务销售额实现 8.77 亿元，完成进口单量 279 万单，货值 4.90 亿元，出口累计货值 2.83 亿美元。

小镇在地理位置上的最大特点便是位于杭州萧山国际机场东北侧。机场现有 4F 跑道两条，具备航空客货运、保税仓储、机务维修、商务服务等功能，开通国内外航线 160 条，参与运营的航空公司 60 家，航线通达 94 个中国内地城市、37 个国际城市及地区。2015 年机场旅客吞吐量和货邮吞吐量分别达到 2835.4 万人次和 42.5 万吨，已成为全国十强客货运机场、五强国际航空口岸。卓越的地理位置使小镇天生具备机场口岸优势。

同时，小镇周边有 12 条高等级的公路，还有出海码头，规划中的杭州地铁 1 号线、7 号线也将进入空港。特别是 2017 年 5 月，全国首批搭上 "义新欧" 列车的跨境电商的德国产奶粉，通过二次转关后抵达空港小镇，这标志着小镇率先实现跨境电商服务 "海陆空铁" 四种模式全覆盖，"天上地下、线上线下"（即天上有航空运输，地下有物流快递；线上有交易平台，线下有 O2O 体验店）的跨境电商全产业链生态圈也基本成型，架起了 "网上丝绸之路" 的空中走廊。

空港小镇抓住 "一带一路" 机遇，形成了 "海外仓—国际干线物流—国内保税仓—国内快递配送" 这一全程供应链体系，同时通过强化物联网支撑，包括建设智慧物流公共服务平台、跨境电商质量溯源系统、保税物流仓储管理系统等，重点建设了以网络化、信息化、可视化、智能化为特征的智能供应链系统，进一步培育了航空物流、保税物流、快递物流等特色业态，延伸智慧物流产业链，补齐智慧物流价值链，优化空间布局，向国家临空经济 "产业重镇" 这一定位不断靠近。

智通关：

航空、海港、陆路、电子口岸 "四位一体"

为智慧物流的快进快出创造良好条件

空港小镇打造了航空口岸、海港口岸、陆路口岸、电子口岸 "四位一体" 的智通关体系。

小镇的投入使用，彻底改变了长期以来机场口岸货运区物流设施落后、企业分散操作运营、区内交通拥堵的现状，它与机场口岸无缝对接，与机场货站统筹开发，形成了以机场口岸功能为依托，充分发挥小镇政策优势，镇港联动的空港口岸货运新体系，实现口岸物流功能的整体化、科学化、集约化布局，从而有力地拉动货量增长，做大航空港。

同时，小镇与上海洋山港、宁波北仑港实行跨关区合作，打造空港 "无水港"，给落户企业提供更便利的出入境通关环境。延伸中欧班列，与保税物流中心联动，打造空港陆路口岸。

另外，依托萧山机场的口岸优势，空港小镇与电子口岸互联互通，海关、国检在镇内现场办公，小镇整合海关物联网系统、特殊监管区域系统、QP 系统、通关管理系统、通关服务系统，实行 365 天 24 小时的快速通关模式，成为杭州关区通关效率最高的区域之一，为跨境电子商务、智慧物流的快进快出创造良好的条件。

智生态
奠定"三生融合"特色小镇的基础
宜业、宜居、宜游

根据相关投资协议及初步安排，空港小镇共安排各类支撑项目 38 个。其中，快递物流类项目 3 个，航空物流类项目 3 个，跨境电商类项目 6 个，信息平台类项目 7 个，配套类项目 19 个。经初步估算，38 个支撑项目总投资为 54.93 亿元，总用地 859.9 亩。其中产业类项目 12 个，投资额 44.81 亿元，占总投资的 81.6%。

这 38 个项目主要包括圆通速递华东智慧仓配中心、申通快递华东智能仓储分拣中心、圆通货运航空总部、杭州保税物流中心智能仓储中心、跨境电商项目、空港小镇智慧物流信息服务平台及空港小镇环境提升配套工程、城市客厅等配套设施。

空港小镇以这 38 个项目为基础，重点完善支撑智慧物流发展的产业生态、社交生态和人文环境生态，打造"三生融合"的特色小镇。

小镇在互联网金融、供应链金融、信用保险、国际货代等方面形成配套产业链，形成智慧物流产业生态。通过网络全覆盖，开发政务App、开设微信公众号等，建立网上社交生态群落。同时，小镇挖掘以智慧物流、航空科普、跨境电商 O2O 体验等为核心的人文旅游项目，并将空港"奔竞不息、勇立潮头"的弄潮儿精神与"大众创业、万众创新"的互联网精神融合起来，增强小镇文化底蕴和创业精神。

空港小镇贯彻"产、城、人、文"四位一体的要求，把握 G20 峰会、亚运会等国际重大活动举办机遇，完善功能布局，充分挖掘融合江南水网生态环境、国际机场口岸跨境资源、智慧物流产业基因等禀赋条件，设计智慧物流体验旅游景点、小镇客厅等标志性特色化元素，构建糅合小镇空港文化、快递文化、江南水乡文化、萧山"潮"文化、国际化开放文化等多种文化的"金名片"，宜业、宜居、宜游。

以4I为核心的"智慧物流"体系让空港小镇成为萧山规模最大的网上交易市场，为萧山抢到了跨境电商领域的"头口水"，走在了全市、全省乃至全国的前列，也带动了萧山产业的转型升级。接下来，小镇将继续融合物联网、大数据、云计算等新技术，补齐人才培训、创业创新、现代金融等新环节，积极打造成为国家临空经济区"示范名镇"、华东临空智慧物流"产业重镇"、杭州宜业宜游空港"主题小镇"，从而成为产业支撑、创新驱动、产城融合、环境一流的"魅力空港城、创业新天堂"。

6. 资源禀赋型

打造资源禀赋型小镇，一是小镇资源优势突出，处于领先地位；二是小镇市场前景广阔，发展潜力巨大；三是对小镇的优势资源深入挖掘，充分体现小镇资源特色。

这类小镇以青田石雕小镇、定海远洋渔业小镇、开化根缘小镇、西湖龙坞茶小镇、桐庐妙笔小镇、磐安江南药镇、庆元香菇小镇、仙居杨梅小镇、桐乡桑蚕小镇、泾阳茯茶小镇、双阳梅花鹿小镇、陇南橄榄小镇、怀柔板栗小镇、通霄飞牛小镇、金山麻竹小镇、宝应莲藕小镇、花都珠宝小镇等为代表。

磐安江南药镇

磐安江南药镇，位于浙江省磐安县新渥镇境内，距离磐安县城不到10千米。自古以来磐安便是浙江省中药材之乡，尤其盛产以"白术、元胡、玄参、白芍、玉竹"为代表的磐五味，被誉为"天然的中药材资源宝库"。

中国药材城"磐安浙八味市场"是长三角地区唯一的大型药材特产批发地。磐安以此为基础,以浙江省特色小镇为发展契机,打造融"秀丽山水、人文景观、生态休闲、旅游度假、康体养生"于一体的江南药镇。建设用地面积393公顷,其中主要建设区用地面积132公顷。

江南药镇以"药材天地、医疗高地、养生福地、旅游胜地"为定位,通过培育中医药健康产业、旅游服务业和养生养老产业三大新兴产业,融产业、旅游、社区、人文功能于一体,建设成为以中草药文化为主,集高端中药产业、旅游度假养生于一体的区域联动发展的特色小镇;塑造一个尊重和传承中国中医药文化、一个人与自然和谐共生、一个可持续发展的精致特色小镇。

江南药镇总投资51.5亿元,主要用于非营利性基础及服务设施和重点工程项目,其中非营利性基础及服务设施投入约11.5亿元,主要用于打造文化旅游品牌、中医药养生园、特色文化街区和中药产业园建设。

江南药镇通过三大功能区形成经济发展新引擎。一是结合浙八味市场,通过药文化园、养生博览馆、中医药文化特色街区、中医院、康体养生园的建设打造江南药镇的核心区,作为药镇对外服务的主体部分;二是主题展示区,包括中医药主题公园、百草园,以中药材的种植和展示功能为主;三是以中医药产业园建设为代表的产业区。

磐安江南药镇被列为浙江省首批特色小镇创建对象,由县委书记牵头专门成立了小镇建设指挥部。截至2015年年底,已开发建设面积112公顷,完成固定资产投资(不包括商品住宅和商业综合体项目)10.05亿元,吸引120家企业、990家个体工商户、20多个创业团队入驻。

江南药镇初见成效,中药材特色产业服务业营业收入已经突破5亿元,百草园、中医药文化特色街区、中医院、康体养生园等项目也已经在规划建设中,逐步将药镇的功能从简单的种植、生产、销售延伸至旅游服务、医疗保健、养生研发等多个领域。

江南药镇作为浙江省唯一一个以中药材特色产业为依托的特色小镇，正在成为全县加快跨越发展的新引擎，为全县中药材产业转型发展提供了新的契机。

定海远洋渔业小镇

定海远洋渔业小镇位于舟山市定海区北部的干览镇境内，毗邻定海西码头渔港，距离定海中心城区 16 千米，距舟山市政府所在地——临城新区 19 千米。

舟山是我国远洋渔业起步最早、最为发达的地区之一。2015 年 4 月，农业部批准在舟山设立全国唯一的国家远洋渔业基地。全市共有远洋渔船 450 余艘、水产精深加工企业 40 余家，远洋渔船数量和远洋水产品捕捞量均占全国的 22% 左右，是全国远洋捕捞鱿鱼最大的输入口岸和主要加工基地，鱿鱼捕捞量占全国的 70%。目前已形成远洋捕捞—海上运输—水产精深加工—冷链物流—水产交易、销售、服务等全产业链的远洋渔业发展体系。

同时，定海西码头渔港具有"百年渔港"的传承历史，自古以来是舟山本岛北部的政治、经济、文化、交通和贸易中心，人文底蕴深厚，是舟山和浙江渔业振兴史的缩影。

定海远洋渔业小镇立足"远洋渔业"和"渔文化"的地域特色，抓住舟山国家远洋渔业基地建设的契机，遵循浙江省特色小镇倡导的"产、城、人、文"四位一体的发展理念，重点打造集科研、生产、物流于一体的海洋健康食品、新型海洋保健品、远洋生物医药等海洋健康产业。小镇采用"海洋健康产业+"的创新发展模式，促进健康产业与新经济模式的充分"嫁接、契合、互融"，积极推动创意、文化、旅游、电子商务等新兴业态发展，构建形成多链条、高融合的新型产业生态圈，积极打造成为富有浓郁海岛渔文化气息的远洋渔业特色小镇。

远洋渔业小镇规划面积约 3.18 平方千米，其中建设用地面积

1.26 平方千米。总体布局为"一核五区",包括核心区(远洋渔都风情湾区,即小镇客厅)以及远洋健康产品加工区、健康产品物流区、健康休闲体验区、生活配套区和综合保障区。通过创建"远洋渔业小镇",有利于更高品质地打造舟山国家远洋渔业基地,成为浙江海洋经济发展新的增长点;有利于完善浙江省健康产业体系建设,成为浙江健康产业发展示范区与产业基地;有利于海岛文化传承和高端要素集聚,成为浙江舟山群岛新区的形象展示窗口;有利于优化浙江舟山群岛新区城乡空间格局,成为浙江"产城融合"的典范区。

远洋渔业小镇通过五大优势树立海洋健康产业新典范。一是舟山远洋渔业全国领先,具备发展远洋健康食品产业的坚实基础。二是远洋渔业前景广阔,舟山拥有全国唯一的国家远洋渔业基地。三是海岸线腹地资源极佳,定海西码头区域远洋渔业基地建设初步成型。四是百年渔港历史传承,定海西码头渔港人文底蕴深厚。五是各级领导高度重视,省、市政府全力支持远洋渔业基地建设。

定海远洋渔业小镇未来将大力发展以"海洋健康食品和海洋生物医药研发制造"为主的海洋健康制造业,积极培育远洋渔业的总部服务经济和文化休闲经济功能,围绕"海洋健康制造"主题积极引进战略运营商,不断改善和塑造远洋渔业小镇的软硬件环境,完成"一港、一湾、一基地"的目标愿景。

目前,小镇已经引进中国水产舟山海洋渔业公司总投资 10 亿元的深海鱿鱼健康食品加工和中农发远洋渔业基地项目;已经引进浙江兴业集团公司(与日本玛鲁哈公司合资)总投资 5 亿元的深海鱼油加工项目;正积极与正大集团、新希望集团等洽谈合作。同时,与上海海洋大学国家远洋渔业工程技术研究中心达成初步合作意向。

定海远洋渔业小镇规划期内计划共新(扩)建项目 12 个,包括 9 个产业项目和 3 个基础设施配套项目,总投资 52.58 亿元,至 2015 年年底完成 13 亿元的投资额;到 2017 年年底,预计可实现年产值 60 亿元,产生年税收收入 1 亿元以上,集聚中高级人才 100 人以上,提供就业岗位6000个左右，年旅游人次30万人以上。

按照"三年初见成效"的总体安排，定海将坚持政府引导、企业主体、市场化运作的原则，进一步强化规划引导、产业培育和要素保障，加快和督促特色小镇项目推进，积极打造一个产业特色鲜明、地方文化独特、生态环境优美、"产、城、人"三位一体的省内唯一的远洋渔业健康产业小镇，使之成为长三角地区乃至全国海洋健康产业的新样板、新典范。

7. 生态旅游型

打造生态旅游型小镇，一是小镇生态环境良好，宜居宜游；二是产业特点以绿色低碳为主，可持续性较强；三是小镇以生态观光、康体休闲为主。

这类小镇以亚龙湾玫瑰谷小镇、吉林金川镇、仙居神仙氧吧小镇、武义温泉小镇、宁海森林温泉小镇、乐清雁荡山月光小镇、临安红叶小镇、青田欧洲小镇、景宁畲乡小镇、杭州湾花田小镇、万宁水乡小镇、龙江碧野小镇、廊下田园小镇、莲麻乡情小镇、锦洞桃花小镇、联溪徒步小镇等为代表。

亚龙湾玫瑰谷小镇

"小康不小康，关键看老乡。"2013年，习近平总书记在三亚亚龙湾玫瑰谷景区考察时讲出的这句话，暖了群众的心，也指出了加快"三农"发展、全面建成小康所应明确的重中之重、力量来源和根本目的。三年多时间，无论是中央还是省委省政府、市委市政府都对玫瑰谷景区发展，尤其是带动亚龙湾周边村民致富奔小康给予了高度关注和支持。

谋划好亚龙湾玫瑰谷产业小镇建设，要做到两个紧紧依托：一是紧紧依托亚龙湾国家旅游度假区，做到湾区有所缺，我有所补，丰富亚龙湾旅游业态；二是紧紧依托当地百姓，多征集百姓意见，在提供就业岗位的同时，帮扶带动村民发展民宿、农家乐等小产业，增加村民收入。

2016 年，亚龙湾玫瑰谷产业小镇被列为全省 100 个特色小镇和三亚 8 个特色小镇之一，加快产业布局和发展。根据规划，亚龙湾玫瑰谷产业小镇，将在现有玫瑰谷景区的基础上，打造一个占地 4500 亩，集玫瑰谷景区、玫瑰酒庄、玫瑰深加工、玫瑰主题乐园等丰富玫瑰附加产品，形成拥有玫瑰品牌文化、宜居宜业的产业小镇。项目建成之后，将从现在吸纳 300 多名村民就业增加到上万人，丰富亚龙湾旅游业态，带动周边村民就业、奔小康，"溢出效应"十分明显。

吉林金川镇

金川镇是著名的旅游小镇，地处长白山系龙岗山脉，景色素以"八湾、二顶、一瀑、一漂"为人们所称道。大龙湾、三角龙湾、二龙湾、小龙湾、南龙湾、旱龙湾、东龙湾及花样龙湾各具风貌；金龙顶和四方顶美不胜收；吊水湖瀑布飞流直下；后河漂流激动人心。整个面貌以森林生态景观为主体，火山口湖群和火山锥体为骨架，流泉、瀑布为脉络，人文建筑点缀其间，构成了一幅静态景观与动感景观相协调、自然景观与人文景观浑然一体、风格独特的生动画卷。这里山峦叠翠钟灵毓秀，湖光山色恬静瑰丽，曲溪流涧清澈碧透，险峰奇石鬼斧神工。那一泓泓深潭碧水，波光粼粼，与蓝天白云、绿树鲜花交相辉映，景色清丽而神秘，宛如世外桃源，令人心驰神往。原始密林中的河流从峭壁飞流直下，形成别具一格的"吊水壶"瀑布。蜿蜒的后河河谷流淌出迤逦的景色，奢侈的漂流独具风格，用矿泉河做娱乐漂流也是难得一见的景色。

景区内集中分布有 7 个火山口湖，是我国单位面积内火山口湖分布最集中、最典型，原始状态保存最完好的火山口湖群，堪称世界上空间分布密度最大的火山口湖群，被许多专家认定为世界上最典型的玛珥湖群。其周围含有矿物的火山灰及其渣屑，为植物的生长提供了丰富的养料，使这里的森林、湿地发育和生长得十分迅速和繁茂，形成了独特而完整的生态系统，有着丰富的生物物种，呈现出宜人的风光景致，散发着自然、神秘的魅力，吸引着越来越多的国内外游客、专家和学者前来观光、休闲、科考和探险。

金川镇是被原始森林包围着的小镇，整个小镇森林覆盖率高达83%。畅游小镇，远离繁忙的城市生活，远离喧嚣与烦躁，远离污染与尘埃，一个"清"字最能表达身心的愉悦：这里有清新润肺的空气；这里有清澈甘甜的矿泉水；这里有青山绿水的优质生态环境；这里有清新悠然的慢节奏生活。畅游小镇，心境会豁然开朗，心绪会怡然自得，融于自然，你会清爽得物我两忘。

红色旅游也是金川镇的一个宝贵的人文资源，著名的"河里会议"遗址就位于金川镇。抗联英雄杨靖宇、曹亚范、金伯阳当年在这里奋勇杀敌，保家卫国。英雄的足迹留在了这片热土上，烈士的鲜血洒在了龙湾湖畔，英雄不朽的英魂也长眠于此。中共满洲省委巡视员金伯阳和东北抗日联军师长曹亚范等11名抗联将士即葬于此地，金川镇烈士陵园被吉林省委、省政府命名为"吉林省爱国主义教育基地"，抗联文化在金川镇被完整地保存了下来。

每年春天，金川镇都要承办"中国·吉林龙湾野生杜鹃花卉旅游节"。2016年恰逢纪念中国自然保护区建立60周年，又增添了"龙湾杯"全国生态摄影大赛，一位前来参赛的老游客写下了这样的诗句："春来景色聚龙湾，十届花节赏杜鹃。映水层林添意境，风光首选在金川。"

四季轮回，这里演绎着春夏秋冬不同的景色：春天，群山含黛，生机无限，翠绿丛中百花争艳，是色彩的梦幻曲；夏天，山清水秀，林风飒飒，平湖泛舟迎爽纳凉，是浓郁的抒情诗；秋天，山呈五色，枫林流丹，鱼新虾鲜，瓜香果甜，是迷人的交响乐；冬天，冰情雪韵，琼枝玉条，银装素裹，分外妖娆，是清雅的欢乐歌。尤值一提的是漫长冬季的冰雪资源极具开发价值，小镇为此投资建设了龙堡森林度假村项目，把滑雪的刺激与泡温泉的舒适同时提供给游客，将冰天雪地打造成金山银山。

最让金川人自豪的是，金川的矿泉水资源储量位居全国乡镇之冠！小镇也因此获得了矿泉水之乡的美称。全镇区域内矿泉总数为 37 处，大型矿泉有大泉眼、古山泉、马龙泡山泉等，水流量大，适宜建设大型矿泉水生产企业。目前，小镇内只有天龙泉、日月泉、辉发山泉、龙湾泉 4 处矿泉建成了矿泉水厂，未来的开发潜力不容小觑。

天然矿泉水源源不断，小镇的生产、生活每天都在使用矿泉水，就连人们的洗衣、做饭等，用的也是矿泉水。有人开玩笑说：有一种奢侈叫矿泉水冲马桶。其实金川人很珍惜矿泉水这种天赐之福，一直以来，他们都在想尽办法保护和开发矿泉水资源，努力使这种宝贵的水资源惠及更加广泛的人群。

在小镇，金川人还建设了"中国矿泉水之乡"展示区，这是一个集科普、保护、宣传、推介、展示、旅游于一体的综合性展示项目，利用辉南县东南部矿泉水集群的自然优势，扩大矿泉水资源招商力度，打造具有地方特色的旅游项目，延长旅游线路。

小镇处处都是宝，除了矿泉水资源，火山渣、泥炭、玄武岩、铁矿石储量也都相当可观。火山渣储量 4000 万立方米，具有多孔、质轻等优点，是上等的建筑材料；泥炭资源也非常丰富，总储量约为 2000 万立方米，可以生产燃料、轻体建材和复合肥；玄武岩产品则远销韩国和日本。小镇资源的合理开发利用还任重而道远。

8. 高端制造型

打造高端制造型小镇，一是小镇产业以高精尖为主，并始终遵循产城融合理念；二是注重高级人才资源的引进，为小镇持续发展增加动力；三是突出小镇的智能化建设。

这类小镇以萧山机器人小镇、宁海智能汽车小镇、长兴新能源小镇、江北动力小镇、秀洲光伏小镇、海盐核电小镇、江山光谷小镇、新昌智能装备小镇、南浔智能电梯小镇、城阳动车小镇、中北汽车小镇、路桥沃尔沃小镇、窦店高端制造小镇、爱飞客航空小镇为代表。

萧山机器人小镇

萧山机器人小镇坐落于萧山经济技术开发区桥南新城，西至绕城高速，北至塘新线及红山农场交界，南至杭甬高速及南沙老堤，东至光明直河及红山农场交界，总规划面积达 2.37 平方千米。机器人小镇遵循生态优先，以资源节约型和环境友好型为建设原则，贯彻打造生态系统理念，建设相关研发中心、科技孵化器、产业生产基地、展览会展厅、休闲商务区等，以期实现经济效益、社会效益和生态效益的共赢和统一。

机器人小镇将具备以下功能：

● 研发设计

引进 ABB 全球研发中心浙江分中心、安川电机华东研发中心、浙江大学、上海交大、凯尔达机器人研究院、娃哈哈研发中心、兆丰机电国家千人计划研究院等高端研发中心，集聚行业精英，力求打造一流的机器人产业研发基地。建立国家级机器人质量检测中心，为机器人产业发展提供科技服务。

● 科技孵化

以开发区投资公司为主体，建设机器人科技孵化器，提供统一检测检验、行政、投融资对接、创业项目路演、银行服务绿色通道、法律和政策咨询、企业合作对接等共性服务，加快机器人新技术产业化步伐。

● 生产制造

不断引进国际机器人四大家族 ABB、库卡（KUKA）、发那科（FANUC）、安川电机（YASKAWA），国内行业知名龙头企业、专精特产品及关键零部件生产企业等，打造成为国内机器人产业生产基地，营造良好的产业氛围。

● 展示展览

建设机器人专业会展中心和"无人智能示范工厂"，定期或不定期举办全国性、区域性的机器人博览会等，展现该领域的行业水平，并运用云会展等现代信息技术，实现线上与线下的相互支撑，促进行业内外交流发展。

● 工程服务

建设萧山区机器人服务中心，为企业"机器换人"提供集方案设计、设备采购、融资租赁于一体的专业服务，同时以此为契机，大力培育和引进一批面向特定行业、特定需求的专业工程技术服务公司，提高工程服务综合实力。

● 旅游体验

开放部分机器人生产及应用环节，设计机器人工业旅游线路，大力发展机器人工业旅游，同时引进乐高机器人体验中心等，举办各类机器人赛事，打造机器人旅游与体验中心，走创意智慧型旅游路线。

● 总部经济

发挥区域优势，提供有利条件，吸引大量机器人企业总部来此集群布局，使企业价值链与区域资源实现最优空间耦合，达到高端智能的大规模聚合，推进多元文化的碰撞与融合，促进机器人产业园国际化发展。

● 论坛会务

建设机器人会议中心，汇集机器人业界影响力人士，如领军企业家、投资人、创业者等，举办机器人发展及应用高峰论坛、年度大会、季度活动、小型主题分享会等，为机器人产业提供深度交流平台和合作机会。

● 娱乐休闲

配套建设机器人主题公园、特色餐厅、咖啡吧等休闲项目，围绕机器人进行周边服务的功能扩展，合理配置城市土地资源，进一步优化生态环境，形成萧山机器人小镇的个性魅力，做到真正的产城融合、宜居宜业。

机器人小镇创建之微观运作：

●交通区位便利。萧山经济技术开发区桥南新城地处钱塘江南岸，是浙江交通枢纽，位置优越，交通便捷。杭州萧山国际机场是中国重要的干线机场，已开通国内外定期航线160条，通达108个城市，12家大型物流企业在机场设有转运中心。杭州绕城高速与沪杭甬、杭浦、杭千、杭徽、杭宁、杭金衢、机场高速相连，三小时内可达长三角15个中心城市。浙赣、萧甬铁路在萧山交会，沪杭高铁用时仅需50分钟。水路距上海港180千米、宁波港150千米，经钱江通道至乍浦港70千米，通过杭甬运河可直达浙东地区，地铁一、二、五号线与杭州主城区无缝对接。

●区域经济发达。机器人产业的发展是经济社会特别是工业经济发展到一定阶段的产物。萧山区域经济发达，2014年全区实现生产总值（GDP）1728亿元，人均GDP达到138309元，按当年平均汇率折算，人均GDP达到22516美元。全年实现财政总收入243亿元，全年城镇常住居民和农村常住居民人均可支配收入分别达到47195元和26758元，全年实现工业总产值4740亿元，其中规模以上工业实现产值4173亿元，665个工业性投资项目完成投资289亿元。萧山发达的区域经济不仅为机器人产业的发展提供了坚实的物质基础，而且本身就是一个巨大的机器人市场。

●产业业态良好。萧山是浙江省机器人产业的先行区之一。机器人产业主要生产企业超过30家，产业规模突破30亿元。新松机器人是国内机器人领域的领军企业，总投资18亿元的新松南方创新研究中心及产业化基地项目一期工程于2013年年底建成投产，可实现年产值100亿元，瑞典机器人研发中心等一批重大项目落户萧山，杭州凯尔达机器人科技有限公司是凯尔达集团与安川电机（中国）有限公司共同组建的中外合资企业，是国内焊接机器人领域的龙头。装备制造业是萧山区的三大主导产业之一，装备制造业企业 2800 余家，产值超千亿元，形成了从系统、整机到部件、机械基础件较为完整的产业链，为机器人产业的发展提供了优越的产业生态。

●科研力量丰富。机器人产业是典型的高技术密集产业。萧山科技创新工作一直走在全省前列，连续 11 年荣获全国科技进步先进县（市、区）称号，科技综合实力 8 年保持全省第一，2014 年 2 月被确定为浙江省首批创新型城区试点。目前，全区有国家重点扶持的高新技术企业 221 家，省级科技型企业 377 家、省级创新型企业 12 家（其中国家级 2 家），建成各类企业技术（研发）中心 321 家，博士后科研工作站 28 家，省级院士专家工作站 4 家，国家"千人计划"人选 12 人、浙江省"千人计划"人选 25 人，为机器人产业发展提供了良好的科技与人才支撑条件。

●应用市场先行。全区上下充分认识到机器人产业及"机器换人"对于萧山工业转型升级的重大意义，全力推进全省"两化"融合综合示范区建设，通过"机器换人"，着力推进化纤纺织、机械装备制造等产业领域的提升发展，兆丰机电、亚太机电、荣盛集团等正引领全区装备制造业实现生产过程的全智能化。2014 年，全区有 100 个项目列入全市首批"机器换人"项目。在全省"机器换人"考核中，萧山区荣获一等奖。重汽杭发是浙江省内最早运用机器人的企业之一；兆丰机电目前已拥有独立的机器人操作系统，在掌握核心技术的同时实现高科技产出；健盛袜业是国内第一批实现袜子全自动生产的企业。

宁海智能汽车小镇

宁海智能汽车小镇循着产城融合理念，推进小镇基础设施、绿化景观、文化展示馆、智慧城市建设。这里以新能源汽车产业为核心，以智能化为特色，加快建设工业参观廊道、汽车主题公园、科技文化中心、特色街区以及慢行系统等功能区块，增强新能源汽车的辐射和集聚功能。

智能化是小镇的最大特点。在小镇创建过程中，始终突出和融合"智能化"与"汽车"两大元素，实现"产品、生产、产品管理、商业模式、小镇建设管理"五大智能化。在小镇的管理上，借助物联感知、"互联网＋"、移动互联网的技术提供整体智慧化应用服务，建成集基础设施物联、智慧安防、智能工地、智慧旅游、便民生活于一体的智慧小镇服务平台。

宁海智能汽车小镇的功能布局为"二轴、五区、四线"。

二轴，指沿金海路、腾飞路形成的十字形交通联系轴，自西向东、自南向北串联小镇的五大功能区块。

五区，指小镇的五大功能片区，自西向东依次为：

生产制造区，包括新能源汽车整车生产基地项目、新能源汽车关键零部件产业基地项目研发；

生活配套区，包括小镇生活商务配套区建设项目、滨江创新研发园建设项目；

智生活体验区，包括汽车主题酒店项目、后汽车商业街区项目、体验购物街区项目、文创街区项目、智生活社区项目；

游乐体验展示区，包括科技文化展示中心、汽车公园、智造商务中心建设项目；

商务管理服务区，包括行政商务中心。

四线，指四条游览线，以位于小镇门户位置的"智能汽车展示中心兼游客中心"为起点，规划文化商业游、工业体验游、电动车游览、自然风光游四条不同主题的游览线路，将小镇及周边旅游资源充分串联，形成完整的休闲体验旅游体系。

预计到 2017 年年底，智能汽车小镇的新能源汽车产值将超过 100 亿元，到 2020 年可望达到 300 亿元，集聚中高级人才 5000 人，带动 1 万人就业，成为宁波产业转型发展的一道强光。

9. 金融创新型

打造金融创新型小镇，一是小镇经济发展迅速的核心区域，具备得天独厚的区位优势、人才优势、资源优势、创新优势、政策优势；二是小镇有一定的财富积累，市场广阔，投融资空间巨大；三是科技金融是此类小镇发展的强大动力和重要支撑。

以上城玉皇山南基金小镇、梅山海洋金融小镇、富阳硅谷小镇、义乌丝路金融小镇、西溪谷互联网金融小镇、拱墅运河财富小镇、乌镇互联网小镇、房山基金小镇、南海千灯湖小镇、万博基金小镇、花东绿色金融小镇、新塘基金小镇等为代表。

烟台"东方酒肆"众筹小镇

众筹小镇的核心思路就是发动万千"粉丝"参与众筹，形成资金、资源、能力、客户、产业、社区、教育、医疗等的集聚，他们的身份也从单一的消费者，变为"投资者与消费者"的结合体，从而使得开发商在开发初期就锁定了优质的众筹投资人和市场客户，既减轻了开发商的资金压力，又绑定了一部分物业，解决了项目销售端问题。

众筹小镇既可以推动城镇化、产业、居住等一体化的发展，又可以从粉丝到消费者，从消费者到产业，从产业到城镇化，形成自我循环、自我造血、自我发展的经济综合体，打造出互联网化的新型城镇发展模式。

● 平台定位：打造三大平台

首先，打造以葡萄酒文化为主题的旅游核心项目，提升项目名气，带动区域人气，形成综合性旅游体验平台；其次，利用文化休闲商街、度假酒店、沙滩营地与海上栈桥等休闲产品的聚集，延长停留时间并扩大休闲消费，形成高品位文化休闲体验平台；最后，带动文化旅游地产的开发，实现土地开发的良好收益与资金流的回收，形成一流的旅游度假地产置业平台。

●业态支撑：形成四大中心业态

三大平台的构建，需要业态的支撑。从核心吸引中心、休闲聚集中心、文化产业生产中心和利润创造中心四个角度，设置了餐饮、街区、广场等业态。

●运营模式：招商、选商、活商、养商

在区域旅游的打造和运营过程中，将商业和旅游运营模式紧密结合。商业部分，形成全程把控机制和商业运营体系，并建立属于自身造血的盈利点。旅游方面，根据针对性的旅游营销办法与有效节点活动营销，形成品牌旅游项目，从而带来利益空间。最终，通过旅游与商业的有效结合，实现旅游带动人流、商业带动消费、综合支撑营销的联动态势，建立整个烟台"东方酒肆"葡萄酒小镇旅游品牌基础和拓展空间。

●盈利模式：四个盈利来源

众筹小镇的盈利来自于原著居民、经营者、投资者及旅客四个方面。其中，具有吸引力的文化游线为观光型景区带来的传统旅游游客群，是盈利形成的基础；具有差异性需求的复合型商业聚集为休闲消费型景区带来的商业旅游客群，使得盈利能够更加持久；具有持续性基本需求的度假产品为分时度假结构带来的基础旅居客群，巩固了小镇的盈利结构。

●"东方酒肆"的众筹开发方案

"东方酒肆"是结合了红酒产业和旅游产业的小镇形态，是旅游产业综合化的一种产物。这种形态在旅游项目开发中已经成为越来越有影响力的一种形式。它以众筹为发展模式和特色，将形成葡萄酒交易中心，集红酒的批发、零售、仓储、展销为一体；将形成葡萄酒文化产业集聚区，涵盖葡萄酒文化、葡萄酒博览、葡萄酒学院、葡萄酒展览等多种业态；将形成葡萄酒文化小镇创意产业示范区，通过建设设计、景观特色表达等，彰显文化创意的力量；将通过"酒币"的设计，形成交易模式的创新互动性体验；将以众筹论坛、俱乐部、创新孵化基地，形成"东方酒肆"葡萄酒文化旅游小镇众筹核心区。

"东方酒肆"众筹小镇的吸引力，在于以多元业态项目的开发众筹为核心，通过"投资商、运营商"两个招商，锁定"投资商、消费者"，一方面解决项目资金问题，另一方面解决项目招商及运营问题。同时，还可为项目导入具有参与黏性、主人翁黏性、消费黏性、收益黏性的消费者，解决人气问题。

北京基金小镇

新年初始，京西房山区的长沟镇，一个新型的产业生态圈——北京基金小镇初现雏形。如果说2015年是北京基金小镇的开局之年，那么2016年，小镇则进入了布局之年。房山区政府将小镇定位并建设成为国内最大的以生态环保、智慧科技、宜居宜业、业城融合为主题的基金产业生态圈。

2016年，北京基金小镇吸引创业投资基金、股权投资基金、证券投资基金、对冲基金等各类基金及相关金融机构入驻，形成了基金产业集聚区。据了解，截至2016年2月底，已经引进文资光大、国开城市发展基金、柒壹资本、追远财富等77家企业入驻，资产管理规模超过1500亿元。

小镇还将培育孵化成熟的基金管理人和资产管理公司，并与北京大学、中央财经大学、沃顿商学院等合作成立研究院及基金研究中心和培训中心，以此完善小镇的功能平台，助力北京基金小镇建设。

房山区金融办主任刘金辉如是说："北京基金小镇力争到2020年，引进、培育具有较大规模的基金机构超过500家，管理的资产总规模超过1万亿元。"

优质高效的服务平台、生态绿色的自然环境、配套齐全的基础设施、毗邻国家高速的便利交通……这些来自北京基金小镇为入驻企业提供的服务项目，融合成为了小镇建设产业生态圈的另一个撒手锏。

"小镇人员配置和工作服务效率很高，在我们申请入驻到资料审核完毕只用了 5 个工作日，并且这里还有一支专业的团队来帮助企业进行工商注册等手续的办理，非常方便。"入驻企业北京天算复兴投资管理有限公司总经理钟笑天介绍道。

北京基金小镇的一期建筑面积 32 万平方米竣工并投入使用，包括办公基地、住宅及相关生活配套等。另外，总建筑面积 2.78 万平方米的北京基金小镇国际会议中心已在 2015 年投入使用。

上城玉皇山南基金小镇

上城玉皇山南基金小镇正式揭牌，一个类似于美国对冲基金天堂格林尼治的基金小镇，在国内诞生了。基金小镇凭借金融业列入首批浙江省特色小镇创建名单。

玉皇山南基金小镇位于杭州市上城区玉皇山南，地处西湖世界文化遗产保护带的南端。车水马龙地，玉皇山脚下；背倚八卦田，南宋建筑群。这片南宋皇城根下的产业园，三面环山，一面临江，是千年皇城脚下的城中村，西湖边上的原住地。玉皇山南基金小镇核心区规划总占地面积 2.5 平方千米，总建筑面积约 30 万平方米。

以美国格林尼治基金小镇为标杆，运用国际先进理念和运作模式，结合浙江省和杭州市的发展条件和区域特质所打造的集基金、文创和旅游三大功能为一体的特色小镇。

基金小镇用"微城市"的理念打造园区，加快建设生活配套服务平台，在玉皇山南集聚区内，公共食堂、商务宾馆、停车场、配套超市等正在加快建设，有的已投入使用。基金小镇还将提供一系列特色配套服务。

比如引进由省金融业发展促进会组建和管理的"浙江省金融家俱乐部"，将创办成立"浙江金融博物馆"，成立对冲基金研究院，为小镇入驻私募机构提供专业化服务。

根据规划，一期的山南国际创意产业园已建成，入驻企业以文创、私募（对冲）基金为主；二期甘水巷、海月水景公园、鱼塘北地块正在建设中，主要集聚私募基金龙头型企业；三期三角地仓库区块和四期白塔片机务段区块，引进为基金小镇提供配套金融服务的私募中介机构、初创型机构等。一次设计将碎片化的基金小镇整合入微小镇生活圈，描绘着线上线下工作生活紧密关联的小镇蓝图。

10. 时尚创意型

打造时尚创意型小镇，一是小镇以时尚产业为主导，并与国际接轨，引领国际时尚潮流；二是小镇应该以文化为深度，以时尚为广度，实现产业的融合发展；三是小镇应该打造一个时尚产业的平台，促进国内与国际的互动交流。

此类特色小镇以余杭艺尚小镇、滨江创意小镇、西湖艺创小镇、江干丁兰智慧小镇、大江东巧客小镇、安吉影视小镇、兰亭书法文化创意小镇、乐清蝴蝶文创小镇、杨宋中影基地小镇、宋庄艺术小镇、张家楼油画小镇、狮岭时尚产业小镇、增江街1978文化创意小镇为代表。

余杭艺尚小镇

艺尚小镇位于临平新城核心区，规划面积3平方千米。作为未来的城市副中心，规划区成为临平要素集聚、交汇的链接区块，其建设对整合临平的区域资源、梳理城市空间结构、优化城市服务功能、提升城市生活品质有着至关重要的作用。

艺尚小镇以时尚产业为主导，把推进国际化、体现文化特色与加强互联网应用相结合作为小镇主要定位特色。规划形成"一心两轴两街"的基本格局，"一心"为小镇的形象之心、交通之心、功能之心，"两轴"为沿望梅快速路及其延伸段形成的山水文化轴和沿迎宾路形成的产城融合轴，"两街"即中国·艺尚中心项目形成的时尚艺术步行街和调整后的汀兰路时尚文化步行街。

艺尚小镇产业规划由时尚设计发布集聚区、时尚教育培训集聚区、时尚产业拓展集聚区、时尚旅游休闲集聚区、跨境电子商务集聚区和金融商务集聚区六部分组成。

艺尚小镇产业定位于设计与研发、销售展示、旅游休闲以及教育与培训等，引进品牌服装企业 80 家左右。

"中法青年时尚设计人才交流计划"基地已落户"艺尚小镇"；中国服装协会、中国服装设计师协会、法国时尚学院、中法时尚合作委员会已签署入驻协议，美国纽约大学时尚学院、英国圣马丁艺术学院和意大利马兰欧尼时尚学院三大国际知名时尚学院正在积极引进中，七匹狼、太平鸟等 40 余家国内知名品牌已签订入驻协议。

在特色小镇开发实践过程中，还应坚持以下指导理念。

一是建构清晰的特色小镇建设理论体系，懂得特色小镇作为一种现代地域生产力要素的理论价值与现实发展的应用价值，特别是要理解特色小镇在中国城市社会来临的当代，作为一种新兴地域经济结构节点，在寻求传统价值与现代价值结合中推进特色小镇的创新。特色小镇在落实中求发展，在发展中求创新，并产生积极的社会价值、经济价值、文化价值和生态价值。实际操作中，建立符合省情市情的一整套考核指标，为小镇发展提出"规定动作""规定时间"以及创新空间。寻求差异性定位，把握价值与优势的唯一性要素整合创新。寻求差异定位的过程就是发掘自身独特价值和优势的过程，这是一个非常重要的关键步骤。基金小镇、智慧小镇、梦想小镇、云栖小镇、巧克力甜蜜小镇……每个都是某种唯一性的"单打冠军"，或注重于互联网、或注重地方文化、或强调人才群体……产业差异化定位十分明显。以浙江南湖基金小镇为例，将自身定位为"中国首个基金小镇"，力争发展成为长三角地区汇集高端元素的金融创新示范区，从而抢占了中国第一基金小镇的位置，实现了价值再造和优势重塑的目的。

二是以创造充分就业为目的建构特色小镇的新生活方式，而不是画一个空间、给个名称就是特色小镇了，必须以全新的社会发展创新的视角，来建构工作与生活结合的"创业创新生活综合体"——特色小镇。充分就业是一个社会健康发展的根本保证。浙江一些成功的特色小镇的建设在这方面提供了一个新的发展模式，"产城一体"在特色小镇建设上获得了充分表现。空间构成生产关系和生产力的核心要素组成部分，特色小镇在创造产业高效集聚发展的同时，创造了较为良好的可充分就业和创业空间。以梦栖小镇为例，通过"一街一山一河"的设计产业布局，形成了设计产业集聚区、设计创客创意区、设计人才生活区三大功能集聚区，是典型的空间再生产的结果。此类充分就业空间不求大而全，只求精而细，充分提高内部空间的环境品质，按照3A级或5A级景区的标准来打造内部空间，以此营造就业、创业和创新的人性化、艺术化和品质化生产生活空间。放大产业组合集聚的"溢出效应"，建构特色小镇的产业发展的核心化、集约化模式，这是支撑特色小镇繁荣的关键所在。要在有限的空间中进行优势产业和明星企业的集聚，至少形成1个或多个占据区域产业价值链顶端的产业。如杭州云栖小镇的云计算机产业，形成了产值高达30亿元的产业规模，同时集聚了一批诸如阿里云、富士康和英特尔等行业明星企业。其中由阿里云发起成立的由45家成员构成的中国首个云计算机产业联盟，构成了特色小镇的核心产业价值生态。小镇构建了"创新牧场—产业黑土—科技蓝天"的创新生态圈。这种产业生态价值链的塑造使得云栖小镇形成覆盖云计算、大数据、互联网金融和移动互联网等"产业网链"，产业集聚的"溢出效应"明显。

三是创新品牌，培育小镇的内生机制和高端"品牌文化群落"。从本质上看，品牌是一种精神、品质、社会属性和价值的核心象征，具有很强的"溢价"效应。因此，品牌的体系化发展构成了浙江特色小镇建设的重要内容，大致可以分为产业品牌、文化品牌、服务品牌、旅游品牌、生态品牌和节庆品牌等。如由阿里云、富士康等一批国内外明星企业的集聚，逐渐确立了全国首个云计算机产业生态小镇的整体品牌，既可以确立产业领域的领先地位，又形成培育和增强自身附加价值的长远意义。有了集约型、集群型的企业品牌价值，就可以通过高端品牌的知名度来快速提升自身的影响力，形成内生的自主发展动力。例如梦栖小镇从产业定位、资金支持、项目引进、权威机构支持、行业协会支持、奖项颁布六大方面打造了享誉国内外的知名工业设计小镇，特别是引入诸如意大利金圆规奖、福布斯中国设计力量榜单和中国设计原创奖，并成为奖项永久颁布地。这些举措让梦栖小镇快速抢占了国内甚至国际工业设计创新集聚的高点。

四是创造"小镇如家"的心理归宿感，打造完全型社区生活体系。特色小镇建设的成功是一个多要素整合创新的结果，很多专家学者都有相关的总结。之所以特色小镇能够经受实践检验而获得成功，相关学者总结的"特色突出论"是可以直接参考的。

首先是"突出大众创业万众创新载体特色"。为了便于创业创新要素的集聚，在平台构筑、文化培育、社区建设等方面推进多要素的组合；对小镇孵化器、居住小区、休闲空间等规划设计，小镇主人全程参与。

其次是"突出互联网思维＋行动计划落实"。通过大数据应用等来科学确定小镇最优规划方案，并能实现智能化、动态化调整。

再次是"突出牵头企业或商会协会主导地位"。提出"政府应尽量谦虚些"的经营管理理念，充分发挥专业化知识与经验的作用，从严谨的科学高度，前瞻性谋划特色小镇建设方案，让特色小镇能够既具有可预期的投资规模与时序，又可以看到预期的结果和成果。同时，必须预见到未来发展的不确定性，为小镇规划出发展预留空间。

最后是"突出生态环境建设与宜居环境营造"。其核心意义是为了解决高端创业人群对空间与文化环境的需求，创造良好工作、生活、休闲、学习和日常消费环境，形成安居乐业的生活体系。还有就是"突出社区自治与自我服务魅力"。通过社区治理活动的充分参与、社区文化的共同培育，增强创业者和居住者对特色小镇的文化认同，进而形成"社区如家"的特色小镇社区意识和心理归宿感。

五是福民富民，宜居宜游宜业宜商。特色小镇建设的另一个重要内容就是：在为社会创造财富的同时，为地方建立了福民富民的内在经济文化基因。如"钱塘智造小镇＋东方电商小镇"模式，形成了"区域统筹，产城联动"的发展体系，立足江干科技园区基础，重点推进工业4.0的智能制造产业，形成智造小镇；同时，围绕东方电子商务园、四季青服装交易中心、九堡客运中心形成电商产业小镇。两个空间互为表里，完善生活配套，提升环境品质，形成高品质的社区，在生态内田园型的居住区内形成"生态休闲创客村落区"，充分表现了就地城镇化的发展势态。

六是创造特色小镇建设制度型保障体系。特色小镇建设要与"任职同期"这一管理体系要求，不仅强化了管理者从"保姆式服务"到"教练式服务"观念的转变，更是在服务能级提升的同时，也创造了发展稳健、目标清晰、预期明确的特色小镇发展方式。所谓的教练式服务就是要十分精通行业情况，有能力告诉企业该如何经营，在有限的空间内集聚产业资源，形成相对成熟完整的"产业生态圈"。浙江南湖小镇的一个值得借鉴的做法是通过精深和专业化服务，构建了"金融生态圈"，其工作人员对金融行业十分了解，让入驻金融企业可以享受到更为专业化的服务。作为新兴产业培育壮大的新平台，特色小镇在规划建设和管理上更加突出互联网思维，通过有机集聚各方智慧，通过大数据应用等来科学确定小镇最优管理方案，并能实现智能化、动态化管理。同时，注重产业互联网的建设及其带来的系列新产业门类与业态培育、新商业或制造运营模式创新、新经济"蓝海"和"长尾产品蓝海"的开辟等，作为特色小镇发展的重中之重。由于强化的"与任职同期的责任制"，特色小镇建设呈现快速、健康、有序、有效的发展局面。

建议篇

热潮中须
冷思考

一、特色小镇能不能成为城镇化的主流

弗雷德里克·C. 豪（Frederic C. Howe）和林肯·斯蒂芬斯（Lincoln Steffens）认为，现代城市在人类文明中标志着一个时代的到来，并由此诞生一个新的社会。可以说，自工业革命以来，城镇化（西方称之为城市化）一直被认为是国家和地区推动经济发展和实现现代化的重要标志和必经之路。党的十八大和十八届三中全会将新型城镇化建设上升到"国家发展战略的核心"和"提高综合国力的关键"的高度，这就意味着以新型城镇化为发展战略的重大抉择，有望进一步释放改革红利，成为推动经济发展的新引擎。

新型城镇化的发展固然是对传统城镇化的超越，但也决不能就此低估其发展过程中的潜在风险和障碍。一方面，在社会转型期，新事物的爆发式增长和新问题的外显式扩张在带来发展机遇的同时，也带来了挑战；另一方面，新型城镇化的发展已然拉开"序幕"，但传统城镇化遗留的问题并没有"落幕"。此前城镇化过程中所涉及的利益问题、城乡问题、身份问题、人与自然问题等并没有得到彻底解决，在新型城镇化启动的过程中，又易于同社会转型期的新问题相互纠缠、碰撞，形成既有传统城镇化的部分遗留问题也有新型城镇化新问题的尴尬局面。

我国目前正处于城镇化的快速发展阶段，未来的任务仍然非常艰巨。《国家新型城镇化规划（2014—2020 年）》提出，到 2020 年，常住人口城镇化率达到 60% 左右，户籍人口城镇化率达到 45% 左右。虽然当前国家大力推行特色小镇建设，有着传统产业转型、新兴产业培育等重任，但特色小镇仍然需要回归到现代城镇体系，唯有如此，特色小镇才有生命力和竞争力。

（一）人口仍将向大城市集聚，小城镇人口流失难改观

特色小镇建设作为一个城镇化过程，不仅要有一定的人口基础，还需要进一步实现人口集聚。我国当前的人口城镇化存在着一个困局：部分大城市人口迅速膨胀，"城市病"日趋严重；而大多数的小城市人口吸引力弱，发展乏力，城镇化表现出"头重脚轻"的现象。

因此，哈尔滨工业大学博士研究生韦福雷认为，世界城市发展历史表明，人口向大城市集聚是城市化的必然趋势。因为大城市在经济、文化、医疗、教育、公共设施等各种社会资源方面具有明显的优势，不断吸引着越来越多的人口流入。我国也不例外，2009年到2014年间，全国35个一、二线城市的人口共增加了3778万人，其中前15个大城市增加了3010万人，约占80%；后20个城市仅增加了768万人，约占20%。这后20个城市多数都是省会、副省级城市或者计划单列市。从地级市的情况来看，从2009年到2014年，有完整常住人口统计的232个地级市中，人口减少的城市有85个，占36.6%，共减少1314万人；人口增加的城市有147个，占63.4%，共增加2217万人。

由于公共资源配置失衡，人口向超大和特大城市集聚的特征将更加明显，并且这一趋势短期内不会改变。根据2016年10月19日国家卫生和计划生育委员会发布的《中国流动人口发展报告2016》显示，我国流动人口从1982年的1154万人增长到了2015年的2.47亿人。东部地区是流动人口最集中的地方，2015年东部地区流动人口占全国流动人口的比例为74.7%，西部地区仅为16.6%。据这份报告预测，我国流动人口规模的持续增长态势将不会改变，2020年、2025年、2030年流动人口总量将分别增至2.82亿人、3.07亿人和3.27亿人左右。"十三五"期间我国流动人口将继续向沿江、沿海、沿主要交通线地区聚集，超大城市和特大城市的人口将继续增长。

随着人口向大城市尤其是特大城市流动，很多中小城市人口正在不断流失。小城镇人口流失的趋势在未来较长一段时间内仍然不可逆转。因

此，在人口流失、缺乏人气的西部小城镇发展特色小镇将面临巨大的挑战。

不过，上海交通大学城市科学研究院院长刘士林认为，目前，全球只有约八分之一的城镇人口居住在 28 个人口超 1000 万人的巨型城市，接近一半的城镇居民居住在人口小于 50 万的城市，小城镇一直是世界城市人口聚集的主空间。这符合实现我国城乡协调发展的现实需要：一方面，以东部开发密度较低的小城镇为重点，可有效缓解东部城市发展压力；另一方面，以高水平规划设计引领中西部小城镇科学发展，可避免中西部大城市重蹈东部"过度城市化"覆辙。大力培育和发展我国小城镇，可以为城乡人口和资源要素流动提供"蓄水池"，对完成"十三五"时期我国城市化主要目标任务具有重大战略意义。

事实上，世界各国的城市化进程通常都经历从人口向城市聚集、郊区城市化、逆城市化到再城市化的过程。中国目前实际上处于"郊区城市化"的阶段。在这个阶段，一方面，大量从农村向城市集中的人口由于生活成本的原因聚集到郊区村落居住；另一方面，由于城市中心生活环境恶化，比如交通拥堵、空气污染、高房价高房租、喧闹和噪声等，一部分城市中、上阶层人口向市郊或外围地带移居。发达国家在完成"逆城市化"的过程之后，通常会有约 20% 的非农产业人口生活在乡村。因为城乡一体化使乡村、小城镇的交通、水、电、网络等设施非常完善，加之乡村的新鲜空气和自然风光，吸引了久在城市中面对浑浊空气、噪声的大城市居民到乡村、小城镇定居。所以，缩小城乡差异和发展城乡一体化，应该是比城市化率更重要的标示城市化发展阶段和发展水平的指标。

当特色小镇和大城市的差距越来越小时，特色小镇必然会成为主流的发展方向。因此，现阶段，特色小镇建设要打破困局，实现人口集聚，必须增强自身的吸引力。而要实现这一点，则必须创造更多的就业机会，增强就业吸纳能力。当小镇具备较强的就业吸纳能力时，不仅可以留住区域内的人口，也能够吸引区域外的人口。

（二）区域经济发展差距大，西部发展特色小镇怎么办

我国东西部经济发展差距很大，在小城镇层面表现得尤为突出。发展好的小城镇基本集中在东部沿海地区。首先，人口聚集程度较高的建制镇主要集中在东部沿海地区。根据 21 世纪宏观研究院的研究，截至 2012 年全国建制镇总数量为 20113 个，镇区常住人口在 10 万以上的有 206 个，主要集中在长三角和珠三角地区。其中，江苏和广东 10 万以上人口建制镇的数量居于第一和第二位，分别为 46 个和 26 个；中西部仅四川、安徽 10 万以上人口建制镇的数量达到两位数；而陕西、甘肃、宁夏、新疆和西藏等西部省份无一建制镇人口达到 10 万以上。其次，经济实力较强的建制镇主要集中在东部沿海地区。根据《中国中小城市绿皮书 2015》中公布的中国建制镇综合实力百强榜，广东有 30 个镇、江苏有 27 个镇、浙江有 20 个镇、福建有 9 个镇、上海有 4 个镇上榜；西部仅有贵州茅台镇上榜，排在第 95 位。东部有的建制镇经济总量已经超过百亿元。

与东部经济发达的小城镇相比，西部小城镇普遍面临着规模小、产业基础差、基础设施不全、公共服务落后、建设资金不足等问题的困扰。与此同时，许多小城镇正在逐渐失去特色、失去传统文化和美丽风貌。大规模开展特色小镇建设的基础较差，难以在短期内取得突破和成效。

如何解决西部的困境？笔者认为，西部地区相对地广人稀，从社会分工和规模经济的角度看特色小镇布局，就应该优先考虑在西安、成都等中心城市 50～100 千米经济圈内，规划和重点培育可以作为中心城市经济圈内新增长极的特色小镇产业布局。接近新型高铁等交通网络也应该是布局西部特色小镇的重要考量。另外，发展西部特色小镇，需结合西部的现实经济和自然、人才条件等，不盲目跟从中东部发达地区的发展模式和产业定位，需在充分调研的基础上，完善规划和顶层设计，使规划更科学、更符合实际，产业布局、空间布局更合理，文化特色更鲜明，使特色小镇与小城镇发展形成有效互动。

（三）小城镇难以实现就地城镇化，大规模发展特色小镇太盲目

随着近年来中西部地区经济的快速发展，以及国家相关政策支持力度的不断加强，中西部大城市的人口流入速度加快。近期中央围绕落实"三个一亿人"的城镇化目标出台了很多政策，其中"引导约一亿人在中西部地区就近城镇化"为中西部地区的城镇化带来了新的机遇。现实已不允许我们围绕已过度开发的东部地区和日益不堪重负的大城市做文章。

农村人口的就地城镇化，比较典型的出现在我国改革开放以后的珠三角和长三角等地区，西方则出现在后工业化时期。在国际产业经济转移和我国东部成为改革开放的先行试验区的大背景下，珠三角、长三角地区地理位置优越，农村土地成本比城市低，是外资进入的首选地，带动了乡镇企业的发展，实现了农村工业化大发展，从而打破了传统的以农业为主导的生产方式与生活方式。城镇化之所以会在美国等发达国家出现，一个重要的原因在于人均用地比重高，其农业的产业化与规模化经营，带来了农村地区的现代化，农村的现代化抵消了农村人口进入城市的动力，实现了城市与现代乡村的完美融合，达到经济学意义上的均衡状态。

但是，哈尔滨工业大学博士研究生韦福雷认为，就近城镇化并不意味着在中西部的小城镇完成农村人口的就地城镇化。首先，农村人口的城镇化重点需要解决的是就业，而中西部小城镇产业基础薄弱，难以提供充足的就业岗位。其次，小城镇的教育、医疗、养老、保障性住房等公共服务欠缺，难以满足大量人口就地城镇化的需求。最后，中西部大量的小城镇缺乏"造血"功能，财政依赖转移支付，难以快速实现基础设施的改造升级。因此，即便是中西部农村人口的就近城镇化也应围绕以成都、西安、武汉、长沙、合肥和郑州等省会城市为核心的城市群开展。寄希望于通过特色小镇建设实现中西部农村人口的就地城镇化是不现实的，盲目开展大规模的特色小镇建设会造成大量资源浪费。

上述认识的确基于一定的现实基础，但要明白的是，就地城镇化的进程，是实现村镇建设、农民生活方式和农村服务功能以及农业生产方式的

同时提升过程，是一个硬实力和软实力必须同时不断发展完善的过程。因此，在西部有条件的地区或通过创造条件，不失时机地着力推动农村就地城镇化的发展。

"十三五"规划明确提出，要发展特色县域经济，加快培育中小城市和特色小城镇，因为小城镇有其自身的生命力和特色，有极强的人口聚集和市场发育能力。小城镇的落户条件和生活成本低，有利于农村人口就地转移实现城镇化，人口向小城镇聚集可以避免房价高企、交通拥堵、公共服务供给不足等"大城市病"。更重要的是，小城镇区域内自然资源丰富，生态环境优美，这种独特的环境资源可以转化为经济发展的竞争优势。小城镇依托独特的区域条件和资源环境优势，还可形成"一乡（镇）一业"和"一村一品"的特色产业；小城镇还有与生俱来的有历史文化内涵的区域特色和民风民俗，以及原始古朴的田园风光，这使得小城镇发展极具个性化，防止了在建设中出现"千篇一律、千镇一面"等弊端。总之，特色小镇建设通过"产城一体化"的融合发展，在财税金融部门的支持下，大力扶持地方特色产业，"以产带城，以产兴城"，提高城镇化的吸纳能力和经济可持续发展能力，走出一条具有中国特色的城镇化道路。由此可见，加快特色小镇的建设与发展，对于推进新型城镇化、加快现代农业进步、开展社会主义新农村建设和实现城乡一体化发展，意义重大。

二、特色小镇是重"旅游"还是重"产业"

随着特色小镇的兴起，各地各类建设特色小镇的报道不绝于耳。与此同时，一批旅游上市公司也在加速开展"小镇计划"。2017 年 6 月 13 日晚，西安旅游发布公告称，将与蓝城集团在西安合作开发特色小镇项目。根据双方签署建设的协议，在"一带一路""大西安"战略举措积极推进发展过程中，双方拟建立长期的、全面的、深度的合作关系，共同在西安合作开发集文化、旅游、颐养等于一体的服务产业特色小镇项目，共同开发户县奥莱小镇项目、渭水园生态颐养小镇项目。

据悉，2015 年 3 月，西安旅游以 2523 万元收购户县草堂奥特莱斯购物广场有限公司 51% 的股权，将其作为 "商业＋地产＋旅游" 的试水项目，并积极打造户县奥莱小镇。西安旅游在 2016 年年报中表示，奥莱小镇的核心目标是 "举商业旗帜，做全业态旅游小镇"。

目前除了西安旅游外，中青旅、海航创新、新华联等一批旅游上市公司均大力布局特色小镇，各家打法不同，却都在文旅特色小镇的布局上紧锣密鼓地进行着。

有业内人士认为，特色小镇大多数将会重旅游，因此，做好内容才是王道。那么，什么是 "内容"？简单地说，就是一个地方吸引游客的元素，它可以是一栋历史悠久的古建筑，也可以是一间富有特色的民宿，还可以是文化底蕴深厚的旅游工艺品，甚至可以是一个符号、一个故事。可以毫不夸张地说，一个优质的 "内容" 可以为一个目的地带来一个产业。也就是说，除了少数像靠近杭州的一些大数据或者是电子商务类型的小镇（比如云栖小镇），以及少数的东部沿海地区或者特殊原因形成的一种产业类型的小镇以外，多数的特色小镇应该是要靠山水风景或者历史文化这两大基础发展成旅游小镇。但有专家称，现在特色小镇建设在旅游方面做的比较多，而对产业的关注则明显不足。所以，很多人又认为，特色小镇要产业和旅游双轮驱动。

要想弄清楚特色小镇是重旅游还是重产业，首先要弄清楚旅游和产业的本质，大多数人都混淆了这两个概念。旅游的核心是消费，尽可能地吸引有 "财" 的人来流动消费，花完钱就走人；产业发展的核心是生产，是尽可能地吸引有 "才" 的人来创业、就业，长期定居。二者发展路径截然不同，所需要的区位条件、基础设施、配套服务、盈利模式也都差异巨大。

比如，就开发模式来讲，旅游景区修建配套设施是为了赚钱，通过住宿、餐饮和各种服务收费把投资在景点建设的钱挣回来；而产业聚集区的配套设施投资则不应该赚钱，而是通过配套设施吸引人才和企业，再通过产业税收把建设配套设施的钱挣回来，这是两个正好相反的投资收益模式。

如今，很多地方在搞特色小镇的时候普遍感到很难办，其中很大一个原因，就是被"旅游和产业双轮驱动"搞晕了头脑，做产业服务和招商的被逼着去研究如何发展旅游、招徕游客，做旅游策划的被逼着加入产业内容，研究如何招商引资。

我们认为，这一波以行政引导的特色小镇热潮，需要以产业小镇为主，因为旅游小镇更多的是依靠自然条件，而行政介入的能力相对较弱；产业小镇则刚好相反，通过行政手段在短时间内引导适合的基建和适合的产业导入，引导行业龙头企业进入，将会带动当地就业和经济发展，形成集聚效应，从而使得特色小镇体现产城融合的精神，发挥设计的价值。

其实，特色小镇这个名字本身不重要，它包含的生产、生活、生态"三生融合"的开发理念和代表的城镇化发展趋势才是真正重要的。

三、特色小镇建设中存在的问题和对策

（一）认识上的误区

由于特色小镇是一项新事物，当前各地对其概念还存在一些误区。

1. 特色小镇 = 特色镇

特色小镇不是行政区划单位上的"镇"，也不同于产业园区、风景区的"区"，而是位于城市周边，相对独立于市区，具有明确产业功能、文化功能、旅游功能和社区功能的重要功能平台。

特色镇是一个行政区域的概念，以某种主体功能为特色，或有产业特色，或有交通功能特色，或有人文自然风光特色等的全域范围，由居民社区和村庄构成，按照政府组织架构体系来管理的行政区域。

2. 特色小镇 = 新城建设

发展特色小镇不是建新城，不能用建新城的思路和模式来规划建设特色小镇。

首先，特色小镇规模不大，不应追求规模效应、扩张效应，而应追求集聚效应、紧凑效应。其次，特色小镇不是土地财政的载体，而是创新创业的空间，是新产业、新动能的引擎。再次，特色小镇追求的是提升全要素生产率，提高发展质量和效益。最后，特色小镇要走产城融合的发展道路。

3. 特色小镇＝园区建设

特色小镇不是产业园区建设，特色小镇离不开特色产业，但又不是单纯的以工业制造业为主的园区开发。特色小镇的产业特色体现在三个方面。

一是以工业4.0为引领，以2.5产业或战略性新兴产业、第三产业为主，重点在于研发设计。

二是以传统产业转型升级为主，从加工制造向设计、品牌、展示转变，重点在于营销服务。

三是以休闲度假旅游为主，满足市民短期、重复、特色需求，重点在于休闲服务。

另外，特色小镇的社区功能是其与园区开发的重要区别。

4. 特色小镇＝景区开发

以旅游功能为主导的特色小镇可以发展成为景区，有些历史人文古镇、自然风光优美的小镇也兼具特色小镇的文旅功能。从这个角度而言，特色小镇和景区开发有共同之处，但又不同于传统景区开发模式。

特色小镇在旅游客源市场上，更强调满足周边大城市中高收入人群特定需求；在旅游活动上，更强调体验和参与；在旅游发展目标上，更强调目的地和集散地；在旅游功能开发上，更突出互融互动。

5. 特色小镇＝美丽乡村

特色小镇离不开乡村本底，但与乡村有着本质的不同，体现在一是形态不一样，二是功能不一样。

特色小镇集聚了大量资本、技术、人才等各类高端要素，是既有乡村本地特征又融入高新技术和特色人才的区域经济发展元素，需要探索利益主体多元、公众参与的现代社会治理体系。

美丽乡村更多是强调乡村发展的一、二、三产业融合作为产业支撑，依靠本村村民的自治，管理和保护好乡村生态环境等。

（二）建设上的偏差

在不到两年的时间里，全国的特色小镇从无到有，由少至多，稳扎稳打，有序推进，取得了不俗的成绩。然而，与此同时也应该看到，在特色小镇为期不长的建设过程中已然开始暴露出一些问题，并需要直面一些挑战，需要我们冷静地审视、深入地思考，并采取有效的应对之策。

1. 重"形"轻"魂"，发展定位不准确

很多人并不清楚特色小镇的发展建设，特色小镇必须通过理论和政策研究才能确定。很多人很难找到自己的发展定位，因为不知道这个政策或战略和自己有多大的关系。所以越往下走问题越大，缺乏研究和辨别能力，以为特色小镇来了，机会就均等了，其实不然。

2. 房企掘金，"房地产化"倾向出现

建设特色小镇正成为一些房地产企业新的"掘金点"。自中央宣传部、国家财政部、国家教育部公布特色小镇名单和发布相关政策后，不到半年时间内，已有多家房企发布了小镇战略。但是，一些地区存在借特色小镇之名行房地产开发之实的现象。例如，在珠三角地区，某房地产企业借助"科技小镇"概念推动产业地产，获得地方政府大量土地资源支持；在长三角地区，一家房地产企业打算在大城市周边打造标准化的"农业小镇"，两平方千米农业区配套一平方千米建筑区，计划承载 3 万人。

有些开发商为了问政府拿地，炮制了一些貌似特色小镇的概念，其实只是"换了马甲"的房地产。等到"伪特色小镇"原形毕露，政府生厌，开发商就可能拿不到后续的土地。

国家城市和小城镇改革发展中心理事长、首席经济学家李铁表示，特色小镇的发展一旦引入房地产，就会拉高土地成本，特色产业则难以实现发展，最后会演变为房地产一业独大，并带来大量的小镇库存。国家发展和改革委员会发展规划司副司长陈亚军表示，特色小镇受一些房企的追捧，主要是因为解决了拿地贵的问题，特色小镇的占地面积往往要十几平方千米，以特色小镇名义向政府拿地成本相对较低，但这和特色小镇建设的初衷是相背离的。

3. 企业主体作用不明显，集聚能力不强

和一些专家认为现在"不差钱，只差好的项目和题材"的基本判断不同，事实上不仅政府缺钱，企业也一样。这也是特色小镇规划建设必须面对的问题。和一些专家以为"企业热，很愿意投资"的观点不同，我们的一个总体判断是：特色小镇目前的状况是"政府热，企业冷"。因为企业日子并不是那么好过，金融机构也不会乱撒钱。所以各种招商大会容易开，也很热闹，但真正投资落子很难。这也不能全怪企业和金融机构，因为小城镇的基础设施比较差，我们以前有一个测算，表面上看小城镇的土地便宜、劳动力便宜，但一旦加上基础设施建设的费用，这个成本基本上比城市要高很多，而且很多小城镇目前还有断水断电的问题存在。在这个背景下，现在一直强调的企业主体作用，实际上是很难发挥出来的。

4. 缺乏长远规划，特色元素不突出

小城镇都是县级以下，规划眼光、想法思路、人才资源都跟大城市没法比，目前发展比较好的小城镇都是靠近大城市，因为大城市的力量介入了。虽然小城镇很热门，但是不要觉得会成为主流，它还是在城市群的框架下，依托大城市、中心城市的辐射和拉动。我们要判断一下小城镇有多大规模，有多长的黄金期，要做精准的判断和研究，如果不研究，计划就跟不上变化了。特色小镇的核心区划不确定。某个企业说愿意在某个区块投钱，但政府不能随便就把该区块给它，因为这个区块是否符合乡镇建设和规划，企业是不管的，企业和政府考虑的角度不同，企业愿意找最好的地方做，政府却要从长远和全局来考虑，否则就会留下后遗症。

5. 项目相对分散，功能叠加不足

在特色小镇规划建设中，政府不能完全"放任自流"。现在的特色小镇，一般的产业功能都比较简单和分散，主要是由于完全靠企业和市场投

资，缺乏政府的宏观统筹和规范的结果。企业和市场行为属于单兵作战，而很少考虑和其他企业、其他部门的协调。在过去的城市化中，这有很多不好的表现。其中最突出的，是城市的重复建设和大拆大建，极大提高了城市发展的成本。如果不加区分地把小城镇建设完全交给企业主导，可以想见，目前很多大城市异常头痛的"房地产去库存"和"产业同质发展"问题，在不久的将来就会在小城镇中重演。但要改变企业的这种思路和方式也很难，因为企业追求的是利润最大化，挣钱的才会干，赔了就存在不下去。所以我们建议特色小城镇的建设不能完全由企业主导，政府要兜底。如果完全听由企业主导，最后很可能留给政府一个烂摊子。

6. 创新集聚转化困难，产业层次不高

配合我们国家的"双创"政策，一些小城镇提出建设创新创业小镇，也得到一些专家的力挺，但对这种战略定位不宜过分鼓励和拔高。科技和文化创新主要是大都市的功能。个别的小城镇，在一些方面会做出特色，但这是个案，没有也不可能有普遍性。有人以为在浙江有一些地方做得不错，那是因为跟长三角地区的文化氛围联系紧密，你到东北地区、西北地区去看一看，就会发现这根本不可复制。原因很简单，这是由小城镇的人才聚集水平和程度，以及小城镇的科技和文化基础设施决定的。我们在调研中发现，在一些特色小镇，即使有一些创新型企业进入，但和原来的企业很难结合起来，形不成完整的产业体系，这与当代创新必须是集成和综合的创新也是对立的。

7. 要素保障制约较大，导致创建进度参差不齐

第一个要素是资金。我们要补齐短板，特别是基础设施和公共服务，就需要有较大的投入。在大家一哄而上时，建设资金相对容易解决，但特色小镇也是所谓的"麻雀虽小，五脏俱全"，投入大、周期长、见效慢是基本特点。一旦出了问题或者说投资回报较低，一般的金融机构还会不会继续投入？如果他们停止或减少投入会出现什么情况？这些都是当下急需研究和防范的。

第二个要素是土地。现在大多数特色小镇跟以前建园区、景区一样，

主要是为了圈地开发房地产。根据我们研究新城新区的经验，小城镇吸纳人口的能力更加有限，如果不切实际地开发，势必会把目前大中城市的"卖房难"转移到小城镇中去。如何根据小城镇的城镇化特点，研究制定相匹配的土地政策，也是需要先行一步的。此外，目前由于小城镇的建设用地多采用租赁集体用地的方法，如果没有一套管理规范程序，也很容易把很多村镇最好的土地挪用为建设用地。所以，在对待农村土地方面，我们的建议还是要把得紧一些，提高准入门槛，不要让那些没有建设理念和开发模式的企业随便进来。

（三）对策

1. 精准定位

定位是根本，如果定位不准确，不但会造成资源的浪费，也会使特色小镇建设错失良好的发展机会，同时也可能丧失人心。如何才能精准定位，这是中国发展特色小镇的首要命题。中国商协会创新研究院常务副院长蒋健才认为，可从地缘战略、区域经济、产业链、行业趋势四个角度，实现精准定位。

（1）地缘战略

地缘战略定位是特色小镇精准定位的第一步。随着经济全球化，世界正在变得越来越"小"。随着世界"变小"，相互之间的关联和作用也趋于频繁化、紧密化、复杂化。中国特色小镇的发展，需要将眼界放宽，适应经济全球化的发展趋势，以面向全球的战略高度，创新定位自身的发展。这不仅仅是特色小镇自身发展的需要，也是世界经济、政治发展的需要，如何打造中国的世界特色小镇？这就需要特色小镇发展能将地缘战略作为其定位的第一步。事实上，随着经济全球化，缺乏地缘战略视角的特色小镇，恐怕非但难以实现原规划中的发展蓝图，而且将面临越来越多的瓶颈阻碍。

地缘战略定位要求特色小镇定位需要深度分析世界的经济、政治格局及其趋向，认识到：特色小镇在这种格局中处于什么位置？将处于什么位置？扮演了什么角色？能扮演和将扮演什么角色？发挥什么作用？将发挥什么作用？

（2）区域经济定位

在全球经济一体化尚不具备充分条件的情况下，区域经济一体化是区域经济的主要表现形式和内容。特色小镇定位于区域经济是在经济全球化背景趋势下的重要的第二步骤。小镇定位于区域经济需要考虑大、中、小三个层次。

第一是国际区域经济中的特色小镇定位。这是立足于中国与国际区域经济组织合作日益密切的背景环境下（例如中国与东盟），特色小镇定位如何充分发挥和利用区域经济合作发展所带来的机遇。

第二是中国区域经济发展中的特色小镇定位。我国960多万平方千米的国土被划分为优化开发区域、重点开发区域、限制开发区域和禁止开发区域这四类主体功能区，特色小镇要在我国区域经济定位划分下进行合理的定位。

第三是与周边城市地区竞争和合作关系下的特色小镇定位。在上述因素的基础上，特色小镇定位要充分考虑与周边城市的关系，加强合作，互利共赢，要注重本特色小镇定位与周边城市定位的匹配性和配套性，从而充分发挥区域资源优势，延长和完善产业链，实现更快、更合理的发展。

（3）产业链定位

在地缘战略定位与区域经济定位基础上，产业链定位是特色小镇定位的第三步骤。合理的产业链定位需要具备两个要素，第一是资源战略要素，第二是产业链的内、外循环平衡要素。

资源战略要素。其包括自然生成的自然资源（例如地形地貌、气候环境等）与人为生成的社会人文资源（例如文化风俗、道路交通等）。虽然随着时代的发展，人类早已告别了靠山吃山、靠水吃水的城市定位时代，但合理、科学、有效地利用好自然资源，因地制宜、因时制宜，对实现人与自然的和谐发展和加快经济建设步伐具有事半功倍之效，反之则大多是经济建设牺牲生态环境，或经济建设步伐缓慢，又或两者兼而有之。

产业链内、外循环平衡要素。产业链内循环，即设计产业链闭环，使相应的产品或服务能在内部流通，实现价值转换，从而提升特色小组产业链抗击外部风险的能力，使发展更为平稳。而产业链外循环，则是在完善内循环的基础上，充分发散思维，增加和延长产业链触角，向外部辐射，从而能最大限度地抓住外部机遇和资源，快速发展特色小镇自身，这是在内循环稳定的基础上，加快发展的有效手段。产业链内循环，可视为"保守发展"，而产业链外循环，则可视为"机会主义"，只有二者平衡，才能既不过分保守，错失发展机会，又不过分冒险，处于危机边缘，从而实现可持续发展。

（4）行业趋势定位

行业趋势，即是远见。远见，即是远大的眼光，高明的见识。巴克斯顿说："即使在人生中，也和国际象棋一样，能聪明地预见的人才能获胜。"随着社会越来越发达，变化日益加快，想要取得成就，没有远见是不行的。

基于地缘战略定位、区域经济定位和产业链定位的行业趋势定位，是特色小镇定位的第四步骤。从行业预测的角度，甄别筛选发展具有良好前景、潜力的朝阳产业，并指导行业的创新方向和转型升级，与上文特色小镇定位的前三步骤，最终构成一个科学、合理、完整的特色小镇定位战略。从"地缘战略"到"区域经济战略"到"产业链战略"再到"行业趋势"，由宏观到微观、由高到低、由大到小，满足了特色小镇发展的短、中、长期可持续发展的需求。

2. 规划先行，多规合一

合理的战略规划是中国特色小镇建设和发展的基础。

特色小镇的发展要可持续，因此特色小镇的建设必须关心未来。对未来的问题不但要提前想到，而且要提前动手解决，因为解决任何问题都需要一个过程。为了吃桃子，三年前就要种桃树。也要正确处理短期利益与长期利益的关系。到了夏季，农民不但要忙于夏收，也要忙于夏耕和夏种。预测未来是困难的，但不是不可能的。谁也想象不到未来的偶然事件，但总可以把握各类事物的发展趋势。人无远虑，必有近忧。特色小镇的规划若不关心未来，没有大局观，不知道平衡短期和长期利益，只知道"火烧眉毛顾眼前"，就等于拿当地的资源开玩笑。

特色小镇是一个由许多相互联系、相互作用的局部构成的整体。局部有局部性的问题，整体有整体性的问题，整体性问题不是局部性问题之和，与局部性问题具有本质的区别。特色小镇的发展必然会面临很多整体性问题，如对环境重大变化的问题，对资源的开发、利用与整合问题，对生产要素和经营活动的平衡问题，对各种基本关系的理顺问题。谋划好整体性问题是特色小镇可持续发展的重要条件，要时刻把握特色小镇的整体发展。

特色小镇的发展战略不是常规思路，而是创新谋略。谋划企业发展靠智慧，谋划企业整体性、长期性发展靠大智慧。这也正应了特色小镇中的"特色"二字。

特色小镇的本质就在于"特"，要在"特"上做足文章，不仅要标新立异，更要坚持和突出小镇的历史文化特色，防止千篇一律，实现个性化发展。特色小镇规划要站位高，请相关专家进行高起点的规划和设计，要有前瞻性和可行性，找准发展定位抢占市场制高点，将人文美与自然美有机统一，将村民生产生活真正融入到小镇建设中。

发展特色小镇涵盖的内容丰富多元，但最核心的是产业。发展特色小镇应从产业抓起，依靠产业集聚人口、发展经济、提供服务，以产立镇、以产带镇、以产兴镇，实现产镇统筹和协调发展，促进从小镇资源到小镇产业，从小镇产业到小镇经济，从小镇经济到小镇发展，为中国特色小镇持续健康发展提供源源不竭的动力和支撑。培育产业集群，发挥产业集聚效应，促进产城融合，以产带城，以产兴城，最终提高城镇化的吸纳能力和可持续发展能力，走出一条具有中国特色的城镇化发展道路。

3. 标准先行，协调利益

为避免重蹈城市过度建设的覆辙，在大规模规划建设前，有必要先解决基本和前提性问题，特别是协调政府、市场和居民利益关系，需标准先行。

以往的城市建设标准主要存在三个问题：一是自己不做标准，凡事都以西方标准为依据，城市建筑方面后遗症就是"洋大怪"现象；二是自己不认真做标准，一般是先把西方标准"拿来"，再根据部门利益和需要稍加增减就万事大吉，导致不同标准之间相互"打架"，反而提升了成本，甚至制造新的不公平；三是标准的"罗曼蒂克化"，把标准定得过高，不考虑环境资源可承受性和社会条件是否成熟，超出客观条件的阈限和主观努力的极限，容易在实践中导致各种"幼稚病"。这些问题的原因，是脱离了中国城市发展实际需要，陷入到既不"知己"（自己真正的需要）也不"知彼"（自己要解决的问题）的盲目开发中。

在研发小城镇标准时，不能"因袭"城市标准。过去一些小城镇的规划和建设机械模仿大城市，把小城镇建得越来越不像小城镇。制定符合小城镇发展规律和特点的建设标准，可在源头避免问题重演。

要了解差异，认识"特色"。小镇建设必然要走新型城镇化发展道路。新型城镇化的主题是"文化型城市化"，它要解决的是"如何转变城市发展方式"的大问题，关键在于划清"新型城镇化"和"旧城市化"界限。

上海交通大学城市科学研究院院长刘士林认为，旧城市化主要问题有三：一是完全由政府主导；二是任由市场发挥；三是生活价值和意义缺失。这些问题在小城镇发展中显得相当突出。就此而言，在研究和设计小城镇发展道路时，特别需要注意贯彻三个基本原则：一是针对小城镇政府权力更加集中、不受制约，要特别防止政府"大包大揽"；二是针对小城镇在资金和经济上对大型企业、金融机构的依赖性更强，要特别警惕完全交给市场"任其自由发挥"；三是基于小城镇"熟人社会性质"和"文化保守主义"相对严重，与现代城市文明和文化差距较大，要特别关注落后的封建主义和宗法文化"死的拖住活的"，真正把小城镇建设成为开放、充满活力的文化空间，为小城镇居民提供具有现代内涵和先进性的"价值和意义"。

被注入很多新内涵的小城镇，注定是各种资源、资金、人群冲突、博弈、斗争的新战场，这正是其有活力、能发展的前提和基础，对小城镇建设的艰巨性和复杂性要有信心与耐心，通过不懈努力和奋斗，把它们保护好和建设好。

4. 政府扮演好自身角色

国家发展和改革委员会发展规划司副司长陈亚军表示，在特色小镇的培育过程中，政府要进一步厘清与市场的边界，既要积极规范引导地方做法，做好政务生态系统、创新创业生态系统、自然生态系统和社会生态系统的打造，又要充分发挥企业在特色小镇建设中的作用。

住房和城乡建设部总经济师赵晖表示，浙江特色小镇建设经验揭示小城镇发展必须遵循规律，要有重点、有特色地发展，不能一哄而上，应该发挥市场主体作用，政府应做好支持和引导，不可大包大揽，更不可越俎代庖。

第一，政府不能完全主导，因为政府没有那么大的精力。一个省规划几百个特色小镇，怎么可能规划出来？特色小镇建设需要时间，有的需要三五年，有的需要十年，但是政府官员总在换，怎么能做到特色小镇的培育？

第二，政府要求加强规划管理、形态管理、景观管理，就等于提高了管理成本，就会增加更多的约束和限制。其实，特色小镇在最开始的时候并没有想象中的那么理想。只有形成集聚效应，政府有了税收以后，才有能力逐步改善环境。如果开始就对规划要求太高，又提出不同特色的需求，还会有人到这里吗？因此，政府要尊重特色小镇的规律，不能在全国大建特色小镇，提出每个省建多少个特色小镇这种要求。而是更多地通过政策疏解，下放权力，让地方政府根据当地形势，服务性地支持创业者，而不该提出硬性要求。政府的责任在于加强基础设计，在有条件的地方通过市场形式，把能够连通小镇的交通、网络设施建好。

第三，政府在规划上不要做过多要求。规划要求太多，就会大幅增加成本，规划管得过严，就没人来了。为什么很多大城市周边的小城市没有发展起来？就是因为整个城市的规划、管理严苛到周边小城镇没有任何活力。所以，政府一定要发挥好自己的功能，不能制定所谓行政命令，不能人为地去确定指标，而是要通过改革来创造权力分配的机会，为小镇提供更宽松、更好、更适宜创业发展的管理环境。

政府只有做到上述三点，才能促进特色小镇的良性发展。现在提特色小镇，不应该大范围鼓吹、宣传，而是应该"泼一盆冷水"，让大家清醒地看到特色小镇发展规律。冷静思考政府该怎么做，市场该怎么做，如何平衡小镇和房地产之间的关系，如何给小镇更多的权力。我们要寻求更好的经验来借鉴，而不是一窝蜂地打着特色小镇旗号去搞新一轮产业园区、房地产、政绩工程，这才是重点。

5. 尊重规律，创新方法

所有的特色小镇，都是基于构建"特色"为主基调的小镇发展理念。所有特色小镇的成功，都需要构建可持续发展的模式。因此，特色小镇能否成为可持续引领地方发展的"增长区"，需要厘清三大核心命题。

（1）特色小镇的发展建设必须尊重产业发展规律

特色小镇是以特色产业为主导的发展模式，必须特别重视研究产业发展趋势和市场发展规律，实施精准产业定位。比如浙江省特色小镇发展的产业定位主要聚焦信息、环保、健康、旅游、时尚、金融、高端装备制造七大产业，并兼顾茶叶、丝绸等历史经典产业的"7+1"产业特色形态。这些特色产业属于"新+古"两大类。7大新类需要依托强大的创新创业的要素植入，传统的历史经典类产业则依托全新的市场运作模式来推陈出新，继续形成市场竞争力。江苏省提出的特色小镇的特色产业定位主要聚焦高端制造、新一代信息技术、创意创业、健康养老、现代农业、历史经典等特色优势产业和旅游风情小镇。与浙江版本相比，江苏版本属于典型的"6+1"形态，并把历史经典产业作为核心门类，同时将旅游风情小镇作为特定类型进行补充。总体上看，浙江和江苏的特色小镇的产业定位范畴基本符合现代社会产业转型需求。但这些特色小镇定位除了需要因地制宜进行规划定位之外，更需要从各自的产业培育、企业招商和企业培育层面，强化推动构建强劲特色小镇的特色产业的市场竞争优势，关键是要能够同时建立迈克·波特所提出的"目标集聚、差异化、成本领先"的竞争优势。特色小镇不能仅靠前期政府资金或产业基金的推动,如果没有形成符合产业发展规律的特色产业为基础,就只能是昙花一现。

(2)特色小镇的发展必须尊重城镇化发展规律

特色小镇为什么特别强调在城市周边的城郊结合处规划建设?主要是基于城镇化发展规划的需求。特别是大城市的郊区,是城市实施有机分散的重要空间落点。城郊结合处的近郊区或交通条件好的远郊区,既能够与城市中心区有着密切的城市要素的联系,又能够为特色小镇的规划建设提供充裕的用地保障和生态条件。这样的城市区位条件,可以为特色小镇所需吸纳的就业人口提供便利的生活、教育、医疗、商务等条件,而这一点恰恰是很多地方有所忽略的环节。特色小镇的成功,首先是能够吸引创新创业资源,其核心是人才资源。如果特色小镇在离城市太远或交通不便利的地方,将很难真正吸引足够条件的创新创业人才,特别是青年人才。所以,以核心产业为主导的特色小镇的规划建设,需要重点关注不同城市的城镇化发展空间增长与生活方式的规律,选择与中心城市无缝连接的区位空间,做到"近乡不离城",确保特色小镇的就业人口及其家庭成员能够随时享受城市生活和城市公共服务设施带来的便利,又能够享有较好的郊区生态环境。

(3)特色小镇的发展必须尊重规划与运营并重的规律

由于很多地方才刚刚启动特色小镇的发展,大多还处于规划阶段,但事实上,特色小镇的招商运营和管理,同样十分重要。因此,建立规划团队与运营团队的同步工作模式十分必要。规划与运营团队同时需要从产业研究、空间规划、建设管理、招商运营、小镇治理等方面进行紧密合作与沟通,既不能形成规划、运营两张皮,也不能形成重规划、轻运营的局面。而是要在初期就树立规划与运营并重的理念,或者进一步树立以"运营为导向的规划"理念。特色小镇的区位选择、规划设计、建设施工都是为了更好地培育"生产、生活、生态"融合的产、镇、人、文、生态一体化的特色空间,围绕特色小镇的可持续运营和发展,需要强化小镇所有要素间的有机融合、有机互补、有机增益的结构和路径，从而避免特色小镇失败的命运。

当然，罗马非一日建成，建设特色小镇不是一朝一夕的事情。特色小镇的成功与否，也需由历史去检验。在新的形势下，打造特色小镇，需要特别注重对产业规律、市场规律、城镇化发展规律和运营模式的研究，才能少走弯路。

6. 让小镇产业集群"活"起来

产业集群是推动区域经济增长、实现区域创新、提升区域竞争力的重要方式。但在目前，我国产业集群的建设和发展仍停留在初级阶段，即以工业园、产业园区为代表的产业集聚，与"集群"相差甚远，而对产业集群的进一步建设和发展仍处于探索阶段。产业集群要如何发展，不但是中国市场经济建设和发展的重要部分，更是特色小镇发展的保障。

特色小镇建设和发展的本质，完全可视作一个特色产业集群的打造。产业集群是要打造一个生态系统，它应该是"活"的，而不是"死"的。产品集群的核心价值是"产业集群思维"，而不是"产业集群形式"。目前，我国大多数的产业集群是"死"的，而即使有"活"着的产业集群，也"活得有限"，因此，产业集群所发挥的效益有限。我国许多地方在发展产业集群的策略上，都是侧重于"产业集群形式"，而忽视"产业集群思维"。由于在过去，我国产业集群处于量变的过程中，制约并不凸显，问题并不突出；但到目前，我国产业集群发展已经逐渐进入"质变"过程，继续这样的策略，则问题必将逐渐突出，出现发展瓶颈。

特色小镇的建设和发展，必须要避免这一问题，要让小镇产业集群"活"起来，要将产业集群思维，融入到特色小镇的建设和发展中。

7. 创新驱动，试点先行，推广试点

目前，我国自上而下都在实施创新驱动发展战略，并将不同空间尺度的城市和城镇都作为"大众创业、万众创新"的技术平台，小城镇也要走这一条路。因此，我们要在全国打造一批具有一定创新能力或者承接创新能力的创新型的特色小镇。

强调试点先行，推广试点。试点成功了，就可以向外推广。试点不成功，下不为例。全国那么多小城镇，不是都具备建设特色小镇的条件，在这种情况下不能一窝蜂地上，我们必须要有一个门槛，必须制定一个标准，必须严格按照标准由国家集中精力、集中政策、集中财力，甚至建一些创业投资基金、小城镇发展基金，来集中打造一些特色小镇。这些特色小镇打造完以后，作为样板、案例、典范，再向周边范围内推广，再去辐射，这样就可以带动城乡一体发展。国家新型城镇化的进程可以分为两个层面：从高层，城市群作为主体；从低层，特色小镇作为另外一个主体。两个主体合力才能推动国家新型城镇化的健康发展。

四、构建特色小镇的可持续发展能力

（一）特色小镇不是简单的盖楼卖房

目前，特色小镇建设，上至省级下至县级，各地政府都在通过投资、补贴、奖励等方式展开特色小镇建设。但有媒体发现，一些特色小镇在建设中，易受政绩驱动，演变为"任务工程"。目前的一个突出问题是，一些地方政府纷纷动员房地产商主导开发特色小镇，很多政策几乎是促进房地产发展的翻版。另外，还有一些地方的做法是将原来的产业园区模式复制到了小城镇中，这只是在形态上做了一个改变，不但难以实现预期中的发展模式，而且会面临产业园区模式遭遇的各种问题。

1. 特色小镇为房地产找到了新的由头

其最主要的特点有四个。其一，拿地成本远远低于大中城市。其二，房子在大中城市卖不出去，房地产商就在所谓特色上下功夫，试图寻找新的一批购房者。特色小镇既有创意空间，又有大量人口，必然为房地产商带来新的机遇或是可能。其三，特色小镇大都选择在城市郊区。过去城市郊区、小镇或村庄的发展有太多限制，现在打着特色小镇旗号，在城市的边缘地区占领一块空间，也会给买房者提供一种新的空间，可能催生新的房地产热。其四，所谓特色，实际上也是指小镇有别于城市雾霾、交通拥堵等问题的特点，这也使部分富人乐意去特色小镇长期置业，等于给房地产商带来了机会。

值得注意的是，一旦房地产商进驻特色小镇，特色就很难实现。过去小镇创业只需要从农民手里租房即可，一旦被房地产商介入，就要通过买房来创业，那就会大大提高创业成本。而历史也证明，没有一个特色小镇是通过房地产商的进入带动起来的。河北崇礼的滑雪场就是很好的案例，西湾子镇培育了大概十年，才形成现在的滑雪产业规模，再加上申办冬奥成功，当地房价才明显改善，从而带动了房地产。古北水镇也首先是由一个企业家把古北的民居进行统一改造，形成了重要的旅游景点，才带动了房地产。这都说明实体经济是不可能通过房地产发展起来的。因为房地产发展意味着住房成本、土地成本大幅增加，第三产业进入以后，第二产业肯定要退出，加之环境、管理等多种因素，不可能促进所谓的特色小镇发展。因此，在特色小镇建设初期，应该尽可能地坚持产业引导，而不是房地产商介入。

2. 产业园区模式转移

过去的城市发展大概都是按照这样一种模式：政府招商，低价供地，同时投入基础设施，来吸引各类产业和产业园区的进入，政府通过土地出让金来弥补招商引资形成的亏损，这是中国产业园区的一般发展模式。然而，现在大中城市中这种发展模式已经难以为继了，房子卖不出去，该扩展的空间也扩展完了，土地成本也上来了，招商引资面临着非常严峻的挑战，需要寻找新的模式。但是打着特色小镇的旗号，按照过去产业园区的模式，复制大中小城市、三四线城市的发展模式到特色小镇身上，无疑只是又把高成本的发展模式复制到小镇，最后产业发展还是会遇到瓶颈或危机。

实际上，我们应该看到的是，眼下打着特色小镇旗号的小镇中，除了文化旅游、体育特色之外，绝大部分正是产业园区模式简单地向特色小镇转移。这打破了浙江特色小镇发展的模式，实际上已经毫无任何特色可言。如果此时在此创业，面临的问题依旧是在大城市、三线城市面临的高成本问题，这个信号是非常危险的。

2017年5月26日，住房和城乡建设部发布《关于做好第二批全国特色小镇推荐工作的通知》，要求各省6月底前上报300个特色小镇推荐名单。这一数量相较于2016年发布的第一批特色小镇推荐名额几乎翻番。

此次《通知》明确对存在以房地产为单一产业，镇规划未达到有关要求、脱离实际、盲目立项、盲目建设、政府大包大揽或过度举债，打着特色小镇名义搞圈地开发、项目或设施建设规模过大导致资源浪费等问题的建制镇不得推荐；县政府驻地镇不推荐；同时规定，以旅游文化产业为主导的特色小镇推荐比例不超过1/3。

国家发展和改革委员会城市和小城镇改革发展中心总规划师、规划院院长沈迟表示，特色小镇需要以产业为支撑，严防房地产化的表态是一贯的态度。

国家发展和改革委员会发展规划司副司长陈亚军表示，特色小镇受一些房企的追捧，主要是因为解决了拿地贵的问题，特色小镇的占地面积往往要十几平方千米，以特色小镇名义向政府拿地成本相对较低，但这和特色小镇建设的初衷是相背离的。

他还指出，未来应严格控制特色小镇建设中的住宅用地比例。特色小镇建设在政策理解上还存在偏差、行政主导色彩严重、同质化现象突出等问题。

（二）小镇缺的不是房子而是产业之魂

房地产商趋向于去小城镇发展，一个主要原因是三四线城市的房地产难以去库存，且拿地成本较高，而一线城市的土地日渐稀缺，供应量减少，拿地较为困难。于是一些房地产商看中了小城镇，在这里他们以相对便宜的价格拿到土地，以发展特色小镇的名义行房地产开发之实。而特色小镇的发展过程中，一旦引入房地产，由于成本的拉高，特色产业则难以实现发展，最后会演变为房地产"一业独大"。

"产业是特色小镇的魂，小镇发展的核心不在于开发，而在于产业运营。很多开发商缺乏产业内容与运营能力，如果不转变制造业的开发模式，只能把小镇变成新一轮的房地产开发。"全国房地产经理人联合会执行主席杨乐渝说。

虽然房地产也是一个产业，但参照国内特色小镇的发展经验会发现，没有任何特色小镇是在发展房地产的基础上发展起来的。比如，起源于20世纪80年代的浙江和广东诸多特色小镇，就没有一个是在依托房地产的情况下发展起来的。其中的道理很简单，房地产先行，一定会托高小城镇的各项成本，在房屋租金高涨形势下，对其他各种特色产业只会形成挤出效应，而不会实现吸聚效果。而且，当前中央提出培育特色小镇的思路，其根本出发点是希望回归以实体经济为主导的发展模式，以给实体经济创造更多的空间。在这一背景下，追求以房地产为主导的特色小镇，并不符合政策思路和方向，也无助于城市和经济发展模式的转型。我们应该有重点地发展，针对不同类型的小城镇分类施策：大城市周边的重点镇，要加强与城市发展的统筹规划与功能配套，逐步发展成为卫星城；具有特色资源、区位优势的小城镇，要培育成为休闲旅游、商贸物流、智能制造、科技教育、民俗文化传承的专业特色镇；远离中心城市的小城镇，要完善基础设施和公共服务，发展成为服务农村、带动周边的综合性小城镇；同时，还要兼顾特色小镇和人口5万以上的特大镇两种新形态，这两种新形态反映的是集聚效应和规模效应。

有专家表示，小镇仍以房地产思维规划和建设，没有"让路"给少有的文化遗产，反而摒弃重建，就算建好了这样的小镇，也无任何特点和文化积淀。同样的情况，也发生在东部某省会城市：一家大型企业与当地政府签订协议，准备在人口密集的城乡结合部打造"足球小镇"，计划建设的商业和住宅项目需要进行大面积拆迁，而作为"准拆迁户"的当地居民却觉得，无论是"足球"还是"小镇"都离自己的生活很远。

我们希望，在全国推出一批能够按照市场规律、按照低成本的原则来形成的特色小镇作为载体，通过降低各项成本来促进创新企业的产生，带动未来实体经济的发展，这是提振经济发展的一条路径。当前的大城市正转向以服务业为主导，传统的制造业面临外迁等压力，如果在低成本的小镇上，能够生长一批新兴产业的载体，实现产业转型，将会是一种有力的探索。

（三）降成本、激活力、造环境

总结全国特色小镇的经验，特别是浙江的经验，其实质就是如何处理好政府和市场的关系，如何最大限度降低创新企业和市场主体的发展成本，如何激发中小企业家的活力，如何营造特色小镇发展的软环境。具体来说，就是通过什么样的办法解决特色小镇的用地问题；如何吸引人才在特色小镇集聚；如何因地制宜制定改革措施，等等。

比如，可以考虑在特色小镇率先进行农村集体土地管理制度改革，鼓励集体和农民的宅基地以及建设用地参与特色小镇开发，降低征地成本。

再者，可以试验小块土地拍卖方式，不管征收土地还是集体建设用地都不再引进大规模的房地产公司开发，而是把土地分成几十平方米和半亩地或一亩地，直接卖给中小投资者，他们在购买土地使用权后，能够做兴办置业的长期打算，从而带动服务业品质提升和实业发展。拍卖小块土地的使用权，等于为中小投资者的投资提供了最好的方向，同时也遏制了大房地产公司的无限扩张。

我们曾经询问中小投资者愿意买房还是买地，大多有投资兴趣的人都愿意买地。如果小块土地以拍卖使用权的方式在特色小镇推广，可以大大缓解中小投资者无处投资的压力，缓解资金集中于房地产和股票市场的压力，最重要的是可以通过将资金注入实体经济，带动特色小镇的发展。

（四）特色小镇建设应回归"人居"本质

国家发展和改革委员会副秘书长范恒山表示，"2016 年，中国城镇化率达57.35%，预计2020 年将超过60%。但人口多、资源相对短缺、环境容量有限等是中国基本国情，逐渐形成并发展的'城市病'是中国城镇化发展面对的突出问题。"他同时指出，城市可持续发展是一项系统工程，涉及城市产业经济、生态环境、规划管理、科技创新、文化传承等诸多方面。

城市和小城镇改革发展中心副主任乔润令认为，特色小镇的要义归结为差异化发展、小空间大作为、跨界融合共享和激活传统产业。小而特、小而精、小而优、小而美，这是特色小镇与以往城镇化发展最大的不同，我们要挖掘传统文化，并使其适应现代人消费和居住。

只有当地的产业、文化、原住民、自然等要素充分融合，形成品牌，并且品牌被以完善的模式输出后，一个特色小镇才算成功。将来会有一批特色小镇不仅有自己的一片根据地，与本土文化充分融合，也将会有自己若干的品牌店在外边、虚拟店在线上，作为品牌输出的端口。各地方品牌经济崛起，从而带动新一轮的文化经济大融合。特色小镇时代要回归人居时代，应该做到以下几点。

1. 品牌化程度越来越高

再过三五年，会有一大批已经建设完成的特色小镇或正在建的特色小镇，品牌意识和大设计意识开始觉醒，重新融合当地产业。从品牌的定位、产品设计、研发培育到各种规则、秩序的设计，整合品牌体系，目的在于让小镇的品牌更具有凝聚力，更有品位，为品牌输出做准备。

2. 提倡生态化运营管理

生态化运营管理一方面指商业、产业、人居的有机融合、一体化管理；另一方面指的是原住民、外来居民、商业居民与管理者的有机融合。只有把商业体验、生产和人居服务结合在一起进行运营管理，把当地人、外地人和公司化运营体制一体化融合，才能让管理工作更持久、稳定、有效率。

3. 掀起返乡创业热潮

随着当地小镇的产业新兴和复苏，在当地创业成功的概率会大大提升，将会有一大批外出务工者，返乡创业。这其间不乏一些原来就有手艺但是苦于无平台施展、被生活所迫而转行务工的匠人。

4. 出现国际化品牌输出

将来会有一批特色小镇，以园区或品牌店的形式做品牌输出，不仅输出到其他地区、城市，也会输出到国外。

5. 复合型大品牌的产生

某一些先天条件很好的特色小镇，如人文历史、自然景观和产业资源都比较优越的地方，品牌效应会被放大。会有自己品牌的影视、动漫、衍生产品、特色产品和品牌店，成为复合型 IP，并可能会进入资本市场，被资本热捧。

"特色小镇一定不能只是给一个'特色'的命名。如果一个小镇没有可持续发展的产业，它将很难长久兴荣下去。对于一个城镇来说，必然会产生人口的集聚。通过产业兴盛来带动百姓安居乐业，才是真正惠民的政策。这也是发展特色小镇的根本目的。"在全国政协委员徐钧健看来，落实到百姓利益的政策才是务实的好政策。

总之，无论我们的社会如何发展，其最终诉求都跟物质无关，皆在于我们内心的平和与幸福感。特色小镇的发展，务必要与人文回归、人居和谐、产城融合相结合，只有这样，小镇才会成为乐居的小镇，幸福的小镇，秩序井然、其乐融融的小镇。

后　记

在我国新型城镇化进程加速、产业转型升级攻坚、供给侧结构性改革推进以及决策层高度支持的背景下，特色小镇被推到了一个新的舞台上，走进公众视野，发生了一个个精彩故事。

当下，看待特色小镇，首先要把它放在中国"新时代"的大背景下，新时代要有新气象、新作为。作为向"新时代"致敬的中国首部特色小镇理论与实践读本，本书紧紧围绕中国的实际发展情况，梳理了中国特色小镇发展的历史背景，科学定义了特色小镇的内涵、特点，详细介绍了构思、规划、设计特色小镇的方法和途径，以及资本运作的模式和方法，并中肯地提出小镇建设热潮下也要有理智的思考，避免一拥而上、千篇一律。

2016 年，中共中央宣传部、国家财政部、国家教育部明确提出，"到 2020 年，培育 1000 个左右各具特色、富有活力的休闲旅游、商贸物流、现代制造、教育科技、传统文化、美丽宜居等特色小镇"。通过培育特色鲜明、产业发展、绿色生态、美丽宜居的特色小镇，探索小镇建设健康发展之路，促进经济转型升级，推动新型城镇化和新农村建设。近几年来，瞭望智库课题组密切关注着特色小镇的相关政策和发展动向，在做好课题研究的同时，结合实际开展了一些实地调查和研讨会。在国家发展和改革委员会规划司、住房和城乡建设部村镇建设司的指导下，这一年多的理论成果和研究样本终于结集成册。

在此，要特别感谢对本书给予大力支持的人员，他们是：

国务院参事、住房和城乡建设部原副部长　仇保兴

中国国际经济交流中心常务副理事长、中共中央政策研究室原副主任　郑新立

国家发展和改革委员会发展规划司副司长　陈亚军

国家发展和改革委员会城市和小城镇改革发展中心研究处处长、副研究员　范　毅

住房和城乡建设部村镇建设司司长　张学勤

中国建筑设计院城镇规划院副院长　冯新刚

南京大学城市科学研究院院长　张鸿雁

南京大学社会学系教授　闵学勤

南京大学城市科学研究院副院长　胡小武

上海交通大学城市科学研究院院长　刘士林

北京第二外国语学院教授、国家旅游局旅游规划专家　王兴斌

上海东滩顾问　徐　鑫

中国商协会创新研究院常务副院长　蒋　健

安徽省交通控股集团有限公司　汪千郡

浙江省发展和改革研究所　盛　明

绿维文旅董事长　林　峰

华泰证券　鲍荣富团队

面对特色小镇这一新生事物，瞭望智库的研究还稍显稚嫩，在研究过程中，特别感谢各大高校、研究机构、投资机构的不吝赐教。在本书的编写过程中，中国财富出版社为本书顺利出版作出了重要贡献。还有很多机构和个人给予的指导、支持和帮助，不能一一列举，在此一并表示感谢。

新事物的发展不可能会一帆风顺，为了使特色小镇能健康、有序地发展，还需要更多的观察和研究。感谢您在百忙之中关注和阅读本书，也欢迎您随时将意见和建议通过以下邮箱反馈给我们：zhaoqinheng@ 126. com。

作　者
2017 年 9 月